KB088592

평양랭면,

멀리서 왔다고 하면 안 되갔구나

평양랭면, 멀리서 왔다고 하면 안 되갔구나

1판 1쇄 2019년 12월 20일 1판 2쇄 2020년 6월 10일

지은이   김양희
펴낸이   윤혜준
편집장   구본근

펴낸곳   도서출판 폭스코너
출판등록 제2015-000059호(2015년 3월 11일)
주소   서울시 마포구 월드컵북로 400 문화콘텐츠센터 5층 15호(우 03925)
전화   02-3291-3397
팩스   02-3291-3338
이메일   foxcorner15@naver.com
페이스북 www.facebook.com/foxcorner15
인스타그램 www.instagram.com/foxcorner15

종이 일문지업(주) 인쇄 수이북스 제본 국일문화사

ⓒ 김양희, 2019

ISBN 979-11-87514-29-9 03300

• 이 도서는 한국출판문화산업진흥원의 '2019년 출판콘텐츠 창작 지원 사업'의 일환으로 국민체육진흥기금을 지원받아 제작되었습니다.
• 이 책의 전부 또는 일부 내용을 재사용하려면 저작권자와 도서출판 폭스코너의 사전 동의를 받아야 합니다.
• 잘못된 책은 구입하신 서점에서 바꾸어드립니다.
• 책값은 뒤표지에 표시되어 있습니다.
• 이 도서의 국립중앙도서관 출판예정도서목록(CIP)은 서지정보유통지원시스템 홈페이지(http://seoji.nl.go.kr)와 국가자료공동목록시스템(http://www.nl.go.kr/kolisnet)에서 이용하실 수 있습니다. (CIP제어번호: CIP2019047366)

평양랭면,
멀리서 왔다고 하면 안 되갔구나

통일을 기대하게 하는
북한 음식 이야기

김양희 지음

폭스코너

일러두기

• 이 책에는 일부 북한식 표현이 포함되어 있다. 특히 김일성 주석, 김정일 국방위원장, 김정
은 국무위원장의 발언이나 북한의 신문, 잡지 등을 인용한 따옴표 속의 글들은 최대한 북한
의 용어와 표기를 그대로 따르고자 했다. 또한 남한과 다른 용어를 쓰거나 일부 배경지식이 필
요한 부분은 미주로 설명했다. 익숙하지 않은 표현들과 미주로 인해 독자들이 조금 불편하겠지
만 앞으로 남북 간 언어의 통일을 준비하기 위해서라도 북한의 표현을 알아가는 것이 필요하다
고 생각했기 때문이다.

• 많은 분들의 도움으로 독자들에게 사실감 넘치는 현재의 북한 모습과 음식들을 보여줄 수 있
었다. 《통일뉴스》에서는 방북 취재 사진(17, 68, 73, 76, 84, 93, 97, 134, 165, 191, 193, 230, 231,
235쪽)들을, 한식진흥원 및 한국외식정보(주)(102, 111, 115, 121, 127, 131, 142, 146, 149, 155, 160,
169, 195, 201, 217쪽)와 진미가푸드(274쪽)에서는 북한 음식 사진을 보내주었다. 또한 남북협력
제주도민운동본부(243쪽)와 경남통일농업협력회(244쪽)는 실제 추진했던 남북교류협력 관련 사
진을 제공해주었다.

시작하며

10여 년 전 백두산 천지에 간 적이 있다. 운이 좋게도 당시 남북한이 추진한 백두산 관광의 시범관광단에 선정되었기 때문이다. 함께 방북한 이들 중 유일한 기자였던 나는 그 경험을 기사로 쓰기도 했다. 그때 있었던 여러 가지 일들 중에서 지금도 생각나는 일화가 하나 있는데, 소개하자면 이렇다.

모두 버스를 타고 이동하던 중 기자 정신이 발동한 나는 백두산을 스무 번도 넘게 올랐다는 북한의 안내원에게 물었다.

"천지를 처음 봤을 때 어떤 생각이 드셨어요?"

그의 대답은 참으로 황당했다.

"뭐, 야했지."

'헉! 민족의 성산을 놓고 야하다니?'

나의 당황한 표정에 그는 다시 한 번 힘주어 말했다.

"야했다니까!"

"예?"

"야! 하고 감탄사밖에 안 나왔다고."

그의 말대로였다. 천지를 보자마자 "야~" 하고 탄성이 절로 나왔다. 일 년 중 한 달 정도만 맑게 갠 천지를 볼 수 있다는데 그날은 더없이 맑고 화창했다. 차갑지만 청명한 공기를 맡으며, 쪽빛의 물결에 파란 하늘이 맞닿아 있는 걸 보고 있자니 마치 현실이 아닌 듯 신비롭기 그지없었다. 천지의 기운을 맘껏 받으며 생각했다. 비록 통일운동가는 아닐지라도 통일을 앞당기는 데 조금이라도 힘을 보태고 싶다고.

이 일을 계기로 북한에 대한 호기심이 생겼고 공부하고 싶은 마음이 들었다. 그래서 그때까지의 식품전문기자라는 직업을 과감히 버리고 북한을 공부하기 시작했다.

그렇게 공부한 지 어느덧 10년이 지났다. 그동안 김정일에서 김정은으로 정권이 바뀌는 등 북한도 많이 변했다. 그럼에도 불구하고 아직도 한정된 정보 때문인지 북한에 대해 오해하는 사람들이 많은 것 같다. 물론 북한 사람들의 머리에 뿔이 달렸다는 식의 오해야 하지 않겠지만, 북한은 가난하고 굶어죽는 사람들이 수두룩하다고 생각하는 경우가 여전히 많은 모양이다.

나는 오래전부터 고민을 했다. 북한을 공부한 사람으로서, 또 현재는 북한 관련 업무를 담당하는 공무원으로서 이런 오해를 해소하는 역할을 해야 하지 않을까 하고. 그것도 나에게, 그리고 우리 모두에게 친숙한 음식을 통해서 말이다. 북한에 대한 잘못된 생각을 바로잡는 것도 통일을 앞당기는 데 아주 작은 발걸음이 될 것이라 믿기 때문이다. 언젠가 김지하 시인도 〈김치통일론〉이란 시에서 "김치야말로 통일의 지름길"이라고 말하지 않았던가.

음식에는 당시의 정치, 경제, 사회·문화적 상황이 담겨 있기 마련이다. 예를 들면 불교를 장려한 고려시대에는 참선할 때 마시는 차 문화가 발달했고, 유교를 내세운 조선시대에는 제사상에 올리는 육류 음식들이 급격히 발달했다. 가까운 과거를 보더라도 1960년대에서 70년대 후반 이전까지는 쌀 생산량의 부족으로 쌀을 이용해 만든 전통주의 제조가 금지되었고, 대신 밀이나 보리의 소비를 확대하기 위해 '혼분식장려운동'이 벌어지기도 했다. 하지만 2000년대 이후에는 쌀이 남아돌면서 전통주 육성 등 쌀 소비를 촉진하기 위한 정책들이 쏟아지고 있다.

그러다 보니 이전까지는 같은 음식문화를 가졌던 남과 북이 분단 후 칠십여 년을 지나오며 다른 음식문화를 가지게 되었다. 개인보다는 집단이 우선인 북한의 음식문화에는 북한이 주장하는 '우리식 사회주의'가 담겨 있다. 우리는 먹고사는 기본 요소를 '의식주'라고 부르지만, 북한에서는 '식의주'라고 부르는 것만 봐도 알 수 있다.

이에 나는 우리와 다른 북한의 음식문화를 이야기하는 것으로 1부를 구성했다. 여기에서는 북한의 음식문화가 언제, 어떻게 우리와 달라진 것인지 그 해답을 찾을 수 있을 것이다. 그리고 2부에서는 북한 음식문화의 중심축이 된 지역별 특산음식을 소개했다. 우리에게 잘 알려진 평양냉면 외에도 북한 각지의 다양한 음식들을 만날 수 있다. 마지막 3부에서는 평화를 만들어가는 음식들에 대해 이야기 했다. 서먹한 사람들도 함께 밥을 먹으면 가까워지듯 음식이 만드는 평화의 힘은 적지 않다고 믿는 까닭이다.

지금 생각해보면 10여 년간 해오던 일을 그만두고 북한에 대해 공부한 것은 정말 무모하고도 용감한 행동이었다. 그리고 부족한 내가 북한에 대한 사람들의 오해를 풀고 관심을 높이며, 통일을 앞당기는 데 미약하나마 보탬이 되고 싶다는 마음으로 이런 책을 쓴다는 것도 무모하고 용감한 일인지 모른다. 하지만 이 글을 보고 독자들이 잠시라도 북한과 평화를 생각한다면, 나아가 그곳에 가서 평양냉면을, 송이버섯 요리를 먹는 행복한 상상을 하게 된다면 정말 더할 나위 없이 기쁠 것 같다. 아울러 누리꾼들의 바람대로 서울에 옥류관 분점이 문을 열고, 대동강맥줏집이 생겨나며, TV에서 북한 음식을 맛있게 먹는 꿀팁을 소개해주는 먹방들이 만들어질 날도 기대해본다.

오래전 《통일뉴스》에 〈민족음식 이야기〉라는 칼럼을 쓰던 시절, 기회가 되면 김정일 국방위원장과 들쭉술을 한잔하고 싶다는 얼토당토않은 바람을 밝힌 적이 있다. 이 책을 준비하면서 나의 상상은 더욱 발전해서, 언젠가 이 글을 다 읽은 김정은 국무위원장이 "북한 사람들보다 북한 음식문화에 대해 더 잘 안다"며 대동강맥주를 권하는 꿈을 꿔본다.

2019년 가을

김양희

차례

2부

북한의 향토음식

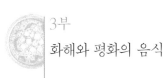

3부

화해와 평화의 음식

1부

북한 사람들은 어떻게 먹고 살아왔나

1 배급제로 유지되어온 사회

어느 쪽이 진짜 북한일까

2018년은 남북관계가 급진전한 흥미로운 한 해였다. 자연스럽게 방송에서 북한의 모습을 심심찮게 볼 수 있었다. TV 화면 속 평양 사람들은 우리의 막연한 생각과는 달리 옷차림도 제법 세련됐고 다들 핸드폰을 든 채 능숙하게 사용하고 있었다. 특히 '평양의 맨해튼'(줄여서 평해튼)이라 불리는 려명거리의 화려함은 서울 같은 세계적인 도시들의 화려한 야경에 견주어도 빠지지 않을 정도였다.

하지만 북한이탈주민들을 내세운 일부 종편채널과 국제구호단체

화려한 려명거리

등에서는 북한 주민들이 여전히 만성 영양실조에서 벗어나지 못하고 있다고 주장한다. 굶주린 북한 주민들이 배고픔을 이기지 못해 목숨을 걸고 국경을 넘고 있으며, 그 과정에서 많은 고통을 받고 있다고 이야기한다. 국제구호단체에서 보여주는 뼈만 앙상한 북한 어린이들의 사진은 실로 자극적이다.

북한을 바라보는 우리의 시각이 이렇게 양분되어 있다. 한 편에서는 북한이 아직도 식량이 부족해 굶어 죽는 사람들이 허다한 곳이라고 생각하고, 다른 한편에서는 북한 사람들도 이제는 아메리카노를 즐겨 마시고 외식도 자주 할 정도의 소비 수준을 보인다고 생각한다. 식량 부족에 허덕이는 궁핍한 삶과 평해튼의 화려한 일상 중 어느 쪽이 북한의 현실에 더 가까운 것일까.

정답은 '둘 다 북한의 현실을 보여주고 있다'고 해야 할 것이다. 예전의 북한에서는 극소수의 특권층을 제외하고는 배급제로 식량을 비롯한 생필품에, 심지어는 집까지 배분받았기 때문에 일반 주민들의 생활이란 것이 다 엇비슷했다. 하지만 1990년대 초 '고난의 행군' 시기 이후 배급제가 사실상 붕괴되고 시장이 발달하고 돈을 버는 사람들이 생기면서, 평등을 강조하는 북한에서도 자연스럽게 돈이 있고 없음에 따라 주민들의 생활 수준이 크게 달라졌다. 빈부의 격차가 심각하게 벌어지게 된 것이다. 2016년의 보고에 따르면, 우리 돈으로 재산이 100억 원 이상인 북한의 신흥부자가 100여 명에 이른다고 한다. 북한의 부자들이 하루 저녁 식사비로 수천 달러를 아무렇지 않게 쓰더라는 북한이탈주민들의 증언도 종종 들을 수 있다. 물론 전체 북한 주민 중 아주 극소수의 경우이겠지만 말이다. 그러나 그 반대쪽에는 먹을 것이 없어 굶는 주민들도 여전히 존재한다.

북한의 배급제, 그 간략한 역사

이제껏 북한에서 주민들의 식생활에 가장 큰 영향을 끼친 것은 배급제이다. 초·중·고생 무상 급식이 화두에 오를 때마다, 보수 정당이 '포퓰리즘'이라거나 '사회주의 정책'이라고 비난하는 경우를 자주 접할 수 있다. 배급제는 그만큼 사회주의국가의 트레이드마크처럼 여겨져왔다. 하지만 북한이 배급제를 수십 년 동안 운영한 것과 달리, 다른 사회주의국가들은 사회주의로 이행하던 시기 또는 전쟁 시기 공산주의 상태에서 국가가 부족한 물자를 효율적으로 배분하고 통제하기 위해 일시적으로 도입했었다. 초기 북한의 배급제 역시, 해방 후 철도 등 국가가 공공의 이익을 위해 운영하는 산업 부문에서 일하는 노동자들의 생활을 안정시킬 목적으로 실시된 것이었다. 국유화된 기업들은 돈을 벌 목적으로 일을 하는 것이 아니기 때문에 이들의 생활비를 국가가 담보해준다는 의미로 배급제를 시행해온 것이다.

북한은 1946년 12월 처음 배급제를 도입했다. 당시에는 노동자, 사무원, 학생 등 한정된 계층을 대상으로 한 식량배급제였는데, 배급 기준을 1급부터 4급까지 나눠 차등 지급했다. 가장 높은 등급인 1등급은 탄광, 특수 광산, 화학공장, 금속공장, 조선소 등 국가 중요 산업기관에서 근무하는 중노동자들이 속해 있고, 2등급은 그 외의 노동자들이 포함되어 있다. 교수나 교사, 행정요원 등 사무직은 3등급이며, 4등급은 1·2·3등급 노동자들의 부양가족이 속해 있었다. 그러니까 고된 일을 하는 중노동자들이 교수나 교사들보다 훨씬 많은 월급을 받은 것이다.

이후 주민 대부분에게 적용되는 식량배급제도가 본격적으로 정착된 것은 1957년 11월부터였다. 이때 일반 주민들에 대한 전면적인 국가배급제가 시행되었다. 배급제를 통해 주민들은 쌀이나 옥수수 등 주식은 물론이고, 간장, 된장, 고기, 채소 등 부식물까지 모두 일정량을 배급받았다. 북한 당국은 농민들에게서 수매한 곡물을 주민들에게 15일에 한 번씩 배급했다. 직접 양곡을 생산하는 협동농장원, 즉 농민들만 이 배급제에서 제외되었다. 농민은 북한 전체 인구의 30% 정도였으니, 식량을 배급받는 인구가 약 70%를 차지한 셈이다. 농민들은 보름에 한 번씩 식량을 배급받는 노동자들과 달리 1년에 한 번, 수확기인 9~10월 사이에 농장에서 수확한 곡물의 일부를 받았다. 1년에 한 번 받는 식량의 양은 농장 작업반의 목표달성 정도에 따라 달라졌다. 작업반에서 곡물 수확 목표의 80%를 달성하면 배급도 80%만 받는 식이었다.

힘든 일 하는 사람에게 더 많은 배급을

공장이나 기업소에서 근무하는 노동자들은 직장에서 15일마다 배급표와 배급카드를 받았다. 노동자들은 이걸 가지고 매달 각자 정해진 날짜에 양정사업소에 가서 정해진 양의 식량을 배급받았다. 직장을 다니지 않는 65세 이상의 연로보장을 받는 노부모와 직장에 배치되기 전의 자녀들, 세대주의 부양을 받는 전업주부는 세대주의 직장에서 함께 받았다. 미혼여성이나 미망인 등은 배급에서 제외되었으므로 배급을 받으려면 직장에 나가 적극적으로 일을 해야 했다.

사회주의에서는 평등을 내세우지만 모든 사람이 완전히 동일한 획일적인 평등을 강조하는 것은 아니다. 북한 당국은 연령과 직업에 따라 총 9급으로 구분해 식량을 나눠줬다. 가장 높은 단계인 1급은 유해직종 종사자나 중노동자들로 하루 900g을, 가장 낮은 단계인 9급은 1세 이하의 영아로 100g을 제공받았다. 성인 중 최하위에 위치한 강제수용소 수감자들은 생존하는 데 필요한 양보다 훨씬 적은, 하루 200g만 배급받을 수 있었다. 일반적인 기준에서는 2~4세의 유아에게 해당되는 배급량이었으니 살아가는 것이 녹록지 않았을 것이다. 나중에 배급제 시행 초기보다 등급을 더 세분했지만, 중노동자들이 교수나 교사들보다 훨씬 많은 배급을 받는 식의 노동자 우대 기준은 거의 그대로 이어졌다.

다만 정해진 양의 식량을 무조건 다 받을 수 있는 것은 아니었다. 15일간 무단결근을 하루 하면 하루치를 제하고 배급되었다. 지각 세

번은 결근 하루와 같았다. 그러니까 세 번 지각을 하거나 하루 결근을 할 경우, 하루 종일 굶어야 하는 셈이었다.

게다가 식량이 부족해지면서 1973년부터 '전쟁비축미'라는 명목으로 기준 배급량에서 12%를 공제해오다가 1987년부터는 '애국미'라는 명목을 붙여 10%를 추가로 공제해, 전체적으로 22%를 감량해 배급하기에 이르렀다. 그러다 1990년대 중반 북한 경제가 가장 어려웠던 고난의 행군기를 겪으면서 북한 당국은 배급을 줄 수 없었고 사실상 배급제가 붕괴하고 말았다.

배급을 통한 주민 통제

북한에서 배급제가 제대로 이행되던 시기에는 출장이나 여행을 할 경우에도 '량표'라 불리는 량권을 미리 발부받아야 했다. 량권은 국가에서 발행하는 식량을 대신하는 증표로, 북한에서는 돈과 함께 량권이 있어야 음식을 사 먹을 수 있었다. 식료품 상점에서 판매하는 국수나 빵 등을 구입할 때도 량권이 있어야 하며, 출장 시 여관 등에서 식사를 제공받을 때도 량권이 필요했다. 돈이 아무리 많아도 량표를 함께 내지 않으면 음식을 사 먹을 수 없었다. 때문에 다른 지역으로 출장을 가기 위해서는 반드시 안전부(경찰)로부터 여행증명서를 받고 소속 직장에서 량권을 받아야 했다. 무슨 용무로 어디를 가든지 자기가 먹을 식량을 량표로 지니고 가는 셈이었다.

또한 자녀를 탁아소나 유치원에 맡길 때에도 량권을 내야 했다. 군인식당이나 국방부 직할부대 및 기관, 기업소, 종업원용 식당에서 사용하는 식권도 돈만 있으면 살 수 있는 것이 아니라, 곡물을 직접 가져가거나 량권을 돈과 함께 내야만 받을 수 있었다. 량권과 식량 배급을 함께 받을 수는 없었기 때문에 출장이나 여행을 할 때는 집에 있는 배급표에서 량권을 발급받은 날의 수만큼 잘라내야 했다.

북한의 배급제는 사회주의 계획경제 체제하에서 식량의 고른 분배와 낭비를 막으려는 의도가 깔려 있었다. 또 국가에서 개인에게 지정해준 양 이상으로 식량을 소비하지 못하도록 규제하기 위해서이기도 했다. 특히 량권 등 사회급양 시설을 통한 배분은 국가 권력이 주민들의 일상생활 전반까지 개입한 것이었다. 출장이나 친척 집을 방문할 때조차 량표를 사용하도록 하면서 식량을 철저히 통제할 뿐 아니라, 주민들 개개인의 지역 이동까지 국가가 확인할 수 있었다. 이런 식으로 북한 당국은 식량을 계획적으로 관리함으로써 주민들을 유용하게 통제하였다. 그러다 보니 배급제가 유지되던 시기에는 특권층을 제외하고 사실상 일반 주민들 간에 식생활 격차가 크지 않았다. 집집마다 먹는 음식이나 양이 비슷했다는 얘기다.

2 | 여성의 사회참여를 독려하라

사회급양 사업의 육성

언젠가 결혼한 지 얼마 안 된 후배가 오랜만에 학교에 나온 적이
있었다. 점심시간이 되어서 함께 식사를 하러 나선 길, 그때 일행들
은 맨날 먹는 구내식당 밥이 지겹다고 불평을 늘어놓았다. 그러자
그 후배가 나직이 말했다. "결혼해봐요. 다른 사람이 차려주는 밥이
라면 무조건 다 맛있어요." 결혼 후 익숙하지 않은 가사노동에 지쳐
서 그랬을 것이다. 후배뿐만 아니라 베테랑 주부들도 흔히 "남이 차
려주는 밥이 제일 맛있다"고들 한다.

학교급식이 본격적으로 시행되기 전, 우리 어머니들의 가장 큰 고
충 중 하나가 자녀들 도시락을 싸는 일이었다. 심지어 고3 수험생의
부모님들은 매일 두세 개의 도시락을 싸야 했고, 자녀가 많으면 그
만큼 도시락 수도 불어났다. 매일 무슨 반찬을 준비해야 할지 고심
해야 하는데다 새벽잠은 아예 포기해야 했으니, 정신적으로나 육체
적으로나 고생이 이만저만이 아니었을 것이다.

남한의 경우 1981년 1월, '학교급식법'이 제도화되면서 일부 초등

학교를 시작으로 학교급식이 처음 실시되었다. 하지만 학교 내에 시설을 갖춘 본격적인 급식은 2000년대에 들어서야 가능했다. 그러니까 매일같이 새벽에 일어나 자녀 수에 맞게 점심, 저녁 도시락을 싸는 전쟁 같은 일상에서 해방된 게 채 20년도 되지 않았다는 말씀.

사실 장류의 산업화도 급식의 본격화와 맞물려 있다. 요즘은 고추장과 된장을 사 먹는 게 일상이고 이제는 장 담그는 모습도 〈응답하라 1988〉 같은 드라마에서나 볼 수 있지만, 1980년대에는 대부분 가정에서 직접 장을 담가 먹었다. 그 시절에는 공장에서 만든 장을 사 먹는다는 개념이 거의 없었다. 급식의 확대가 가져온 변화 중 대표적인 사례가 장류의 산업화이다.

반면 북한에서는 1950년대부터 급식 시설이 생겼고, 1960년대에는 장 공장 등 기초식품 공장들도 대거 설립되었다. 북한에서는 식당이나 급식시설 등에서 음식을 생산하여 공급하는 것을 '사회급양'이라고 하는데, 1955년 내각의 명령으로 사회급양 사업의 확대 방안이 시달되었다. 북한의 내각은 '최고주권의 행정적 집행기관'으로 최고주권기관의 법령과 결정들을 전국적 범위에서 조직하고 집행한다. 때문에 사회급양 사업의 확대 방안이 법령으로 제정된 것은 아니지만, 그래도 높은 수준에서 국가가 정책적으로 적극 육성하겠다는 의지를 표방한 것이었다.

이 같은 정책적 방침에 따라 이 시기 평양의 중구역, 서구역, 남구역 등에 대형 식당들이 건설되는 등 사회급양망 확장 사업들이 추진되었다. 1957년에만 평양시에서 87개의 국영상점과 식당들이 새로 건설됐을 정도였다. 평양 이외의 지역에서도 농촌상점, 식당, 종합 식료공장 등이 급격하게 설립되었다.

사회급양망은 인민의 공동 주방

북한이 사회급양망 확충에 적극적이었던 것은 전후 복구를 위해 노동력 확보가 시급했기 때문이다. 특히 여성 인력을 끌어모으는 데 애를 많이 썼다. 북한은 식당 외에도 탁아시설 등에 적극적으로 투자해 여성들의 사회참여에 전혀 불편함이 없도록 조치했다. 실제 북한은 '전투를 수행하는 전방 못지않게 후방사업도 중요한 정치 사업'이라고 선전하며 주민들을 독려했다. 김일성 주석은 다음과 같이 말하기도 했다.

"지도 일꾼들이 로동자들을 먹이고 입히고 쉬우는 데 세심한 관심을 돌릴수록 당과 국가에 대한 대중의 충성심은 더욱 두터워지며 그들은 일에서 그만큼 더 큰 열성과 창발성을 내게 됩니다. 이것은 매우 중요한 정치 사업이며 지도 일꾼들은 누구나 다 후방 공급사업을 잘하기 위하여 각별한 노력을 기울여야 할 것입니다."

이 후방사업을 위해 북한은 역량 있는 여성들을 동원하는 데 주력했다. 1950~1960년대 북한 당국의 입장을 공식 대변하는《로동신문》을 보면 여성들의 사회참여와 역량 강화를 적극적으로 독려하는 사설들을 자주 접할 수 있다. 대부분의 사회주의국가들은 여성 역량의 강화와 사회참여를 강조하곤 한다. 지금도 중국이나 베트남에 가보면 아침식사만 파는 새벽 식당들을 흔히 볼 수 있고, 주민들이 집에서 밥을 해먹는 대신 길거리 식당에서 사 먹는 모습도 쉽게 볼 수 있다. 여성 인력을 가정에 묶어두지 않는 사회주의국가들의 익숙한 풍경인 셈이다.

옛 소련도 집단 급식소가 대규모로 발전해, 1932년 전체 대학생의 약 80%, 사무실 노동자의 약 25%의 식사를 책임졌다고 한다. 소련 공산당 중앙위원회와 내각은 1959~1965년 7개년 계획 기간에 6만 4,300개의 새로운 식당 및 간이식당을 설치하기로 결정한 바 있다. 이는 약 310만 명의 손님을 받을 수 있는 규모로, 소련 역시 사회주의 건설을 좀 더 앞당기기 위해 여성의 노동력 확보가 필수라는 판단을 내리고 사회급양 시설 확대에 적극적이었던 것이다.

한동네 모든 집의 장맛이 같다

2016년 8월 11일, 평양기초식품공장의 창립 70돌 기념보고회가 열렸다. 평양기초식품공장은 1933년 9월 일본 재벌에 의해 설립된 국량장유주식회사로부터 발족한 것으로, 일본이 패망하고 1946년 8월 10일 북한 당국이 중요산업 국유화 법령을 발표하면서 주민들에게 장류를 공급하는 공장으로 전환된 곳이다. 이 역시 여성들의 노동력 확보를 위한 조치였다.

　남한에서는 당시 장맛이 변하면 그 집에 무슨 좋지 않은 일이 벌어진다고 여겼기 때문에, 집집마다 장을 정성껏 담가 집안 특유의 장맛을 유지하곤 했다. 하지만 북한에서는 이 시기부터 장류를 대량 생산해 주민들에게 배급했기 때문에 옆집이나 윗집, 앞집, 뒷집 등 동네 전체의 장맛이 모두 똑같았다. 일정 구역을 정해놓고 구역별로 같은 공장에서 장을 제공하기 때문이었다. 배급제가 유명무실해진 요즘도 장류는 저렴하게 공급돼 시장보다는 국가의 배급망인 국영상점에서 사 먹는 사람들이 여전히 많다는 북한이탈주민의 이야기를 들은 적이 있다. 어찌 보면 사회주의의 특성을 가장 마지막까지 보여주고 있는 게 장류가 아닌가 싶다.

3 | 쌀은 곧 사회주의다

남한에서는 '의식주', 북한에서는 '식의주'

남한의 남부 지방이 대부분 평야인 데 반해 북한은 지형상 산이 많고 경사가 급하며 기후 조건도 식량 생산에 적합하지 않다. 그런 환경조건 때문에 북한은 분단 직후부터 식량이 부족했고, 주민들의 먹는 문제가 가장 시급히 해결해야 할 과제였다. 그래서 북한은 '의식주'라는 말도 아예 '식의주'로 바꿔 불렀다.

김일성 주석은 1985년 간부들과의 대화 중에 "사람들이 살아나가는 데서 먹는 문제가 제일 중요합니다. 옷이나 집 같은 것은 부족해도 좀 참을 수 있지만 배고픈 것과는 타협할 수 없습니다. 나는 사람들의 생활에서 먹는 문제가 중요하기 때문에 '의식주'라는 말을 '식의주'라고 고쳐 쓰도록 했습니다"라고 말하기도 했다. 김일성 주석이 한 공식 발언 중에서는 이때 처음으로 식의주라는 용어가 등장했지만, 실제로는 1960년대부터 고쳐 쓰도록 했다는 주장도 있다.

북한은 식량부족 문제를 단순히 경제적 어려움으로만 보지 않고 체제의 근간을 흔드는 정치·사상적 문제로 여겼다. 식량 생산을 늘리거나 절약하는 문제를 사회주의 체제와 연결해서 생각한 것이다.

김일성 주석은 "쌀은 곧 사회주의입니다. 우리가 사회주의를 건설하자면 쌀 없이는 안 됩니다. 식량이 넉넉해야 민족의 자주성도 지킬 수 있고 나라의 발언권도 세울 수 있으며, 경제에서 자립과 국방에서 자위도 실현할 수 있게 됩니다. (…) 우리 인민들이 흰쌀밥에 고깃국을 먹으며 비단옷을 입고 기와집에서 살게 하는 것이 나의 평생 소원입니다"[1]라고 한 바 있다. 또한 김일성 주석은 사망 1년 전인 1993년 신년사를 통해서도 "모든 사람이 흰쌀밥에 고깃국을 먹으며 비단옷을 입고 기와집에서 살려는 우리의 숙망을 실현하는 것은 사회주의 건설의 중요한 목표"라고 말하고, 생애의 마지막 시기까지 주민들의 먹는 문제 해결을 위해 각지의 협동농장을 찾았다고 한다.[2] 북한 당국은 김일성 주석이 북한의 지도자로서 생애의 마지막 시기까지 주민들의 먹는 문제에 신경 썼음을 강조하고 있다.

또 북한은 식량을 혁명과 건설을 이루는 데 있어 중요한 수단으로 여겼기 때문에 자연히 식량 절약을 위한 노력도 강조해왔다. 가정의 부엌을 책임지고 있는 것이 여성이었던 만큼 여성들에게 단순히 가정 차원을 넘어 나라의 쌀독을 함께 책임지고 있음을 일깨우려 했다. 그리고 그것을 주민들의 먹는 문제 해결에 이바지하는 중요한 정치 사업으로 받아들이게 하고 주인답게 참여할 것을 독려해왔다.

이러한 노력에도 불구하고 김일성 주석은 쌀밥에 고깃국 목표를 결국 이루지 못했다. 이는 '수령님의 유훈'이 되어 김정일 시대에 이어 지금의 김정은 시대에도 여전히 이루어야 할 목표로 남아 있다.

2012년은 김일성 주석 탄생 100주년이 되는 해였다. 김정일 국방위원장은 2012년까지 '강성대국'을 건설하겠다는 목표를 세워왔으나, 핵무기 개발 등에 주력하면서 경제사정이 여의치 않자 '강성국가'로 목표를 하향 조정했다. 김정일 국방위원장이 말한 '강성국가'의 경제적 수준은 '주민들이 쌀밥에 고깃국을 부족함 없이 먹고 비단옷을 입고 기와집에서 사는 정도'였다.

김정일 위원장은 "수령님(김일성)은 인민들이 흰쌀밥에 고깃국을 먹으며 비단옷을 입고 기와집에서 살게 해야 한다고 하셨는데 우리는 이 유훈을 관철하지 못하고 있다. (…) 나는 최단기간 안에 인민 생활 문제를 풀어 인민들이 남부럽지 않게 잘살 수 있도록 수령님의 유훈을 반드시 관철하고자 한다"는 취지의 발언을 여러 차례 반복했다. 김정은 국무위원장 역시 후계자 시절부터 같은 맥락의 발언을 수차례 해왔다.

이젠 핵실험 필요 없다

북한이 만성적인 식량부족 문제에 시달리는 것은 지형이나 환경적인 영향도 크지만, 국방 예산이 과도하게 많은 까닭도 있다. 동구 사회주의국가들이 해체되는 과정을 지켜보며, 북한은 체제가 붕괴될지 모른다는 심리적인 압박감을 크게 느꼈을 게 분명하다. 특히 미-소 간 체제 경쟁이 팽팽했던 1980년대와 달리, 그 한 축이 무너지면서 북한의 위기감은 더욱 고조되었을 터였다.

2018년 5월경 방송됐던 JTBC의 〈썰전〉에서 유시민 작가는 "그동안 북한에서 핵을 만들지 않는 대신에 체제 안정을 요구했지만 미국은 들어주지 않았다. 그래서 북한은 핵무기를 완성하고 없애려는 것"이라며 "소년가장이 핵 만드느라 없는 살림에 엄청 고생했다"는 의견을 덧붙여 눈길을 끌었다. 없는 살림에도 핵실험에 주력했던 것은 김정일 국방위원장의 "사탕알 없이는 살 수 있어도 총알 없이는 살 수 없다"는 발언에서도 잘 드러난다.

하지만 지금 김정은 국무위원장은 "과거에는 식량은 없어도 탄환이 없으면 안 된다고 했지만, 지금은 탄환은 없어도 식량은 있어야 한다"며 경제 회복을 강조하고 있다. 특히 지난 2018년 4월 21일 조선로동당 중앙위원회 제7기 3차 전원회의에서 중앙위원들은 그동안의 경제·핵 무력 병진노선에서 핵 무력 부분은 완성되었으니 핵실험을 중지하고 경제발전에 총력을 다하겠다는 내용의 결정서를 채택했다. 이 회의에서 김정은 국무위원장은 "핵실험은 필요 없다"며 "온 나라에 인민들의 웃음소리가 울려 퍼지게 하겠다"고 말했다. 이는 북한 주민의 먹는 문제 해결이 무엇보다 중요하고 시급하다는 것을 김정은 국무위원장이 잘 알고 있다는 뜻이다. 스위스 베른에서 유학하며 개혁 개방을 경험했던 그는 주민들의 요구를 해결하지 않으면 체제 유지가 어렵다는 것을 누구보다 잘 알고 있을 것이다.

4 | 강냉이와 감자, 주식으로 거듭나다

강냉이는 밭 곡식의 왕

김일성 주석은 1956년 1월 28일 평안남도당위원장에게 편지를
한 통 보냈다. 그 편지의 내용은 이렇다. "강냉이(옥수수)는 가물(가뭄)
에도 잘 견디고 풀에도 잘 견디는 생활력이 강한 작물입니다. 또한
강냉이는 수확이 높으며 강냉대(강냉이 대)는 가축사료로 가장 효과
적입니다. 평안남도에서도 이 작물을 결정적으로 많이 심는 것이 필
요합니다. 나의 의견은 평안남도 전체 밭 면적의 50% 이상에 강냉이
를 심도록 장려하며 강조하는 것이 좋겠다고 생각합니다."

이 편지가 전달된 후 북한은 '강냉이는 밭 곡식의 왕'이라는 구호
아래 적극적으로 강냉이 재배 정책을 추진했다. 그 결과, 북한 전 지
역에서 전체 농작물 재배 면적의 35%를 강냉이가 차지하고 밭 작물
재배 면적으로만 따진다면 53%에 달했다. 북한은 지형적으로 평야
가 부족해 쌀 생산이 어렵다. 그래서 부족한 쌀을 대체하기 이해 강
냉이와 감자 생산을 적극적으로 독려하며 관련 음식 개발에 주력했
다. 국수, 냉면 등 면 요리가 발달한 북한에서는 요즘도 '강냉이국수'

강냉이 전문식당

가 주민들의 주식 대용으로 큰 인기를 끌고 있다.

요즘 먹는 강냉이국수는 김정일 시대에 새로 개발된 것인데, 종전의 것과는 달리 숙성된 강냉이국수 반죽을 밀어 면을 만든 후 말리지 않고 냉동시켰다가 끓는 물에 데친다. 그런 다음 데친 면을 그릇에 담고 여러 가지 꾸미(고명)를 올린 뒤 국물을 부어 먹는다. 한마디로 생면인 셈이다. 육수는 고깃국물이 아니라 오이냉국에 가두배추(양배추)김칫국물을 넣어 만들고, 꾸미로 가두배추볶음이나 고구마잎줄기볶음, 버섯볶음, 풋고추볶음, 미역줄기볶음 등을 올려 먹는다. 특이한 점은 가두배추김칫국물과 가두배추 볶은 것을 꼭 쓰는데, 이것이 맛을 돋우는 비결이라고 한다. 김정일 국방위원장이 "강냉이로 만든 음식 중에 강냉이국수가 제일 좋다"고 말했을 정도로 북한의 인기 음식이다.

감자는 고산지대의 흰쌀

감자는 1990년대 중반부터 시작된 고난의 행군 시기, 식량 수급에 어려움을 겪을 때 대대적으로 육성됐다. 감자는 가뭄에 강하고 생육기가 짧아 산간지대 등 척박한 지역에서도 비교적 재배가 쉬운 작물이다. 이 시기 감자 생산에 적극적으로 나선 곳은 백두산이 위치한 량강도 대홍단군(郡)이다. 대홍단군은 북한 최대의 감자 생산지로, 1998년 3월 김정일 당시 조선로동당 총비서가 '감자농사혁명'을 강조한 뒤 감자 농사의 본보기 단위로 지정된 곳이다.

1998년 5월에는 이 지역에 감자연구소를 설립하면서 제대군인과 과학자, 기술자를 종합농장에 파견해 감자 증산과 연구를 독려했다. 그러나 결정적으로 북한의 대홍단감자가 부각되기 시작한 것은 식량난이 심각하게 제기되던 1998년 10월 1일 김정일 국방위원장이 대홍단군 종합농장과 농업과학원 감자연구소를 시찰하며 '대홍단군이 감자 농사에서 새로운 전환을 일으킬 것'을 강조하면서부터였다. 김정일 국방위원장은 이날 북한을 "아시아의 '감자 왕국'으로 만들어야 한다"고 했다. 이후 량강도의 대홍단군에는 대규모 감자 농사 기지가 건설되었다.

북한의 농업과학원 산하 감자연구소는 감자의 품종 개량과 가공 문제 등을 연구하는 데 첨병 역할을 하고 있다. 2010년부터는 전염병에 저항력이 강한 씨감자 품종개발 연구를 위해 네덜란드의 바게닝겐대 식물생명공학연구소로 농업과학원의 과학자들을 유학 보내는 등 생산 인력에도 적극적으로 투자하고 있다.

제대군인으로 구성된 인력 활용도 활발하다. 백두산 기슭의 척박한 대홍단군을 감자 산지로 만들기 위해 1999년 3월과 10월 모두 1,200여 명의 제대군인을 집단 배치해 제대군인 마을을 만들었다. 같은 날, 두 차례의 합동결혼식을 통해 수백 쌍의 부부가 탄생했다. 이후 1년 뒤 이들 가정에서 여섯 쌍의 쌍둥이를 포함해 875명의 아이들이 태어났다. 게다가 감자 농사로 살 만한 동네라는 소문이 돌면서 대홍단군은 인구가 수만으로 늘어났다. 당시 북한은 그저 제대군인들을 이주시켜 배치하기만 한 것이 아니라 혜산농림대학에 감자 농사를 위한 전문학과를 설립해 1999년부터 제대군인들을 위한 '현지학습반'을 운영하는 등 고급 인력 양성에도 심혈을 기울였다.

감자 노래도 만들어져

주민들 사이에서 〈대홍단삼천리〉라는 가요가 널리 불릴 정도로, 2000년대 들어 감자는 옥수수에 이은 새로운 주식으로 주목받았다. 충성을 주제로 한 노랫말은 다음과 같다.

인민의 무릉도원 펼쳐주시려 수령님 한평생 가꾸신 풍년벌
그 뜻을 우리 장군님 꽃피우신 대홍단
충성도 삼천리요, 노래도 삼천릴세

'대홍단의 감자꽃'은 선군 8경으로 꼽히기도 했다. 김정일 국방위

원장이 강조한 선군 8경은 선군[4]시대에 걸맞은 여덟 가지 빼어난 경치를 말하는 것으로, 백두산 해돋이, 다박솔 초소 설경, 철령 진달래, 장자산 불야성, 울림폭포 메아리, 한드레벌 지평선, 대홍단 감자 꽃바다, 범안리 선경이다. 그만큼 북한에선 감자의 위상이 높다는 얘기다.

감자 농사가 활성화되면서 감자를 이용한 음식도 대대적으로 보급되었다. '농마(녹말)국수', '농마지짐', '언감자국수', '감자꽈배기', '감자토장국', '언감자떡', '생감자김치', '감자속통배추김치', '감자깍두기', '감자명단식혜', '감자가재미식혜' 등 1,000가지 이상의 요리가 등장했을 정도였다. 최근엔 북한식 포테이토칩인 '감자튀기'가 인기를 끌고 있다. 감자 가공공장에서는 감자를 원료로 하는 전분, 분탕, 엿, 술 등도 생산하고 있다.

몇 해 전 백두산에 다녀온 일이 기억난다. 그때 묵은 호텔이 삼지연의 베개봉호텔이었는데, 호텔 식당에서 나온 모든 음식의 재료가 감자여서 깜짝 놀랐다. 북한에서 아주 의미 있게 생각하는 '언감자국수'부터 감자김치, 감자볶음, 감자조림 등 감자요리들이 모두 동원되었다 싶을 정도로 주식부터 부식까지 감자요리 일색이었다. 나중에 자료조사를 통해 감자 관련 요리가 1,000가지 이상이나 된다는 것을 알았다. 그러니까 내가 맛본 것은 극히 일부에 불과했던 셈이다. 이처럼 북한의 대홍단에 가면 감자요리의 끝을 볼 수 있다.

5 | 고난의 행군기가 만든 음식문화

북한에서 가장 아픈 시기

해방 이후 북한 사람들에게 가장 힘들었던 시기는 '고난의 행군기'일 것이다. 고난의 행군이라는 용어는 원래 1930년대 말부터 1940년대 초 당시 항일운동을 했다는 김일성 주석과 관련이 있다. 그가 만주에서 일본군의 추격을 피해 쫓겨 다니면서도 추위와 배고픔을 참아가며 유격전을 감행했다고 주장하는 시기를 말하는 것이기 때문이다. 그 의미를 차용해, 1995년에서 1998년까지의 대기근 시기를 '체제를 유지하기 위한 투쟁'이라는 의미로 '고난의 행군기'라고 불렀다.

1990년대 초반 동구 사회주의국가들이 몰락하면서 북한은 무역을 제대로 할 수 없었다. 당시는 냉전체제가 견고해 사회주의국가들은 사회주의국가끼리, 자본주의국가들은 자본주의국가들끼리만 교류하던 시기였다. 엎친 데 덮친 격으로 몇 년간 홍수 피해가 나면서 극심한 식량부족 상황에 내몰리게 되었다. 결국 국가가 안정적으로 식량 배급을 해줄 수 없는 실정에 이르고 말았다. 북한이탈주민들의 증언에 따르면 함경북도 회령에서는 이미 1992년 말 배급량을 한 달에 3kg으로 줄였고, 1993년 중반에는 아예 배급이 중단되었다. 함흥 같은 대도시에서도 1993년 3개월분만 배급되다가 1994년에는 완전히 중단되었다. 심지어 특권층들이 사는 평양조차도 1995년에는 9개월, 1996년에는 2개월분만 배급되었고, 이후 지속적인 감량 배급 끝에 아예 중단된 것으로 알려지고 있다. 다시 말해 1990년대 중반부터는 당 및 정부기관 핵심간부, 고급장교 등 특별계층을 제외하고는 지역, 계층을 불문하고 일반 주민들이 국가배급제에 더 이상 의존할 수 없을 정도로 식량난이 심각해졌다는 것이다. 보름마다 한 번씩 시행되는 배급에 의존해 생활하던 북한의 도시민들은 배급이 중단되자 삶이 피폐해질 수밖에 없었다.

북한 주민들은 이를 미공급 시기라고 부른다. 이 시기에 북한 사람 중 상당수가 먹을 것을 구하기 위해 국경을 넘어 중국 등으로 탈북했다. 하지만 그에 못지않게 많은 사람들이 그저 속수무책으로 굶어 죽을 수밖에 없었다. 2010년 11월 22일 통계청은 유엔 인구센서스 조사 결과를 근거로 고난의 행군 시기(1996~2000년)에 북한 주민약 33만 명이 사망한 것으로 추정했다.

국제사회의 대북지원 본격화

굶어 죽은 사람이 33만여 명이나 된다는 것은 정말 끔찍하고도 슬픈 일이다. 당시 국제사회를 향한 북한의 식량지원 요청으로, 미국은 1996년부터 220만 톤이 넘는 양(약 8억 달러의 환산 가치)의 식량을 북한에 지원했다. 금액으로 따지면 미국의 지원액은 1995년 970만 달러, 1996년 3,000만 달러, 1997년 8,240만 달러, 1998년 1억 2,290만 달러로 급격히 늘었다. 그러나 남한의 지원액은 많지 않았다. 1995년 WTO 체제가 출범하면서 외국산 농산물이 급격히 유입되어 과잉 생산된 쌀의 안정적 소비 문제로 고민이 많았음에도 불구하고 말이다. 남북 간 체제 경쟁 탓에 인도적 지원액은 1995년에만 당국 차원에서 약 1,854억 원이었으나 1996년부터 1998년까지는 국제기구를 통해 각각 24억 원, 240억 원, 154억 원을 지원했을 뿐이었다. 국제사회의 지원으로 악몽 같은 북한의 식량 문제는 1998년 이후 어느 정도 해소되었다. 북한은 2000년 조선로동당 창건 55주년(10월 10일)을 기념하며 고난의 행군이 끝났다고 선언했다.

미공급이라는 고통스러운 시기에도 북한에는 새로운 음식문화가 만들어졌다. 고난의 행군 시기 배급제가 붕괴되고 먹을 것이 부족했던 북한 주민들은 시장에 나가 옷이며 가구 등 돈이 될 만한 살림살이를 팔아 생계를 유지했는데, 그 과정을 통해 시장의 규모가 급격히 확대되었다.

사회주의국가인 북한에서는 원칙적으로 시장이 허용되지 않는다. 농민들이 잉여생산물을 판매하는 농민시장이 허용될 뿐. 하지만 미공급 시기 일반 주민들까지 농민시장을 드나들기 시작했고, 배급을 제대로 주지 못하자 국가의 영향력도 미치지 못했다. 상황이 이렇게 되자 시장은 자연스럽게 늘어갈 수밖에 없었다.

미공급이 만든 새로운 음식

고난의 행군 시기, 시장에 사람들이 몰리면서 간단한 음식을 만들어 파는 음식 장사들이 급격히 늘어났다. 당시 장사에 나선 사람들은 직장에 나가지 않더라도 상대적으로 처벌을 덜 받는 여성들이 대부분이었다. 음식 장사는 밑천이 얼마 없어도 할 수 있는 일이었기 때문에 한 집 건너 한 집의 형국으로 생겨났다. 하지만 식재료로 구할 수 있는 품목이 한정적이었으므로 대부분 비슷비슷한 음식을 팔았다.

이 시기 시장에서 많이 팔던 음식은 두부밥과 인조고기밥, 속도전떡 등이었다.

'두부밥'은 네모난 두부를 대각선으로 자른 다음 그 삼각형 모양의 두부를 얇게 썰어 살짝 부치고, 가운데를 갈라 양념한 밥을 넣은 음식이다. 모양과 만드는 법이 유부초밥과 비슷하다. 함경도를 비롯한 내륙 지방에서는 주먹밥을 많이 먹는데, 장사에 눈을 뜬 북한 주민들이 주먹밥보다는 단백질도 풍부하고 맛도 더 좋은 길거리 음식으로 두부밥을 개발하여 시장에 내놓은 것이다. 일본 출신의 귀국자들이 초밥을 먹는 것을 보고 북한식으로 만든 것이라는 얘기도 있다. 고소한 두부밥은 서너 개만 먹어도 포만감이 들어 인기를 끌

두부밥   두부밥과 인조고기밥

었고 북한 전역으로 퍼졌다.

　고난의 행군기 당시 만들어진 음식이긴 하지만 2000년대 이후에도 북한의 시장에서는 여전히 두부밥을 팔고 있다. 또한 두부밥은 북한이탈주민들이 고향 생각이 날 때 손쉽게 만들어 먹는 음식이기도 하다.

　이처럼 두부밥이 단기간에 인기를 끈 이유는 무엇일까. 바로 북한 사람들이 재배 기간도 짧고 기후에도 적합한 콩을 많이 심었기 때문이다. 그래서 먹을거리가 부족해지자 싼 가격에 영양가도 높으면서 배부르게 먹을 수 있는 콩 가공음식을 많이 먹었던 것이다. 장사에 나선 주민들은 시장에서 콩 10kg을 사다 두부와 두부밥을 만들어 팔고, 두부를 만들고 남은 비지로 끼니를 때우고, 돈이 생기면 또 콩을 구입해 장사를 하는 식으로 하루하루를 살아나갔다.

　또 하나의 인기 음식은 인조고기밥이었다. 인조고기밥은 콩기름을 만들고 남은 대두박을 열로 압착해 만든 이른바 '콩고기'에 밥을 싸 먹는 음식이다. 색깔이나 생긴 모양은 꼭 어묵에 밥을 놓고 만 김밥 같다. 인조고기라는 명칭은 맛보다는 질감이 고기를 씹는 것 같다고 해서 붙은 것이다. 어묵이나 고기보다도 푸석한 맛이 나지만 고난의 행군 시기 북한 주민들에게 훌륭한 단백질 공급원이었다. 파프리카와 양파, 매운 고추, 양송이버섯 등 식재료를 이것저것 넣으면 색다른 맛이 나기도 한다.

'속도전떡'은 열을 가한 옥수수가루를 익반죽해서 한입 크기로 뭉쳐 순식간에 만들어내는 떡을 말한다. 속도전은 북한에서 사회주의 경제 건설을 촉진하기 위해 사용된 개념으로 '단기간에 밀어붙여 승리를 이끌어낸다'는 의미다. 속도전이라는 이름에 걸맞게 이 떡은 재료만 있으면 언제 어디서나 금방 만들 수 있는, 진정한 패스트푸드라 할 수 있다. 고난의 행군 시기 군대 보급 식량이었던 것이 주민들에게도 퍼지면서 인기를 끈 음식이다.

두부밥이나 인조고기밥 등은 조리법이 간편해 북한이탈주민 관련 행사 때마다 빠지지 않고 등장하는 대표적인 북한 음식이다. 그래서 남한 사람들도 비교적 쉽게 접근할 수 있는 북한 음식 중 하나다. 고난의 행군 시기를 거치며 탄생한 음식이라 안타깝기도 하지만, 한국전쟁 시기 미군부대에서 흘러나온 여러 가지 음식물을 끓여 먹기 시작하면서 유명해진 부대찌개처럼 두부밥과 인조고기밥도 어쩌면 새롭게 각광받는 요리(다이어트 식품 등으로)가 될 수 있을지도 모른다.

6 | 풀과 고기를 바꾸자

식량 부족 문제의 개선을 위한 증산 노력

북한에서는 식량부족이 가장 시급히 해결해야 할 절실한 문제였다. 단순한 식량절약운동만으로는 식량난 해소에 역부족이었기 때문에 식량 증산에도 많은 역량을 집중했다. 고난의 행군 시기를 지나면서 북한은 먹거리 개선에 적극적으로 나섰다. 북한의 먹거리 개선사업은 쌀의 대체 작물로서 강냉이나 감자 농사를 적극 권장한 것뿐만 아니라, 염소나 타조 같은 풀먹이 짐승(초식동물)의 사육, 메기 같은 민물고기 양어사업 등으로 구체화됐다.

단백질이 절대적으로 부족한 북한에서 가장 손쉽게 접근할 수 있는 가축은 풀먹이 짐승이다. 북한은 1990년대 후반부터 식량 증산을 위한 정책의 일환으로 주민들에게 토끼, 염소 등 풀먹이 짐승의 사육을 장려했다. 김정일 국방위원장은 "토끼는 알곡먹이를 쓰지 않고도 고기와 털을 많이 낼 수 있는 생산성이 높은 집짐승"이라며 "지금 풀 먹는 집짐승을 기르기 위한 사업이 널리 벌어지고 있는데 이 사업을 계속 힘 있게 밀고 나가야 한다"고 강조하기까지 했다.

북한이 특히 토끼에 주목한 것은 풀만으로 고기와 털을 생산할 수 있어 실리가 있고, 번식률이 높은데다 자라는 속도도 매우 빨라 다른 가축에 비해 고기 생산성이 높기 때문이었다. 북한 잡지《천리마》2006년 8호는 한 해에 우량종 어미 토끼 한 마리를 길러 번식시키면 150~180kg의 고기를 생산할 수 있고, 네 마리면 600~700kg의 고기를 생산할 수 있다고 소개했다. 토끼 가죽은 털외투와 털모자, 털신발, 털장갑 등을 만드는 데 널리 쓰이며 털로는 고급 양복천과 뜨개옷, 장갑, 목수건, 이불 등을 만들 수 있다. 또한 토끼 배설물에는 질소 성분이 많아 비료로서도 활용가치가 컸다. 이 같은 이유로 이 시기 북한의 학생들은 대거 토끼 기르기에 동원되기도 했다.

풀먹이 짐승, 타조 기르기 주력

　이 시기 북한의 농촌에서는 염소, 토끼, 양을 비롯한 풀 먹는 집짐승이 비약적으로 늘어났으며 많은 초지들이 조성됐다. 북한의 언론들은 "2000년 한 해 동안 염소 39만여 마리, 토끼는 359만여 마리가 각각 증가했으며, 풀판(초지)은 전년 대비 7만 7,600정보를 더 조성했다"[5]고 소개하기도 했다. 특히 함경남도 단천시와 허천군, 덕성군 등은 수만 마리 이상의 염소를 사육했는데, 1,000마리 이상의 염소를 기르는 협동농장이 스물여섯 곳이나 되었다. 염소는 유용한 단백질 급원인 우유까지 얻을 수 있기 때문에 사육에 적극 나섰다.

북한은 또한 비슷한 이유로 타조 기르기에도 주력했다. 김정일 국방위원장은 "타조를 많이 길러야 합니다. 타조는 많은 고기와 알을 생산할 뿐만 아니라 가죽과 털을 가지고도 여러 가지 제품을 만들 수 있으므로 수익성이 대단히 높습니다"라고 말했다. 김정일 위원장의 발언 이후 역시 단백질 공급 확대와 식량 증산을 위해 타조 기르기 운동이 벌어졌다.

타조는 2년 반 정도 기르면 다 자라 알을 낳는다. 알에서 갓 깨어났을 때의 무게는 1kg에 불과하지만 한 해 사이에 90~120kg까지 늘어나기 때문에 고기 생산성도 아주 높다. 북한은 타조고기로 할 수 있는 요리를 개발해 《조선료리》라는 잡지에 소개하는 등 적극적으로 활용방안을 홍보했다. 2001년 2월 16일 김정일 국방위원장의 생일을 맞아 여러 식당에서 특식으로 타조육계장, 타조고기만두, 타조발통(족발)요리 등을 내놓기도 했다.

물고기 양식은 절대 양보할 수 없는 사업

북한은 또한 양어, 양식 부문에도 많은 관심을 기울였다. 지난 1997년 7월 수산자원 조성과 보호 및 단속에 관한 규정, 1997년 12월 바다오염방지법, 1999년 3월 양어법 등 관련 법규를 제정했다. 북한은 김정일 국방위원장이 양어장을 시찰하는 등 양어사업에 높은 관심을 가짐에 따라 열대·아열대지방에서 사는 열대메기의 인공 번식

및 양식에 주력해 여름만이 아니라 겨울에도 열대메기를 기를 수 있는 여건을 마련했다.

단백질을 충분히 공급하려면 토착종 메기로는 역부족이라 보고 덩치가 크고 적은 사료로 빨리 키울 수 있는 열대메기에 주목한 것이었다. 열대메기는 사료 소비가 적고 4~5개월 만에 500g 정도로 자랄 만큼 성장 속도가 빨랐다. 게다가 북한에는 온천이 많아 겨울철에 온수를 이용하기 좋다는 장점이 있다. 이런 조건을 기반으로 1998년 4월부터 양식사업에 주력해, 온천이 있는 곳이라면 어디서나 열대메기를 길러 민물고기 생산을 늘렸다. 북한에서는 이 시기에 양어장이 급격히 확대됐고, 김정은 시대에도 그 노력은 계속 이어지고 있다.

평양시와 평남, 황남, 함북, 자강도 등 북한 전역에 메기 양어장과 가공시설을 갖춘 메기공장이 대대적으로 건설되었다. 메기는 따뜻한 물에서 자라기 때문에 물 온도를 적정하게 맞추는 것이 가장 중요한데 과거에는 온천이나 화력발전소 등에서 나오는 온수를 이용했지만, 최근에는 과학화를 추진하여 태양에너지 등을 활용하고 있다. 과학양식업 체계를 구축한 후 2016년 평양메기공장의 생산량은 이전의 900여 톤에서 1,800톤가량까지 두 배가 늘었다고 한다.

북한 당국은 메기 양식사업을 적극적으로 권장하는 한편, 소비를 늘리기 위해 메기요리 전문점을 확대 설치하고 있다. 평양 시내에 있는 평양메기탕집, 새날메기탕집과 같은 대형 음식점에는 하루 평균

1,500여 명의 손님이 찾는다는 것이다. 요리법도 메기탕과 메기찜, 메기튀기(튀김)를 비롯해 회, 초밥, 훈제 등 아주 다양하다.

7 | 어린이는 나라의 왕

후대에 대한 사랑은 당과 국가의 제일 중대사

어린이가 소중하고 보호받아야 한다는 것은 현대 국가에서는 상식적인 일이다. 우리나라도 어린이날을 공휴일로 지정하고 있을 뿐만 아니라 아동복지에 대한 다층적인 접근을 시도하고 있다. 그럼에도 뉴스를 통해 인권 사각지대에 내몰린 아이들의 사례들을 심심찮게 보게 된다. 아이를 죽을 때까지 학대하거나 굶주리게 방치한 부모, 말 못하는 어린아이들을 폭력적인 방식으로 다룬 어린이집 교사의 이야기가 하루 걸러 들려오는 요즘이다. 이런 기사를 보면 우리 사회가 정말 아이들을 잘 보살피고 있는 것인지 의심스러울 지경이다.

오히려 북한에서는 정책적으로 사회 곳곳에서 어린이를 우대하는 모습들을 볼 수 있다. 북한에서는 '어린이는 나라의 왕'이라고 강조하며 '후대들에 대한 사랑'을 당과 국가의 제일 중대사로 내세우고 있다. 이 같은 인식은 김일성 주석 시대부터 시작되었다.

김일성 주석의 후대관(後代觀)에 따라 '어린이는 나라의 왕'이라는

김일성 주석과 어린이 그림

슬로건이 만들어졌고, 해방 직후 평양 중심부에 어린이들의 교육을 위한 '학생소년궁전'이 지어졌다. '만경대학생소년궁전'[6] 1층에는 벽면 한가득 김일성 주석의 '어린이는 나라의 왕'이라는 문구가 적혀 있다. 이때부터 어린이의 지위는 법적으로 최고 수준에서 보장됐다.

제일 좋은 것은 어린이들에게

어린이들이 조국의 미래이고 혁명의 계승자인 만큼 그들을 어떻게 키우는가 하는 것은 나라의 흥망과 관련되는 중요한 문제였다. 북한이 어린이 복지에 신경을 쓰는 이유는 어린이들에게 사회주의적 사회에 맞는 사상교육을 함과 동시에 양육 부담을 줄여 여성 인력을 적극적으로 활용하기 위해서였다.

북한은 1976년 4월, 최고인민회의 제5기 6차 회의에서 '어린이보육교양법'을 제정해 부모의 직업과 노동의 종류와 관계없이 모든 어린이가 보육 혜택을 받도록 규정했다. 이 법을 근거로 '제일 좋은 것은 어린이들에게'라는 원칙이 수립되었고, 북한의 모든 미취학 어린이는 탁아소와 유치원 등에서 사회주의 교육방법에 따라 국가와 사회의 비용으로 양육되고 있다.

북한은 1956년부터 '초등의무교육제'를, 1972년부터는 '11년 의무교육제'를, 그리고 2014년부터는 '12년 의무교육제'를 실시하고 있다. 김일성 주석은 1980년 '인민보건법'에 '해당기관, 기

창광유치원의 작은 운동회

업소, 단체는 어린이들에게 건강과 발육에 필요한 비타민과 성장촉진제 같은 영양제를 원만히 공급하여야 한다'는 어린이 영양제 공급 조항을 따로 추가하도록 지시하기도 했다.

김일성 주석에 이어 김정일 국방위원장도 어린이들에 대한 투자에 적극적이었지만 특히 김정은 시대에 들어서서는 아동백화점을 전면적으로 개보수하고 아동병원을 새로 건설했으며, 북한 전역에 고아 양육시설을 세우는 등 어린이 복지에 각별한 관심을 쏟고 있다. 북한의 최고급 아동 치료시설인 옥류아동병원은 당시 김정은 국방위원회 제1위원장의 지시에 따라 건설되어 2013년 10월 개원했다.

'왕차'와 '어머니공장'

북한에서는 병원이나 백화점 외에도 일상생활에서 늘 접하는 식료품 분야까지 어린이들을 특별히 챙겼다. 김일성 주석은 1970년대에 "어린이들을 국가가 맡아 키우는 만큼 그들의 건강과 발육에 좋은 식료품을 많이 만들어야 한다"며 수도에 어린이 식료품을 전문적으로 생산할 수 있는 어린이식료품공장을 건설하도록 지시했다.

2012년 6월 3일자 《로동신문》에 따르면 김 주석은 외국 방문 길에 초원의 젖소 떼를 보면서 어떻게 하면 북한의 어린이들에게 우유를 마음껏 먹일 수 있을까 고민했다고 한다. 이후 북한에 돌아오자마자 당중앙위 전원회의를 소집하고 축산업에 불리한 북한의 실정을 감안해 콩으로 우유를 만들도록 지시했다. 그 후 공장에서 첫 생산제품이 나왔다는 보고를 받고서는 너무도 기쁜 나머지 〈세상에 부럼 없어라〉라는 노래를 불렀다는 일화가 전해진다.

어린이식료품공장의 제품 생산이 본격화된 후 시내의 모든 도로에서 콩우유차들에 대한 우선적인 통행 권한이 부여됐다. 어린이들에게 한시라도 빨리 우유를 먹이기 위해 도로상에서 먼저 지나갈 수 있는 배려를 받은 것인데, 이런 이유로 최고 지도자의 차도 콩우유차가 지나가면 멈춰야 하기 때문에 '왕차'라는 별칭이 붙었다.

북한에서 평양어린이식료품공장은 당이 중요하게 생각하는 공장이며 온 나라 어머니들의 각별한 관심 속에 있기 때문에 '어머니공장'이라고도 불린다. 2015년 7월 9일자 《로동신문》은 평양어린이식료품공장에서 생산된 콩우유를 운반하는 콩우유차들의 총 주행거리가 지구 둘레를 수백 회 돈 것과 맞먹는 약 1,610만km에 달하며 수도의 탁아소들과 유치원, 학교들에 공급한 콩우유의 양은 수십만 톤에 달할 정도였다고 보도했다.

김정일 국방위원장은 2001년 7월 8일, 김일성 주석 서거 7주기에 평양어린이식료품공장을 방문해 고난의 행군 시기에도 하루도 빠지지 않고 콩우유가 정상적으로 생산 공급된 데 대한 보고를 받고 "이것이 바로 우리의 사회주의가 어떤 사회인가를 보여주는 것"이라며 어린이식료품공장을 더 많이 건설할 것에 대한 과업을 제시했다.

평양어린이식료품공장에 대한 애정은 김정은 국무위원장에게도 이어졌다. 그는 "평양어린이식료품공장의 생산 정상화 문제는 단순한 경제 실무적인 문제가 아니라 선대 수령님(김일성)과 장군님(김정일)에 대한 도덕적 의리, 당적 신념과 양심에 관한 문제"라며 "이의 해결을 위해 적극적으로 노력해야 하고 어린이 식료품 생산을 단 한순간도 멈추게 해서는 안 된다"고 말했다. 공장이 원료 조달이나 전기 부족 등의 어려움을 겪는 상황에서도 어린이 식료품 생산을 보장하는 것만큼 중요한 문제는 없다는 사실을 강조한 것이었다.

북한의 어린이 정책이 지향하는 목적이 사회주의 사상에 맞는 인재의 육성이긴 하지만, 미래의 희망이 될 어린이를 위해 국가가 적극적인 관심을 가지고 지속적으로 지원하는 자세만큼은 우리도 배울 점이 아닌가 싶다.

혁명가들에게 이상적인 도중식사

　새 대통령이 취임할 때마다 대통령이 좋아하는 음식들은 사람들의 이목을 끌곤 한다. 김대중 대통령은 홍어회를 좋아해 다른 반찬 없이도 홍어를 즐겼고, 김영삼 대통령은 칼국수를 좋아해 청와대 만찬은 물론 각료회의 직후에도 국수 오찬을 했다는 기사가 보도되기도 했다. 삼계탕을 좋아한 노무현 대통령은 단골 식당 요리사를 청와대로 불러 삼계탕을 즐겨 먹었다고 한다. 대통령이 선호하는 음식들은 사람들의 입에 오르내리며 일반 대중에게 친근한 이미지를 각인시켰고, 이에 근거해 서민 대통령이란 말이 만들어지기도 했다. 이 같은 이유로 대통령 후보들은 시장이나 국밥집 등을 찾아 다니며 서민 대통령 이미지를 만들어내려고 애쓴다. 그만큼 음식이 갖는 이미지의 상징성이 크다는 의미일 것이다.

　북한에서도 방송을 통해 지도자의 음식들을 홍보하곤 하는데, 그중 가장 주목할 만한 것은 '쉐기밥'이다.

　북한의 《조선말대사전》에 따르면 '쉐기'는 "조그마하고 둥글둥글하게 주물러서 뭉쳐놓은 덩이"로 '줴기밥'은 속에 반찬을 넣거나 그 냥 만들어 손에 들고 먹을 수 있게 줴기를 지은 밥덩이를 뜻한다. 한 마디로 주먹밥인 셈인데, 실제 남한의 주먹밥과 비교해보면 크기가 조금 작다.

북한에서 줴기밥은 업무로 바쁜 지도자들이 간단하게 끼니를 해 결하는 음식으로 통한다. 김정일 국방위원장은 "밥 가운데서 가장 맛있는 밥은 배고플 때 먹는 줴기밥"이라며 "만드는 데 특별한 음식 감도 필요 없고 품도 적게 들기 때문에 준비하기가 쉽고 짧은 시간 에 먹을 수 있으며 다른 사람들에게 폐를 끼치지 않아 혁명가들에 게 이상적인 도중식사"라고 말한 바 있다.

북한의 언론을 살펴보면 김정일 국방위원장이 격무로 인해 쪽잠 과 줴기밥을 즐긴다고 보도한 사례가 많다. "새벽 1시를 초저녁으로 여기시는 분, 푹신한 침대보다 차 안에서의 쪽잠, 푸짐한 식탁보다 줴기밥을 더 좋아하시는 분"[8]이라고 소개한 것이 그 예이다.

북한에서 줴기밥을 강조하던 때는 1990년대 말 고난의 행군기 직 후, 2004년 6자회담을 통한 미국의 압박 시기, 2005년 당 창건 60돌 맞이 등 내부 결속과 체제 안정을 강화해야 하는 시점이었다. 줴기 밥은 김정일 국방위원장이 '외세의 압박 때문에 선군정치를 하지만 인민들을 사랑하고 인민들을 위해 헌신한다'는 것을 강조하기 위한 상징적인 음식이라고 볼 수 있다.

또한 북한의 언론들은 김정일 국방위원장에 이어 김정은 국무위원장도 대를 이어 쮜기밥을 즐겨 먹는 것으로 보도하고 있다. 2013년 1월 7일자《로동신문》에 따르면, 김정은 당시 국방위원회 제1위원장은 "나는 고난의 행군 시기 풋강냉이 한 이삭으로 끼니를 에울 때(때울 때)도 있었고, 거의 매일 쮜기밥과 죽으로 끼니를 에웠다. 나는 고난의 행군 전 기간 장군님(김정일)을 모시고 인민과 함께 있었고 인민들이 겪는 고생을 함께 겪었다"고 말한 바 있다.

충성의 의미를 가진 도라지

북한에서 또 하나의 상징적인 음식은 바로 도라지다. 2000년대 이후부터 북한 사회에서 도라지는 충성을 상징하는 의미로 자주 등장한다. 북한의 잡지《아동문학》2002년 제3호에 게재된 글〈백도라지의 주인들을 찾아서〉에 그 유래가 나와 있다.

전천읍 와운고등중학교 학생들이 장자산혁명사적지[1] 씨름터 주변에 조성한 백도라지밭에 관한 이야기다. 1992년 어느 날, 장자산을 찾은 이 학교 학생들은 어떻게 하면 사적지가 있는 장자산을 더 아름답게 가꿀까 고민했고, 그날부터 전교생이 높고 낮은 산을 타고 넘으며 도라지를 찾아 옮겨 심기 시작했다. 수업이 끝나면 선생님들의 뒤를 따라 모두가 산으로 향했는데, 도라지를 안고 돌아오는 학생들의 신발은 찢어지고 얼굴은 가시나무에 할퀸 자국이 선명했으나 언제나 웃음이 넘쳤다. 애써 가꾼 보람이 있어 여름이 되자 한 포기 두 포기 활짝 피어나기 시작했다. 그 첫 씨를 받아 그해부터는 꽃씨를 뿌려 정성껏 키운 다음, 장자산 기슭에 다시 심기를 반복했다. 지금까지 심은 수가 약 3만 포기에 이르고, 김일성 주석의 동상이 있는 '배움의 천리길' 학생소년궁전 주변에 심은 도라지도 수천 포기나 된다는 이야기다.

잡지는 "비가 오나 눈이 오나 한 포기 두 포기 백도라지꽃들을 가꿔가며 장군님에 대한 티 없이 맑고 깨끗한 충성심을 키워가는 이 학교 학생들의 가슴마다에는 언제나 그 언제나 백도라지꽃들이 곱게 피어 있다"고 소개하고 있다.

어린 학생들이 자발적으로 나서서 김일성 주석과 김정일 국방위원장의 사적을 도라지꽃으로 꾸몄다는 것이다. 또 다른 잡지《인민교육》2004년 4호의 〈도라지꽃에 깃든 뜨거운 마음-라선시 역전중

김일성, 김정일 동상

학교 리정 교원〉이라는 글에서도 도라지꽃이 충성의 마음을 상징한다고 설명하고 있다. 이 잡지에서는 금수산기념궁전[10]수목원 주변으로 교실 10개 면적에 맞먹는 땅에 뿌리를 내리며 피어난 도라지꽃들의 사연을 소개하고 있다.

북한에서는 김일성 주석과 김정일 국방위원장 관련 사적지를 단장하는 일이 충성을 의미한다. 그래서 주변에 도라지를 심게 하고 또 이를 널리 홍보하여 어린 학생들에게 충성심을 고취시키려 했다. 어린 시절부터 도라지로 상징되는 충성의 마음을 다하다 보면 성인이 되어서도 자연스레 체화된 충성으로 이어질 것이라고 여긴 까닭이었다.

이처럼 북한에서는 2000년대 이후 금수산기념궁전 화단에 도라지꽃을 심어 꾸미고 전국적으로 도라지를 캐서 만경대나 금수산기념궁전 주변에 옮겨 심도록 하는 운동이 펼쳐지기도 했다. 이는 고난의 행군 시기 이후 국가 기강을 바로잡고 내부 결속력을 다지기 위해서였다.

혁명 업적을 새기고 있는 백두산 밀영 버섯

쒜기밥이나 도라지와 함께 또 하나의 상징음식으로 백두산 밀영 버섯을 들 수 있다. 《로동신문》은 2001년 4월 30일에서 5월 17일까지 총 열 차례에 걸쳐 〈백두산 밀영 고향집 주변의 이채로운 버섯들〉

이라는 기사를 실었다.

백두산 밀영 고향집[11]과 그 주
변 일대, 즉 정일봉과 해돋이 바
위, 룡마바위, 장검바위 주변, 소
백수 기슭 등지에 100여 종의 버
섯들이 봄, 여름, 가을 계절에 따
라 돋아나고 있다는 내용이다.
특히 "위대한 수령님(김일성)과 경
애하는 장군님(김정일)께 이 버섯

김정일 국방위원장의 생가

들을 즐겨 대접하시었을 항일 여성 영웅 김정숙(김정일의 어머니) 동지
에 대해 백두산 밀영집 주변의 버섯은 사연이 깊다"며 "이 버섯들은
백두산 3대 장군의 불멸의 혁명 업적을 다시금 깊이 새기게 하고 고
향집의 풍취와 정서를 더 한층 북돋아주는 백두산의 또 하나의 자
랑이다"라고 보도했다. 《조선녀성》 2010년 5호에서도 〈29송이의 버
섯(혁명설화)〉 등의 기사를 통해 버섯과 항일 유격투쟁의 이미지를 연
계시키고 있다. 이처럼 버섯에 항일혁명 이미지를 연계시켜 버섯 생
산을 독려한 것이다.

북한 당국은 지난 2002년 3월, 백두산 밀영 고향집 주변에서 자
라는 '낙엽버섯', '흰꽃잎버섯', '학버섯', '색깔이 붉은 갓버섯', '비늘
갓버섯' 등을 도안한 다섯 종의 버섯 우표를 발행하기도 했다. 이 역
사 버섯 재배 확산과 그에 대한 관심을 유발하기 위한 방안의 하나

였다.

일찍이 인류학자 시드니 민츠(Sidney Mintz)는 "식품들을 지배하고 또 동시에 그 식품들이 암시하게 될 의미들을 지배하는 것은 평화로운 통치 수단이 될 수 있다"고 이야기한 바 있다. 결국 북한은 음식의 상징화를 통해 주민들에게 지도자의 애민정신을 강조하고 충성심을 유도하며 식량생산을 독려하는 등 통치수단으로 활용하고 있는 것이다.

9 특별한 은혜에 감사하다

상과 선물의 힘

초등학교 6학년 때 글짓기상을 받은 적이 있다. 큰 대회에서 입상한 것도 아니었고 교내 대표로 뽑힌 것도 아니었지만, 그래도 그 이후 '나는 남보다 글을 좀 잘 쓰는 사람'이라는 자의식을 지니게 되었다. 이런 생각은 오래 지속되어서 글을 쓰는 일에 딱히 저항감 없이 도전할 수 있었고, 자연스레 글 쓰는 직업을 택하기에 이르렀다. 기자가 쓰는 글이라는 것이 얼마간 틀에 맞춰진 계산된 글이긴 하지만, 어쨌든 한참을 글을 쓰며 먹고살았다. 지금 생각해보면 초등학생 수준의 비슷비슷한 글들 사이에서 내 글이 유달리 특별할 게 있었겠나 싶다. 하지만 그 자그마한 보상이 글쓰기를 하고 싶다는 마음을 계속 끌어낸 원동력이 되어준 것만은 분명하다.

상도 상이지만, 공짜라면 양잿물도 마신다는 말이 있듯 선물을 싫어하는 사람은 없을 것이다. 게다가 사랑하고 좋아하는 사람에게 받은 선물이라면 평생 잊지 못할 추억이 되기도 한다.

북한의 지도층도 이 같은 포상이나 선물의 힘을 적극 활용한다.

주민들에게 상이나 선물을 주면서 자신에 대한 충성을 끌어내는 것이다. 이를 두고 '선물정치'라고 하는데, 선물정치는 사회주의국가들에서 공통적으로 찾아볼 수 있는 주민 통치방법 중 하나이며 북한에서도 오랜 관례로 이어지고 있다.

북한은 김일성 주석의 생일(4월 15일), 김정일 국방위원장의 생일(2월 16일) 등 국가적 명절로 정한 날은 물론이고, 민속 명절인 설날(1월 1일)과 조선로동당 창건일(10월 10일) 등 각종 국경일마다 주민들에게 수시로 선물을 돌려왔다. 특히 지도자들의 생일은 선물을 가장 많이 받을 수 있는 북한 최고의 명절로 꼽힌다.

북한에서 특정한 날마다 특권층이나 핵심계층 그리고 탁아소, 유치원, 소학교 등에 다니는 아동들에게 선물을 나눠주는 이유는 이를 통해 '지도자의 영도력'을 대내적으로 과시하려는 의도에서이다. 아울러 주민들로 하여금 '장군님의 특별한 은혜'에 감사하도록 만들어 국가와 체제에 순종하도록 하고, 오랜 경제난으로 인한 사회적 동요를 차단하기 위한 목적도 있었다.

특별한 상을 줄 때는 주로 북한에서 흔히 볼 수 없는 물품 등을 지도자의 이름으로 하사하는데, 물자가 부족한 북한에서 지도자의 선물은 단순한 물건이라기보다 감동 그 자체라 할 수 있다. 지도자에게서 선물이 내려오면, 아이들의 경우 탁아소부터 유치원, 초중학교별로 학부모들까지 참석한 가운데 선물전달식을 갖는다. 수령님에게 열렬한 감사를 올린 후 선물을 품에 안고 집으로 돌아가는 날의 기쁨을 아이들은 평생 잊지 못하는 것이다. 특히 식량난이 심각했던 시기, 기본적인 식생활조차 해결하지 못하는 상황에서 간식 선물을 받으면, 너무 감사한 나머지 초상화에 절을 하고 먹었다는 북한이탈주민들의 증언도 적지 않게 나왔다.

감격에 겨운 귤 선물

김일성대 교수 출신인 미 예일대학 김현식 교수가 쓴 책을 보면 북한의 선물정치를 엿볼 수 있는 부분이 나온다.

나도 수령의 선물을 받아보았다. 그때 얼마나 기쁘고 감격스러 웠는지 지금도 그날을 생각하면 가슴이 울렁거린다. 김일성은 해 마다 학자나 과학자, 문화예술인 중에서 공로가 큰 사람들을 뽑 아 환갑이나 진갑(북한에서는 진갑이 칠순임)을 맞으면 환갑상과 진갑 상을 내려준다. 환갑이나 진갑상을 받는 사람들은 수령님께 열렬 한 감사와 칭송을 올림으로써 수령님의 은혜에 답한다. 또 공로자 로 뽑힌 사람들에게는 설날에 귤 한 상자씩을 선물로 주는데 그 귀한 선물이 내게 온 것이다. (…)

어찌나 감격에 겨웠던지 수십 년이 지난 지금도 그날의 가슴 떨림이 그대로 느껴질 정도다. 선물전달식이 끝나고 밖으로 나오 니 귤 선물은 이미 자동차에 실려 있었다.

대학으로 돌아와 대학당 비서실로 갔다. 귤 선물을 책상 위에 올려놓고 당 비서와 부비서들, 당위원들, 학부장, 강좌장들이 빼곡히 둘러섰다. 당 비서와 학장부터 차례로 나와서 귤을 하나씩 꺼내 들고 껍질을 까 먹으며 감사의 눈물을 흘렸다. 대학 내 모임이 끝난 후에는 연구소 사람들이 모여 귤 반쪽씩을 맛보며 또 감격했다. 집으로 돌아가니 시집간 딸과 사위까지 모두 모여 있었다. 우리 가족은 수령의 초상화 앞에 서서 정중히 결의모임을 한 후 사랑의 귤 선물을 맛보았다.

－《나는 21세기 이념의 유목민》(김현식 지음, 김영사, 2007) 중에서

김현식 교수가 탈북한 것이 1992년이니 귤 선물 일화는 그보다 전인 수십 년 전에 있었던 일이지만, 수령의 선물에 감동받은 엘리트 교수의 심경이 생생하게 전해진다. 식자층이 이 정도이니 일반 주민들이야 말할 것도 없을 것이다.

이 같은 물질적·정치적 보상은 주민들에게 충성심을 유발한다. 수많은 사람 중에 선별되어 자신에게 주어진 물질적·정치적 보상의 가치는 이루 말할 수 없다. 지도자에 대한 고마운 마음을 주입하는 것은 물론이요, 다른 사람들과 자신을 차별화하는 방편이 되어 지도자와 자신 사이의 친밀도를 높이는 효과까지 낸다. 이러한 국가와 지도자에 대한 충성심은 체제에 대한 적극적인 지지로 이어지고 있다.

이 선물정치 역시 김정일에 이어 김정은 시대에도 이어지고 있다.

북한에서는 100세 장수자들이나 국가에 공을 세운 원로들에게 생일상을 선물하는데 김정은 시대에도 이 같은 기사들을 쉽게 볼 수 있다. 또한 지도자의 생일에 어린이들에게 국가 명절에나 주던 간식을 선물하는 것도 여전하다. 2013년 김정은 위원장은 자신의 생일에 바닷물이 얼어 뱃길이 막힌 서해 서도와 석도, 자매도, 수운도, 다도, 대화도, 납도, 애도, 탄도 등 섬마을 어린이에게 선물을 보내려고 항공기까지 동원했다. 섬에 착륙한 비행기를 에워싼 주민들과 어린이들은 기쁨에 겨워 어쩔 줄을 몰랐다고 한다.

김정은 위원장의 생일을 맞아 어린이들에게 사탕과자를 선물한 것은 당시가 처음이었다. 1980년대부터 매해 김일성 주석과 김정일 국방위원장의 생일이면 전국의 만 10세 이하 어린이들에게 사탕과자를 선물했는데 2013년 처음으로 당시 김정은 제1위원장의 생일에도 선물을 준비한 것이다. 아직 북한 당국은 김정은 국무위원장의 생일을 명절로 공식화하지는 않았지만, 이미 선물증정식과 생일 경축 행사가 진행되는 만큼 공식 기념일과 마찬가지라고 한다. 이는 선대의 존엄을 지키면서 자신의 생일을 추후 천천히 명절로 만들려는 준비 과정의 일환으로 볼 수 있다. 실제 북한의 주민들은 선물이 나오지 않는 명절보다 선물이 나오는 명절을 더 중요하게 생각하는 만큼, 이미 김정은 위원장의 생일도 그 어떤 기념일 못지않게 중요하게 여기고 있다.

민족적 긍지, 애국심 고양에 딱!

남한에서는 한때 신토불이(身土不二)라며 우리 것을 중시하는 열풍이 불었던 적이 있다. 그렇다면 북한은 어떨까? 북한에서는 최근까지도 우리 것, 우리 문화를 보존하는 데 적극적으로 노력하고 있다.

북한에서는 1990년대 중반 이후 고난의 행군 시기의 식량난 때문에 주민들이 직장에 나가지 않고 국경을 넘나드는 등 사회 곳곳에서 견고했던 질서에 균열이 생겨나기 시작했다. 이 같은 혼란은 체제의 안정적인 유지에 좋지 않은 영향을 미칠 것이 자명했다. 이를 극복하기 위해 북한 당국은 주민들을 정신적으로 단단히 붙잡아줄 구심점이 필요했다. 그리고 그 해법을 민족성과 애국심에서 찾았다. 민족성과 애국심을 강조하는 분위기는 사회 전반으로 확산돼 모든 분야에 영향을 미쳤는데, 음식문화도 예외는 아니었다. 이런 이유로 북한에서는 민족음식을 강조하고 적극적으로 육성하는 분위기가 만들어졌다.

김정일 국방위원장은 "민족음식을 적극 장려하고 발전시켜야 합니다. 선조들이 창조한 전통적인 민족음식을 빠짐없이 찾아내어 발전시키는 것은 우리 인민들의 식생활을 보다 윤택하게 할 뿐만 아니라 사람들에게 민족적 긍지와 자부심, 애국애족의 정신을 심어주는 중요한 의의를 가집니다"[12]라며 민족음식의 중요성을 내세웠다.

북한은 민족음식의 특성을 살리고 더욱 발전시켜나가기 위해 요리와 식료 가공기술을 개발하는 데 주력해야 한다고 강조했다. 살림집 같은 건축물은 나라의 살림살이가 넉넉해지고 자재 문제가 해결되면 많이 지어 바로바로 풀 수 있지만, 음식 가공기술은 하루 이틀 사이에 좋아질 수 있는 문제가 아니므로 요리사들과 관련 과학자와 기술자들이 책임의식을 가지고 빨리 발전시키기 위한 노력을 적극 벌여나가야 한다는 것이다. 이에 북한 당국은 민족음식의 발전을 위해 요리 가공기술이 차지하는 중요성을 꼽으며 요리 가공의 전문화·과학화·표준화·현대화를 위한 투쟁을 독려했다.

김정일 국방위원장은 무엇보다 먼저 요리 가공의 전문화를 추진하도록 했다. 요리 가공을 전문화한다는 것은 여러 가지 요리가 아니라 한두 가지 요리를 전문적으로 만들거나, 요리 가공의 한 가지 공정만 집중적으로 맡아야 한다는 의미이다. 즉 식당별로 요리를 전문화하거나 한 식당 안에서 요리별로 인력을 전문화하는 방법, 또는 요리 가공 공정별로 전문화하는 방법을 채택하는 것이다. 이에 북한에서는 정책적으로 각 구역과 군(郡)에 한 개씩의 민족식당과 대여섯 개씩의 민족음식 전문화 식당을 설립하도록 했다. 그리하여 평양시급양관리국 산하의 시 안의 모든 구역 종합 식당들에서는 평양의 이름난 평양냉면, 평양온반, 녹두지짐, 대동강숭어국, 토장국, 돼지갈비찜과 민족 다과인 약과, 다식, 강정류들, 특히 한동안 자취를 감추었던 전통 음료 막걸리를 포함한 평양 지방 토박이 음식들을 선보이고 있다.

요리의 과학화와 표준화

민족음식의 발전을 위해 북한 당국이 요리의 전문화와 함께 노력하는 것은 요리 가공의 과학화이다. 북한 당국은 요리 가공의 과학화 실현의 일환으로 음식물을 가공하는 데서 나타나는 일련의 과학적 문제들에 대한 연구사업에 주력하고 있다. 특히 요리 가공을 과학화한다는 것은 요리를 과학적 원리에 맞게 가공하도록 한다는 것을 의미하는데, 표준화와 밀접하게 연관되어 있다. 우리는 떡볶이 고추장맛조차 '며느리에게도 알려줄 수 없는 비법'이라지만 북한에서는 다르다. 요리 가공의 표준화에 적극적이어서 북한의 상업과학연구소 사회급양연구실에

옥류관 봉사원들의 모습

서는 옥류관 같은 유명 식당에서 판매하는 각종 민족요리들이 표준화되도록 했으며, 북한의 사회급양관리국은 평양 지방 민속음식의 제법을 표준화하고, 민족음식 전문식당들의 봉사업종들도 각 식당의 조건에 맞게 제법을 제정했다.

북한 당국은 표준화된 요리 가공방법을 전국적으로 확산시키는 일에도 적극적이다. 장철구평양상업대학, 인민대학습당, 옥류관, 청류관 등에서는 민족음식의 우수성을 종합적으로 보여줄 수 있는 다매체편집물(멀티미디어) 〈조선민족료리〉, 〈메기료리〉, 〈뱀장어료리〉, 〈옥류관료리〉, 〈청류관료리〉 등을 만들어 우리 민족음식의 과학성과 유구함을 보다 깊이 인식할 수 있도록 홍보하고 있다. 아울러 각 급식 식당이나 일반 식당의 주방장들을 국가적으로 유명한 식당 주방장들에게 보내 교육을 받게 하는 등 요리 비법이 널리 보급되도록 힘쓴다. 옥류관의 평양냉면이 가장 유명하지만 그 맛을 옥류관에서만 느낄 수 있는 것은 아니라는 이야기다. 옥류관에서 비법을 전수받은 전국 각지의 식당들이 옥류관 평양냉면의 맛을 내고 있다.

이외에도 북한 당국은 2000년대 이후 요리 가공의 현대화도 적극적으로 추진하고 있다. 요리 가공을 현대화한다는 것은 요리 가공에 쓰이는 설비, 도구, 비품들을 현대화하며 요리 가공을 기계화·자동화하여 힘들고 품이 많이 드는 일을 현대적 기계설비로 대체한다는 것을 뜻한다.

민족음식 육성 방안

한편 김정일 국방위원장은 민족음식의 발전을 위해서는 지방별 음식의 특성을 잘 살려나가는 것이 중요하다고 강조했다. 그는 지방 토박이 음식을 장려하는 사업이 충분하지 않다 보니 지방 고유의 토박이 음식들이 없어지고 혼합되고 있다며, 지역에서 오랫동안 살아온 노인들을 민족음식 계발에 적극 참여시킬 것을 주문했다. 또 평양시의 각도 특산물 식당들로 하여금 서로 경쟁을 붙여 지방 토산음식을 더욱 발전시켜나가도록 하라고 지시했다.

이런 이유로 장철구평양상업대학은 각 지방을 돌며 향토음식을 대대적으로 발굴하고 있다. 전국에 보급되어 있던 민족음식과 일부 지방에서만 장려되던 지방 토박이 음식들을 모조리 찾아내기 위해 남쪽의 개성 일대로부터 북변의 산간 오지에 이르기까지 전국을 샅샅이 찾아다니고 있는 것이다. 이때 발굴된 토박이 음식 중 심의에 통과된 것들 또한 '다매체편집물'로 만들어 홍보한다.

100억 원대 자산가 100명 이상

사회주의국가인 북한에는 시장이 없을 것 같지만 그렇지 않다. 배급제만으로는 주민들의 수요를 충족시키지 못하자 이미 1964년부터 농민시장을 허용했다. 농민시장은 농민들이 남는 농산물을 가져와 파는 시장으로 농촌에서 소소하게 운영되었으나, 1980년대 중반 이후 공장이나 기업소에서 남는 재료 등으로 만든 생필품까지 거래되면서 더욱더 커졌다. 특히 고난의 행군 시기 국가가 배급을 제대로 주지 못하면서 시장은 급격히 확대되었고, 북한 당국은 2003년 공식적으로 시장을 허용하게 되었다.

북한에서도 시장이 확대되면서 장사 수완이 좋은 사람들이 나타나기 시작했고, 자연스럽게 주민들 사이의 빈부 격차가 커지게 되었다. 처음 시장이 생길 때만 해도 개개인이 그저 부족한 식량을 구하기 위해 물물교환을 하거나 약간의 돈을 굴리는 수준이었다. 북한 주민들은 시장에서 팔기 위해 텃밭에서 채소나 곡물을 재배했고 이를 활용해 술과 두부 등을 만들거나 돼지나 토끼, 닭 등의 가축을 키워 시장에 내다 팔아 부수입을 올리기도 했다. 이런 부수입 덕분에 북한 주민에게 얼마간 삶의 여유가 생겼다. 오히려 배급제가 제대로 운영되던 시기에는 쉽게 먹을 수 없었던 술이나 돼지고기도 돈만 있으면 언제든지 사 먹을 수 있게 되었다.

이제는 시장에 개개인 판매자들뿐 아니라 우리로 치면 회사 격인 기관이나 기업소 등이 나서고 있다. 이런 기관이나 기업소들은 중국, 러시아 등과 적극적으로 무역을 하면서 큰돈을 벌어들인다. 북한 당국은 고난의 행군 시기 재정난이 심각해지자 각 기관에 자체적으로 예산을 벌어 운영할 것을 지시하고 상업적 활동과 시장 참여를 허용해주었다. 1990년대 초 각 기관이나 기업소별로 식량 배급의 자체 해결 지시가 하달되자 식량을 구하기 위한 새로운 무역체계가 만들어졌고, 이후 북한의 당, 군, 정의 거의 모든 기관이 자체 무역회사를 만들어 외화벌이에 나섰다. 북한에서는 돈을 많이 번 사람들을 '돈주'라고 부르는데, 평양을 연구한 숙명여대의 곽인옥 교수는 지난 2016년 "북한에 '돈주'가 급격히 늘어나면서 우리 돈으로 100억 원대 자산가가 100명이 넘는다"고 발표하기도 했다.

실제 북한이탈주민의 인터뷰를 보면, 예전에는 굶주림에 직면해 먹고살기 위해 탈북한 사람들이 대부분이었으나 최근에는 자녀의 공부나 성공 같은 삶의 질 향상을 목적으로 탈북하는 이들이 늘고 있다. 드물긴 하지만 북한에서 훨씬 더 잘살았는데 남한에 와서 좁은 집에 살려니 답답하다고 호소하는 이들도 있다.

동대문시장 규모의 대형시장만 총 9개

통일연구원이 2016년에 발표한 연구자료를 보면 현재 북한 시장이 얼마나 성장했는지를 알 수 있다. 통일연구원에 따르면 북한에는 행정구역상 평양직할시, 나선특별시, 남포특별시 그리고 24개의 일반 시를 합해 총 27개의 시(市)가 있는데, 이 도시들에 있는 공식 시장만 해도 총 176개나 된다. 전국적으로 보면 총 404개에 달한다. 북한의 공식 시장 중 최대 면적을 가진 곳은 청진시의 수남시장(23,487m²)이며, 가장 작은 시장은 강원도 천내군의 화라구시장(323m²)이다. 각 도별로 가장 넓은 시장의 평균 면적은 15,083m²(4,563평)로 대지 면적으로만 본다면, 남한의 동대문시장(14,437m²)보다도 크다. 북한 전역에 남한의 동대문시장만큼 큰 시장이 9개 정도 운영 중인 셈이다.

시장이 확대되면서 주민들이 돈을 벌게 되자, 식생활도 개선되었다. 배급제가 안정적으로 운영되던 시기에는, 특권층을 제외한 대다수 일반 주민들은 배급되는 품목에 의해 식생활이 좌우될 수밖에 없었다. 하지만 이제는 시장에서 돈을 내고 음식을 사 먹으니 돈이 얼마나 있는지에 따라 식생활 수준에 큰 차이가 생기게 되었다.

북한의 마트

2008년 통일연구원이 2006년 이후 탈북한 북한이탈주민들에 대한 설문조사와 41명에 대한 심층면접을 실시했다. 그 결과, 계층 분화가 또렷이 드러났다. 즉 북한 돈 몇 천 원으로 생계를 꾸려가야 하는 사람들이 있는 반면, 월 100만 원이 넘는 소득을 올리는 사람도 있었다. 이미 10여 년 전에도 육류부터 신선한 해산물, 다양한 과일 등 일반 주민들이 명절 때나 먹을 수 있는 비싼 음식들을 쉽게 먹을 수 있는 사람들이 존재했다. 배급체계가 비교적 정상적으로 작동했던 '고난의 행군' 이전 시기에는 상상하기 어려운 소득 격차가 발생하고 있는 것이다. 100억 원 이상 부자가 100여 명이 훨씬 넘는다는 주장이 신빙성을 얻는 대목이다. 배급제가 붕괴되고 시장이 활성화된 후에 북한 주민들의 계층 간 격차는 더욱 커진 것이다.

고난의 행군 시기 수십만 명의 주민들이 굶어 죽은 이유 중 하나는 바로 보름마다 한 번씩 식량이 배급되었기 때문에 특별히 저장해 놓을 필요가 없었다는 점이다. 비축해둔 것이 없으니, 배급이 끊기자 당장 먹을 게 없었던 것이다.

시장은 돈주들만이 아니라 짐을 날라주며 하루 벌이를 하는 하층민들에게도 일거리를 제공해주었다. 시장을 통해 번 돈을 가지고 식량을 사서 비축하고 활용할 수 있게 되었고, 그 덕에 최근 곡물 생산량은 고난의 행군 시기와 비슷하더라도 굶어 죽는 사람은 거의 사라졌다. 시장의 확대로 인해 지난 시기보다 주민 대다수가 잘 먹고 잘살 수 있게 된 것은 분명하다.

북한이탈주민 설문조사, 양적·질적 식생활 개선

서울대학교 통일평화연구원은 북한이탈주민을 대상으로 매년 탈북 직전의 식생활에 대한 설문조사를 진행하고 있다. 눈여겨볼 건 2015년 이후 안정적인 상태를 유지해 2018년 당시 하루 세끼 식사를 한다는 응답자가 87.4%였고, 고기를 매일 또는 주 1회 이상 먹는다는 응답이 44.8%로 나타났다는 점이다. 이는 대북제재로 인한 고기 가격 급등으로 2017년(54.5%)에 비해 대폭 하락했지만, 2012년 24.4%에 비해 두 배 가까이 늘어난 수치이다. 또한 북한에서 살 때 거주지역이 국경 근처 등 지방에 살던 사람들의 비중이 높은 북한이탈주민들이 조사대상임을 고려할 때 평양 등의 지역에서는 식생활 수준이 더욱 높을 것으로 예상된다.

주민들의 식생활 개선 상황을 엿보기 위해 북한의 지난 10년간 수입 현황을 살펴보면, 특히 과실 및 견과류의 수입량이 크게 늘었다. 전체 농수산물 연평균 수입액 중에서 차지하는 비중이 10년 전에는 4.7% 정도였으나 지난 2016년에는 17.3%로 확대되었다.

2012년 이후 김정은 시대에 들어서면서 북한의 과실류 수입액은 급격히 늘어났는데, 특히 그동안 북한이 남방과일이라고 부르는 열대과일의 성장세는 더욱 눈에 띈다. 바나나는 2007년 대비 2016년 수입액이 약 천 배 가까이 늘어났으며 오렌지의 수입액도 다른 과일류에 비해 소액이긴 하지만 2016년에 2007년 대비 열세 배 정도 늘었다. 과실 및 견과류는 곡류처럼 필수로 꼭 먹어야 하는 것도 아닌

발전한 북한

데 수입량이 많아진 것은 북한 주민들의 생활 수준이 향상된 것을 보여주는 일례라 할 수 있다. 예전엔 당장 먹고사는 곡물 수입이 우선이었지만 이제는 과일이나 견과류를 즐기는 인구가 늘었다는 이야기다.

어류 이야기를 해보면, 2007년 전체 농수산물 수입액에서 어류가 차지하는 비중은 5% 정도였다. 한데 2016년에는 20% 정도로 늘었을 뿐만 아니라 전체 농수산물 수입액 중 1위를 차지했다.

몇 년 전 북한이탈주민 인터뷰를 한 적이 있다. 그때 그는 "남한 사람들의 편견이 참 무섭다"는 말을 했다. 그는 북한에서 살 때 소위 잘나가는 사람이었다. 북한에서는 넓은 아파트에서 먹는 것, 입는 것 어느 하나 부족함 없이 살았다는 것이다. 그렇다 보니 그는 북한이탈주민에게 제공되는 임대 아파트가 좁고 답답하다고 했다. 그럼에도 불구하고 남한 사람들은 자주 "당신, 이런 거 먹어봤어?", "못 먹고 고생했겠구나"라고 한다는 것이다. 북한이탈주민이라면 무조건 불쌍하고 고되게 살았을 거라는 막연한 생각조차 이제는 편견일 수 있는 상황이 되었다.

12 | 인민들에게 맛있는 외국 음식을 소개하라

북한 짜장면은 '장비빔우동'

북한에서도 피자나 햄버거 같은 서양 음식을 먹을 수 있을까? 정답은 '먹을 수 있다'이다. 지나칠 정도로 민족음식 문화를 강조하는 북한이니만큼 꼭 전통의 우리 음식만 먹을 것 같지만, 외국의 다양한 음식들도 배척하지 않는다. 이는 민족음식 발굴에 역점을 두는 한편으로 '인민 생활 향상'이라는 주민복지 차원에서 외국 음식들을 들여왔기 때문이다.

2000년대에 들어서자 김정일 국방위원장은 "인민들도 맛있는 외국 음식을 맛보게 해야 한다"는 지시를 내렸고 이에 외국 음식점들이 하나둘 생겨났다. 초기에는 북한과 가장 가까운 나라인 중국요릿집이 문을 열었으나 이후에는 다른 나라들로 확대됐

짜장면집

다. 중국요리 가운데 인기 많은 음식은 바로 우리가 짜장면이라고 부르는 '장비빔우동'이다. 북한의 잡지 《천리마》 2001년 3호를 보면 '장비빔우동'이 "된장을 적은 양의 기름에 튀긴 후 돼지고기를 비롯한 여러 가지 재료와 함께 볶다가 국물을 붓고 끓인 다음 우동에 부어내는 음식"이라며 "중국 사람들뿐 아니라 우리 인민들도 좋아하는 음식"이라고 소개하고 있다.

그러나 '장비빔우동'과 함께 '짜장면'이라는 용어도 많이 사용했다. 북한은 의식적으로 외래어 사용을 기피하는 언어 정책을 써왔기 때문에 짜장면을 장비빔우동으로 고쳐 불렀지만 이후 자연스럽게 짜장면이라는 용어가 자리 잡은 것으로 보인다.

북한에서 짜장면을 즐겨 먹게 된 계기는 김정일 국방위원장의 발언 때문이었다. 김정일 위원장은 2000년 11월 감자 산지인 량강도 대홍단군을 현지지도하면서 "감자 농사에만 치우치지 말고 밀과 보리 농사도 잘해 주민들이 짜장면을 많이 먹을 수 있도록 하라"고 지시했다. 그러자 북한의 기초식료품공장에서는 된장 생산에 주력하는 한편, 짜장면에도 관심을 기울이기 시작했다.

북한에서 가장 유명한 짜장면 전문점은 평양의 중심 종로사거리에 위치한 '옥류교자장면집'이다. 이 식당은 짜장면의 원조라고 할 만큼 수십 년의 역사를 가지고 있다. 그 맛도 좋아 하루에 1,000여 그릇의 짜장면이 팔린다. 김정일 국방위원장은 생전에 옥류교자장면집을 가리켜 "분식을 잘하는 식당"이라고 높이 평가했다. 이곳의 짜장면은 남한식과는 달리 쫄깃쫄깃한 면발에다 돼지고기와 감자를 섞어 만든 된장으로 버무린 것이다. 기름기가 많아 느끼한 우리의 짜장면과는 달리 토종 된장으로 만들어 맛이 담백하면서도 구수하다고 한다. 또한 면도 메밀, 감자 전분 등으로 다양하게 만들어 색다른 맛을 즐길 수 있다.

짜장면이 인기를 끌게 되자 1989년 만경대구역 광복거리 조성과 함께 생겨난 '청춘관'과 보통강 기슭의 '청류관' 등 고급 음식점들도 메뉴에 짜장면을 추가했다. 그러나 옥류교자장면집이 인기를 끈 비결 중 하나는 이곳이 평범한 음식점이어서 일반 주민들도 쉽게 다녀갈 수 있기 때문이었다. 북한의 잡지 등을 보면, 특히 대학생들과 돌격대원들이 점심을 짜장면으로 때우기 위해 줄을 서는데, 기다림에 지친 사람들과 끼어드는 사람들 사이에 싸움이 벌어지기도 한다는 것이다. 또 젊은이들 가운데는 기다리는 시간이 너무 길어 한번 들어가면 두 그릇은 먹고 나와야 성이 찬다는 말이 회자되고, 대학생들은 수업까지 빠지면서 한두 명이 미리 가 줄을 선다고 하니 옥류교자장면집의 인기가 짐작이 되고도 남는다.

'속성음식'이란 단어 만들어져

2000년대 후반부터는 패스트푸드점 등 서양식 식당들도 들어서기 시작했다. 이는 2002년 있었던 '7·1경제관리개선조치'[13]의 영향을 받아 2005년부터 본격화된 것으로 알려져 있다. 재일본조선인총연합회(조총련) 기관지《조선신보》2009년 7월 25일자 기사에 따르면, 평양 금성네거리에 6월 초 '속성음식센터'(패스트푸드점)인 삼태성 청량음료점이 문을 열었다고 한다. 평양에도 공식적인 첫 패스트푸드점이 등장한 것이다. 평양 모란봉구역 긴마을 2동, 4·25문화회관과 사거리를 사이에 두고 위치한 '속성음식센터'는 새것에 민감한 시민들 사이에 화제를 모았다.

이 패스트푸드점은 워흘(와플) 판매점을 운영하는 싱가포르의 기업과 합작해 만든 것으로, 싱가포르 측은 설비만 제공하고 인력과 음식의 원자재는 모두 북한에서 해결하고 있다. 개업에 앞서 종업원들은 싱가포르 측이 파견한 담당자로부터 요리 기술과 봉사방법에 관해 교육받았지만 요리의 맛은 품평회를 거듭해 북한 주민의 구미에 맞게 재탄생했다. 북한이 말하는 '우리식 속성음식'인 것이다.

이 식당이 들어서면서 속성음식이라는 단어 자체도 새로 만들어졌다. 가게의 차림표(메뉴판)를 보면 햄버거 대신 '다진 소고기와 빵', 와플 대신 '구운빵지짐'이라는 표현을 썼고 100% 광어로 만든 '다진 물고기와 빵', 지방이 많은 음식을 싫어하는 손님을 위한 '남새(채소)와 빵', '다진 소고기와 빵 + 감자죽 + 김치'로 된 '정식' 메뉴도 들어 있다.

속성음식센터가 문을 열기 전에도 북한에 햄버거가 있긴 했다. 《조선신보》는 2003년 8월 말 북한으로 수학여행을 간 총련 산하 조선대학교 학생들이 평양체육관 앞 24시간 영업하는 햄버거 가게에서 빵을 사 먹었다고 보도한 바 있다.[14] 이 가게에서는 닭고기튀김, 감자샐러드, 주스, 아이스크림 등이 포함된 햄버거 세트를 팔았고, 빵은 두 겹, 세 겹으로 된 게 있었다고 한다.

《조선말대사전》그 어디에도 기재되지 않았던 '고기겹빵'(햄버거)은 김정일 국방위원장의 직접적인 지시에 따라 처음 등장한 것이라고 한다. 김 위원장은 2000년 9월 한 간부를 불러 "나라 사정이 아직 어렵지만 고급 빵과 감자튀김을 우리식으로 생산해 대학생들과 대학교원, 연구사들에게 먹일 결심을 했다"며 "이 문제를 매우 중시하고 있는 만큼 준비를 철저히 갖추라"고 지시했다.[15]

그 후 김 위원장은 햄버거를 만드는 공장을 새로 크게 짓고 최신식 생산설비로 대량생산을 하고자 했다. 공장 명칭은 김 위원장이 공장 건설을 구체적으로 지시한 날짜를 따서 '10월30일공장'이 되었다. 공장이 건설되고 처음에는 김일성종합대학 기숙사생에게만 햄버거가 공급됐으나 전체 학생, 평양시내 대학들로 공급이 확대돼 '고기겹빵'은 일반 주민들에게도 낯설지 않은 음식이 되었다.

이탈리아 식당 지배인과 요리사의 요리 유학

북한에는 속성음식점뿐만 아니라 이탈리아 음식 전문점도 있어서 피자와 파스타 같은 이탈리아 요리도 맛볼 수 있다. 피자와 파스타의 이곳 명칭은 '삐자'와 '빠스따'이다. 2018년 7월 북한의 인터넷

매체《조선의 오늘》은 "공화국의 수도 평양의 광복거리, 만경대구역 축전 1동에는 수도 시민들이 즐겨 찾는 특색 있는 인민봉사기지가 있다. 바로 세계적으로 이름난 이탈리아 요리들을 전문으로 봉사하는 이탈리아 요리 전문 식당"이라고 소개했다. 이 매체에 따르면 이탈리아 요리 전문 식당은 개업한 지 10년이 되었는데, 이 기간 동안 식당을 찾은 손님들의 수는 수십만 명에 달하며 일주일에 두세 번씩 오는 단골손님들도 있을 정도로 인기가 많다고 한다.

이처럼 '이탈리아 요리 전문 식당'이 인기를 끄는 이유는 현지에 유학 가서 요리를 배워온 요리사들이 있기 때문이다. 그들은 실력도 좋고 현지 재료들을 수입해 아낌없이 사용한다고 한다.《조선의 오늘》에는 이탈리아 요리 전문 식당 요리사들이 요리 유학을 가게 된 내용이 다음과 같이 소개되어 있다.

2008년 12월 조업 당시만 해도 북한의 일꾼들과 요리사들에게는 이탈리아 요리에 대한 감이 거의 없었다. 하지만 김정일 국방위원장의 배려로 식당 지배인과 요리사들이 이탈리아로 요리 유학을 떠나게 되었다. 그들은 "'인민들에게 이탈리아 요리를 봉사해주려면 흉내나 낼 것이 아니라 고유한 맛을 그대로 살리라'는 위대한 장군님의 숭고한 뜻을 심장 깊이 새기고 해당 나라에서 피나는 요리 실습 전투를 벌였다"고 한다. "눈에 핏발이 진 상태에서도 순간이나마 쉴 줄 모르는 그들의 이악한 모습에 얼마나 감동되었던지 해당 나라의 이름난 요리사들조차 '아마 당신들이 귀국하면 틀림없이 흥하게 될 것'

이라고 말했다"며 "여러 달이 지난 후 그들은 삐자, 빠스따를 비롯하여 다종다양한 이딸리아료리를 흠잡을 데 없이 만들어낼 수 있는 요리 기술을 습득하고 귀로에 오르게 되었다"고 설명했다. 그만큼 열성을 다해 현지 요리를 배워왔다는 이야기였다.

24시간 운영되는 식당들도 있다

이탈리아 요리 전문점 외에도 북한에서 서구식 식당들은 꾸준히 증가하는 추세다. 2011년 10월 말에는 평양 김일성광장 옆에 있는 '조선중앙역사박물관'에 '비엔나 커피숍'이 문을 열었고 2010년 6월에는 싱가포르 회사와 계약을 맺은 햄버거 전문점 '삼태성청량음료점'이 평양에 개점한 데 이어 개선청년공원 내에 분점까지 개설했다. 또한 국제구호개발기구 아드라(ADRA)는 2005년부터 평양시내에 '별무리 카페'를 운영 중이다. '별무리 카페'는 오전엔 커피와 빵을 팔고 오후에는 피자와 파스타를 판다.

김정은 시대가 되자 외국 요리에 대한 관심이 높아져 이를 받아들이는 데 더욱 과감해졌다. 방북 취재 경험을 책으로 낸 진천규 기자는 그의 저서 《평양의 시간은 서울의 시간과 함께 흐른다》에서 이렇게 밝혔다. "이제는 이탈리아 식당에서 피자에 이어 퐁뒤까지 맛볼 수 있었다"고.

김정은 시대에 건설된 평양시 창전거리의 인민극장 옆 '해맞이식

해맞이 식당

당'도 세계 각국의 식료품과 요리를 선보이고 있어 평양 시민들에게 인기 있는 곳이다. 2012년 7월에 준공된 해맞이식당은 전면 유리 장식으로 된 현대적인 2층짜리 건물로, 1층에는 슈퍼마켓과 대중 식당, 2층에는 외국 요리를 제공하는 식당, 빵과 케이크집, 커피점이 있다.

슈퍼마켓에서는 유럽, 동남아시아를 비롯한 세계 여러 지역의 다양한 가공식품, 고기와 수산물, 우유제품, 과일즙, 과자, 버섯류, 콩류, 술 등을 판매한다. 특히 1층 슈퍼마켓에서 판매되고 있는 재료와 조미료들을 이용해 1층과 2층의 식당에서는 철판버거후추비빔밥, 소꼬리슈트, 주방장샐러드 등의 요리들을 선보이고 있다. 그리고 2층 커피점에서는 일반 커피 이외에 카푸치노, 에스프레소, 모카커피 등 다양한 커피를 마실 수 있다. 이 식당은 전면이 유리로 되어 있어, 고급 빵과 케이크를 먹고 클래식 음악을 들으며 창밖의 창천거리 풍경을 감상할 수 있어 인기다. 무엇보다 커피점은 24시간 운영하는 시스템이라 이것이 흔치 않은 북한에서 더욱 주목받고 있다.

한편 2016년에는 평양 전승광장 주변에 2층 규모의 '평양초밥전문식당'이 문을 열었다. 이 식당은 100여 명이 식사할 수 있는 대중

식사홀, 식사실, 컴퓨터로 주문한 요리를 컨베이어벨트로 받을 수 있는 회전식당으로 이루어져 있다. "인민들이 최상의 문명을 최고의 수준에서 누리게 하여야 하겠다"는 김정은 국무위원장의 지시로 생긴 이 식당은 2018년 문을 연 대동강수산물식당과 함께 회 요리를 맛볼 수 있는 곳이다.

2부

북한의 향토음식

1 | 평양의 3대 풍물, 평양랭면(feat. 함흥농마국수)

평양냉면 인기는 거품?

얼마 전 지인들과 함께 평양냉면을 먹었다. 의외로 평양식 냉면을 처음 접하는 사람들이 제법 있었다. 평양냉면은 남북교류협력 행사의 단골 메뉴로 2018년 4월에 있었던 남북정상회담 이후 선풍적인 인기를 끌었다.

평양냉면은 평양온반, 녹두지짐(빈대떡), 대동강숭어국과 함께 평양의 4대 음식으로 평양 사람들이 가장 즐겨 먹는다. 맛과 멋, 풍류의 도시 평양을 말할 때 대동강, 기생과 함께 평양 3대 풍물로 꼽힐 정도로 인기가 높다. 예전의 인기도 인기지만 현재 평양냉면의 위상은 평양을 넘어 북한을 대표하기에 이르렀다. 그럼에도 불구하고 진짜 평양냉면을 먹어보고는 고개를 갸우뚱하는 사람들도 있어 사실 손님 접대 음식으로는 적합하지 않은 메뉴이기도 하다.

평양식 냉면집을 표방하는 식당에서 만든 진짜 평양냉면을 맛보고 그 슴슴한[16] 맛에 놀라 "행주 빤 물 맛 같다"고 혹평하는 사람을 본 적도 있다. "남북교류가 활성화되면 평양냉면의 인기야말로 거품이 빠질 것"이라고 장담하는 걸 들으면 '진짜 행주 빤 물을 먹어보기는 했냐?'고 되묻고 싶어진다.

대부분 이런 불평은 달고 짜고 매운 자극적인 맛에 익숙한 남한 사람들에게 담백하고 슴슴한 북한 냉면이 맛없게 느껴지기 때문이다. 심지어 일부는 아무 맛도 나지 않는다는 의미의 '무(無) 맛'이라고 표현하기도 한다. 하지만 '다섯 번쯤 먹으면 그 맛이 자다가도 생각날 정도로 중독성이 강하다'는 평양냉면. 바로 그 슴슴한 맛의 매력을 아는 사람들은 열광하는 음식이다.

고려시대 평양시 냉천동에서 유래

살얼음이 가득한 냉면 한 그릇이면 뼛속까지 시원해진다. 그래서 대표적인 여름 음식으로 여겨지지만, 원래 냉면은 겨울철 음식이다. 북한에서는 주로 동짓날 냉면을 먹곤 한다. 이는 추운 동짓날 뜨뜻한 온돌방에 앉아 시원한 냉면을 먹는 맛을 유달리 여겨왔기 때문이다.

냉면은 고려시대 몽골에서 들어와 조선시대에 발달했다. 주원료인 메밀이 잘 자라야 하므로 산지가 많은 서북지역과 강원도 이북지역에서 특히 발달했다. 현재 문헌상 냉면에 대한 최초의 기록은 홍석모의 《동국세시기》에 나와 있다. 《동국세시기》를 보면 "메밀국수를 무김치, 배추김치 국물에 말아 돼지고기와 섞은 것을 '냉면'이라 하며, 여러 가지 채소, 배·밤, 쇠고기·돼지고기 썬 것, 기름·간장을 국수와 섞어 비빈 것을 '골동면'이라 부른다. 관서지방의 냉면(평양냉면 지칭)이 가장 맛있다"고 소개되어 있다.

북한 관영매체인 《조선중앙통신》의 2015년 2월 9일자 기사에는 평양냉면의 유래가 소개된 적이 있다. 정리해보면 이렇다.

고려시대 평양 찬샘골마을(현 동대원구 냉천동) 주막집에 달세라는 이름의 사위가 살고 있었다. 달세는 의암마을(현 대동강구역 의암동)에 거주하던 백 살 노인에게서 메밀수제비가 건강에 좋다는 이야기를 듣고, 메밀칼제비 장국을 만들어 팔았다. 그러나 부부가 칼제비를 만드는 품이 많이 드는 것을 보고, 이듬해 봄 뒷집에 사는 한 수공업자가 작은 구멍을 낸 쇠판을 단 참나무통을 가져와 칼제비 만드는 품을 줄여주었다. 달세 부부는 이 연장을 이용해 뺀 메밀국수를 끓는 물에 삶아 찬물에 헹군 뒤 물기를 짜내 동치미 국물에 말아 먹었는데 그 맛이 일품이었다고 한다. 이 음식을 후에 곡식 곡(穀), 물 수(水) 자를 붙여 '곡수'(훗날 국수)라고 불렀다. 여기에 더해 달세 부부는 박우물을 이용해 '찬곡수'를 만들었으며 그 맛에 대한 소문이 평양성에 퍼져 훗날 '평양냉면'으로 불렸다는 것. 고려 중기의 한 왕은 평양면을 '천하에 으뜸가는 음식'이라고 칭찬했다고도 한다. 이후 평양냉면이 탄생한 찬샘골마을은 냉천동으로 불리게 된다.

북한의 언론에서도 "항일혁명투쟁 시기 위대한 수령님(김일성)께서는 대원들에게 조국이 해방되면 모두 함께 평양에 가서 시원한 랭면을 먹자고 자주 말씀하시곤 하시였다."[17]고 소개하고 있다. 아마 극한 상황에서 가장 먹고 싶었던 것은 수수한 고향의 대표 음식이었던 모양이다. 평양냉면이 북한 음식으로만 알려져 있지만, 사실 북한이 건국되기 전에도 이미 평양냉면은 우리 민족의 음식으로 존재했던 것이다.

평양냉면은 사실 평양순면

북한 지역은 쌀농사가 어렵다 보니 상대적으로 밥이나 떡보다는 국수의 역사가 오래되었고 그 종류 또한 다양하다. 이용하는 가루에 따라 메밀국수, 농마(녹말)국수, 강냉이국수, 밀국수 등이 있고, 마는 방법에 따라 찬국수, 더운국수, 쟁반국수, 비빔국수, 회국수, 칼국수 등이 있다.

예로부터 평양냉면은 평안도 지방의 특산음식이었다. 평양냉면의 특징은 무엇보다 향기롭고 구수한 메밀가루를 주원료로 하여 국수사리를 만든다는 데 있다. 김정일 국방위원장도 "평양냉면은 순 메밀가루만을 가지고 만들기 때문에 평양순면"이라고 말하기도 했다.

국수의 육수도 독특하다. 평양냉면의 육수로는 쇠고기, 돼지고기, 닭고기로 뽑은 구수한 고깃국물과 시원한 동치미 국물을 배합해 육수가 유난히 시원하고 산뜻하며 독특한 맛을 낸다. 육수의 재료는 예전에는 꿩고기로 만든 육수를 썼으나 요즘엔 닭고기로 만들어 쓰기도 한다. 닭고기를 쓸 때는 토종 닭이어야 하고 여기에 무를 넣고

옥류관의 평양냉면

달여서 만든다.

평양냉면의 꾸미(고명)로는 배추김치, 무김치, 쇠고기와 돼지고기 무침, 오이, 배, 삶은 달걀을 쓰는데, 그 배합이 꽤나 과학적이어서 영양소 구성이 고르게 되어 있다. 그래서 평양냉면은 원칙적으로는 국수에 양념장을 치지 않는 것이 특징이다. 다만 최근에 슴슴한 맛에 익숙하지 않은 사람들을 위해 양념장을 내놓고 있다. 또 간장, 식초, 겨자장, 고춧가루 등을 식탁에 미리 놓아두거나 곁들여내 자신의 기호에 맞게 조절해 먹도록 하고 있다.

옥류관 냉면 한 그릇으로는 아쉬워

평양냉면만큼이나 유명한 북한의 대표식당 옥류관(玉流館)은 평양시 중구역 창천동 대동강변의 옥류바위 위에 합각식 지붕[18]으로 세워진 음식점이다. 대동강의 맑은 물이 옷자락을 적시는 옥류암에 위치하고 있다고 해 옥류관이라고 이름을 지었다. 김일성 주석이 "《춘향전》에서 춘향이가 건너는 다리가 옥류교[19]로, 옥류교 옆에 있으니 옥류관으로 이름을 지으라고 했다"고 한다.

옥류관은 김일성 주석의 지시로 1961년 8월 15일 개업했다. 2000년과 2007년, 2018년 남북정상회담 때 각각 김대중 대통령과 노무현 대통령, 문재인 대통령이 식사를 했고 국빈을 비롯한 평양 시민과 관광객들이 평양에 오면 꼭 들러야 하는 북한을 대표하는 고급 식당이다. 개점 초기에는 하루에 국수를 500그릇밖에 만들지 못할 정도로 작은 식당이었으나, 규모가 커지면서 현재의 옥류관이 되었다. 김정일 국방위원장도 살아생전 각별한 관심을 갖고 지난 2006년 본관, 2007년 별관 및 모란각 개보수를 직접 지시하기도 했다. 당시 북한의 언론들은 옥류관이 50세를 맞았다며, 지난 50년간 옥류관을 찾은 손님이 총 6,880만 명에 이른다고 보도했다. 6,880만 명은 단순 계산으로도 매년 평균 137만 6,000명이 들른 것을 뜻한다. 옥류관의 인기에 힘입어 남북 간 금강산 관광이 한창이던 2005년 9월에는 금강산에 분점을 열기도 했다. 당시 언론에서는 옥류관 본점 판매량이 하루 2만 그릇에 이른다고 보도하기도 했다. 어쨌든 이런 사실만 보더라도 옥류관이 얼마나 인기 있는 식당인지 알 수 있다.

옥류관에서는 평양냉면과 온반이 주요리이며, 이들 외에도 철갑상어, 메추리, 자라요리 등도 판매한다. 그러나 평양냉면과 고기쟁반국수, 농마국수, 메밀국수 등이 특히 일품이라, 냉면 전문점으로 널리 알려져 있다. 옥류관 측은 "한 그릇으로는 아쉬워 두 그릇, 세 그릇을 드시는 손님들도 있다"고 전한다.

옥류관 냉면은 닭을 고아 만든 육수를 쓰기 때문에 기름진 편이다. 평양냉면은 원래 메밀가루로만 만들지만 옥류관의 평양냉면은 탄력을 위해 농마가루에 메밀가루를 80% 정도 섞어 남한의 냉면보다 더 검고 쫄깃하다. 냉면 하나를 만드는 데 모두 마흔한 가지의 재료가 들어간다고 한다. 지난 2003년 MBC가 북한에서 요리 관련 다큐멘터리를 찍은 적이 있다. 당시 옥류관의 면 만드는 모습을 촬영하고 싶다고 요청했더니 "주방에는 북측 접대원들도 들어가지 못한다"고 단호히 거부했다고 한다. 최고의 냉면을 만든다는 요리사들의 자부심은 남이나 북이나 모두 똑같은 모양이다.

옥류관에서 소개하고 있는 '평양냉면 맛있게 먹는 법'에는 "면발에다 직접 식초를 뿌려 먹어야 더 맛있다"라고 적혀 있다. 면에 식초를 뿌리면 면발이 탱탱해지는 데 반해 육수에 식초를 넣으면 육수 맛이 변하기 때문이다. 이는 생전에 냉면을 즐겼던 김일성 주석이 교시한 비법이라고 한다. 김 주석은 옥류관 냉면 맛까지 신경을 쓸 정도로 음식문화에 관심이 많았다고 전해진다.

영화로 제작될 만큼 인기가 많은 옥류관 냉면

옥류관의 높은 인기에 힘입어 북한에서는 관련 영화와 노래가 만들어지기도 했다. 2000년 제작된 영화 〈옥류풍경〉은 북한에서 냉면과 옥류관의 인기를 짐작하게 한다.[20] 은반 위를 달리는 처녀 빙상무용수와 옥류관 주방에서 국수와 씨름하는 남자 요리사의 사랑 이야기를 그린 영화인데, 단순한 러브스토리가 아니라 옥류관 평양냉면의 우수성을 전면에 내세우는 홍보성이 짙은 영화이다. 영화의 주제가인 〈평양랭면 제일이야〉와 〈냉면찬가〉 같은 노래들도 큰 인기를 끌었다. 북한의 가요 〈평양랭면 제일이야〉의 가사는 다음과 같다.

세상에서 제일 맛있는 것
내 조국의 랭면
육수물이 시원하니
마음도 시원해 좋고
국수 면이 참말 질겨

(후렴) 아-이 참말 제일이야
정신없이 둘이 먹다
하나가 죽어도 알 수 없게
그렇지 그래 그렇지 그래
정-말 그래

우리 민족 향기 넘쳐나는
평양랭면 우리 자랑이야
한 그릇을 먹고 나면
또 먹고 싶은 마음
그 누구나 하나같이
곱빼기를 요청하네

우리 모두 함께 먹고 나면
온몸에는 새 힘 부쩍 솟네
내 조국과 내 민족을
더더욱 잘 알게 하니
돌아가는 마음속에
기쁨 가득 넘쳐나네

옥류관에서 봉사원이 냉면을 나르는 모습

이렇게 북한 옥류관이 인기를 얻자 중국, 러시아를 비롯해 태국, 캄보디아 등 동남아시아 국가에 분점이 개설되었다. 한때 전 세계에 30여 개의 북한 식당이 개설되기도 했으나, 현재는 대북제재로 인해 해외에서 영업하고 있는 북한 식당 수가 대폭 줄어든 실정이다.

그럼에도 불구하고 2018년 4월 남북정상회담 직후 북한 옥류관 냉면을 직접 먹고 싶다는 사람들이 급증하면서 청와대 국민청원 게시판에는 옥류관을 남한에도 개설해달라는 청원이 올라오기도 했다. 꿈같은 일이라고 생각할지 모르지만, 이화영 경기도 평화부지사가 2018년 10월 두 차례의 방북을 통해 '경기도 내에 옥류관 분점 1호점을 유치하자'는 데 북한 측과 합의했다고 밝히면서 일부 현실화되고 있다. 당시 '2018 아시아태평양의 평화 번영을 위한 국제대회'에 참석한 북한 대표단이 옥류관 분점 유치 희망 부지를 둘러본 것으로 알려지면서 경기도에 옥류관 분점이 들어서는 것은 기정사실화되었다. 국제사회의 대북제재 문제가 걸려 있기는 하지만 이것이 해결된다면 옥류관의 평양냉면을 남한에서도 맛볼 수 있을 전망이다.

함흥에는 함흥냉면이 없다

한편 남한에서는 평양냉면만큼 유명한 것이 바로 함흥냉면이다. 그러나 실제 북한에는 함흥냉면이 없다. 함흥에서는 감자농마국수가 유명하다. 일반적으로 물냉면은 평양냉면, 비빔냉면은 함흥냉면으로 알고 있지만, 실제 북한의 평양냉면과 함흥농마국수를 구분하는 것은 국수를 만드는 면의 재료이다. 평양냉면은 메밀로 만들어 부드럽고 국수가 잘 끊어지는 데 비해, 함흥지역의 감자농마국수는 감자 녹말을 익반죽해 국수사리를 만들어 메밀국수나 밀국수보다 질기고 오돌오돌 씹힌다. 함경도 지방은 감자 농사가 잘되어 감자 음식이 발달했는데 그 대표적인 것이 감자농마국수다. 평안도, 황해도, 강원도에서는 메밀로 뽑은 냉면과 막국수를 먹었고 메밀 재배조차 힘들었던 함경도에서는 척박한 땅에서도 잘 자라는 감자, 옥수수 전분으로 만든 농마국수를 먹었다.

감자농마국수는 함경도 지역에서도 특히 함흥 지방의 농마국수가 유명했다. 혜산, 삼수, 갑산 일대에서 만드는 감자농마국수는 재료와 만드는 방법이 같고 콩깨국을 국물로 하는 데 반해, 함흥 지방의 농마국수는 국수 국물로 쇠고기 국물을 쓰는 것이 다르다. 또 함흥농마국수는 회국수로 홍어나 가재미(가자미)회를 써서 아주 맵게 말아낸 것이 특징이다. 그러니까 우리에게 잘 알려진 함흥냉면의 형태는 사실 북한에서 먹는 함흥농마국수와는 조금 다르다. 함흥농마국수는 육수가 없는 비빔냉면이 아니라 매콤한 육수가 흥건한 물냉면의 모양이기 때문이다.

남한에서 유명한 함흥냉면이라는 이름은 해방, 그리고 한국전쟁 이후 평안도에서 내려온 피난민들이 파는 평양냉면이 인기를 끌자 함경도 출신의 피난민들도 함흥냉면이라는 이름으로 국수를 팔면서 알려지기 시작했다. 슴슴한 맛의 평양냉면과 매운 양념을 얹어 비벼 먹는 함흥냉면이 대비를 이루며 인기를 끌었다. 그리고 2019년, 남한에서 함흥냉면을 내세우는 한 식당이 세계적인 맛집만 소개하는 미쉐린 가이드에 선정되었다. 워낙에도 인기가 많은 집이었으나 미쉐린 가이드 선정 이후 방문객이 더욱 폭발적으로 늘었다고 한다. 세계적인 맛집이니 당연히 맛있겠지만, 나는 함흥냉면의 원조격인 함흥의 감자농마국수가 훨씬 더 먹고 싶다.

2 │ 왕족들이 먹던 국수의 변신, 고기쟁반국수

따뜻한 육수를 부어 먹는 쟁반국수

남북정상회담 당시 남한의 평양냉면집들은 문전성시를 이뤘다. 남북 정상들이 맛있게 냉면을 먹는 TV 속의 모습이 자연스럽게 홍보가 된 셈이었다. 더군다나 옥류관의 평양냉면이라니, 냉면 마니아들에게는 얼마나 궁금한 맛이겠는가.

옥류관에서 냉면을 먹는 모습을 유심히 본 사람들은 알겠지만 옥류관에는 그릇 모양이 다른 두 종류의 물냉면이 있다. 움푹한 일반 냉면 그릇에 담긴 것이 보통 평양냉면이고, 제기 모양의 다리가 달린 조금 넓적한 접시에 담겨 있는 것이 쟁반국수다. 남한에도 북한식 냉면을 표방하는 식당들이 많긴 하지만 그래도 쟁반국수까지 맛보기는 쉽지 않다.

옛날부터 쟁반국수는 따뜻한 온돌방에 여럿이 둘러앉아 먹는 음식이었다. 큰 쟁반에다 국수와 꾸미를 많이 담아두고, 국수가 식지 않도록 따뜻한 육수를 계속 부어가며 먹는다. 쟁반국수를 따뜻한 육수에 마는 것은 메밀의 구수한 맛을 돋우기 위해서다.

1989년 6월, 김일성 주석은 이런 말을 했다. "국숫집을 하나 잘 건설하여야 하겠습니다. 평양랭면과 쟁반국수는 옛날부터 유명합니다. 특히 쟁반국수가 소문이 났습니다. 그런데 지금 평양 사람들이 쟁반국수를 잘 만들 줄 모릅니다. 지난 4월에 옥류관에 가서 쟁반국수를 먹어보았는데 쟁반국수에 찬 육수물을 들여왔습니다. 아마 옥류관 요리사들 가운데 쟁반국수에 대하여 아는 사람이 없는 것 같습니다. 원래 평양쟁반국수는 큰 쟁반에 국수와 꾸미를 담아놓은 다음 더운 육수물을 옆에 놓고 국수가 식을세라 부으면서 먹습니다."

옥류관 고기쟁반국수는 선군시대 음식

쟁반국수는 이름 그대로 국수를 쟁반에 담았다는 데서 유래했다. 옛날에는 쟁반에 암소의 어복살을 삶아 편으로 썰어 담고 간장, 고춧가루, 마늘, 참기름으로 만든 양념장을 놓아 술안주로 이용하다가 마지막에 국수사리를 넣고 고깃국물을 부어 말아 먹었다. 하지만 소 한 마리에서 나오는 어복살이 얼마 되지 않아 대중음식으로 자리 잡지는 못했다.

그러나 김정일 시대에 만들어진 고기쟁반국수는 어복살 대신 쟁반에 닭고기무침을 담고, 배, 삶은 달걀을 얹은 다음 실계란으로 고명을 한 고기와 메밀국수, 김치, 고깃국물 등을 함께 내놨다. 일반적으로 닭고기를 술안주로 먹다가 입맛에 따라 국수에 국물과 양념을 쳐가면서 먹는다.

고난의 행군기로 여전히 어려움을 겪던 1998년 11월, 김정일 국방위원장은 한 일꾼에게 옛날 왕족들만 먹었던 어복국수에 대한 이야기를 들려주며 "우리 인민들에게 그런 국수를 먹이고 싶고, 그런 국수를 먹으려는 것이 나의 결심"이라고 말했다. 이후 김 위원장은 "양계장이 많이 건설되면서 새롭게 생산되는 닭고기를 풍부하게 쓰고 거기에 여러 가지 양념들을 잘하면 어복국수보다 맛도 영양도 못지않게 될 것"이라며 새로운 고기쟁반국수를 만들어 봉사하라는 지침을 내렸다고 한다. 이런 이유로 북한의 언론에서는 고기쟁반국수를 가리켜 '장군님의 뜨겁고 열렬한 사랑 속에 맛과 요리방법 모두 새롭게 태어난 민족음식'이라고 소개하고 있다.

고기쟁반국수

배가 부른 줄도 모르고 많이 먹어

고기쟁반국수는 김이 모락모락 날 만큼 뜨거운 것은 아니고 따뜻한 느낌이 나는 정도의 온면이어서 먹을 때 편안한 느낌을 준다. 특히 옥류관의 고기쟁반국수는 따끈하고 구수한 닭고기 국물에 메밀국수를 말고 달콤한 양념장과 참기름까지 치니 국수가 부드럽고 매끈하여 사람들이 배가 부른 줄도 모르고 많이 먹게 된다고 한다. 실제로 1만 명을 수용하는 옥류관에서는 하루에 고기쟁반국수만 2,000여 그릇이 나갈 정도로 손님들의 호평을 받고 있다. 옥류관 외에도 평양면옥을 비롯한 평양의 유명 식당들에서도 고기쟁반국수를 맛볼 수 있다.

일전에 옥류관을 방문한 적이 있는데, 그때는 고기쟁반국수가 온면인지도 몰랐다. 그냥 유명하다는 평양냉면만 먹었는데, 두고두고 아쉽다. 혹시 다시 옥류관에서 식사할 기회가 생긴다면 이번엔 고기쟁반국수부터 먹어볼 생각이다. 옥류관에 가서 평양냉면을 안 먹을 수는 없으니, 배가 좀 부르더라도 각각 한 그릇씩을 시켜야 할 것 같다. 냉면과 온면을 번갈아 먹는 맛도 나름 진미이지 않을까.

3 | 백두산 정기 머금은 언감자국수

항일 무장투쟁을 하며 먹었던 음식

단군신화 속 환웅과 웅녀가 먹었던 마늘과 쑥, 성경에 나오는 아담과 이브의 사과 등은 역사의 시작을 의미하는 상징적인 음식이다. 단군릉[21]을 조성할 정도로 북한에서도 단군신화에 매우 큰 의미를 부여하고 있다. 그럼에도 불구하고 북한의 기원이 되는 역사적인 음식을 단 하나만 꼽자면, 마늘이나 쑥이 아닌 '언감자국수'가 아닐까 싶다. 평양냉면을 비롯해 온반, 해주교반 등 북한의 유명한 음식들이 많지만, 그중에서도 언감자국수에 대한 관심과 애정은 그 어떤 음식과 견주어도 월등하다.

언감자국수는 일명 '빨찌산국수'로, 북한에서는 일제강점기 김일성 주석과 유격대원들이 백두산 일대에서 항일 무장투쟁을 하면서 먹었던 음식으로 알려져 있다. 황석영 작가가 쓴 산문집《맛과 추억》에는 그가 1989년 방북했을 당시 김 주석과 만찬을 가진 내용이 실려 있다. 황석영 작가는 일곱 차례나 김일성 주석을 만났다고 하는데 방북 당시 김 주석이 직접 언감자국수에 대한 의미를 설명해줬

언감자국수

다는 것이다.

그 내용에 따르면, 전쟁 말기 일본 관동군의 무장세력 진압작전이 격해지면서 유격대원들의 보급로가 자주 차단되어 식량 공급에 어려움을 겪었다. 이때 만주지역에 거주하던 화전민들이 관동군을 피해 이리저리 이동하면서 길가에 감자를 묻어놓고 돌무더기 등으로 표시를 해놓았는데, 유격대원들이 그 감자를 캐오곤 했단다. 백두산이 위치한 량강도는 산악지대로 밭농사를 많이 짓고, 특히 감자 생산량이 많아 주식으로 감자를 먹었다. 하지만 겨울철이면 꽁꽁 얼어 시커멓게 언 감자를 먹기가 여간 힘든 게 아니었는데, 이때 부대원 중 하나가 언 감자를 강판에 갈아 녹말을 우려내고 그걸 틀에서 뽑아내 국수로 만들었다는 것이다. 이때부터 언감자국수는 유격대원들의 든든한 식량이 되었고 량강도의 특산음식으로 거듭났다고 한다.

일주일 내내 먹어도 질리지 않는 맛

황석영 작가도 방북했을 때 맛본 북한의 다양한 음식 중에서 가장 인상적인 것으로 언감자국수를 꼽았다. 김일성 주석은 항일 무장 투쟁이 끝난 뒤에도 당시를 잊지 않기 위해서 언감자국수를 가끔씩 먹었다고 한다. 김 주석은 언감자국수를 무척 좋아해 "일주일 내내 먹어도 질리지 않는다"고 말했다는 것이다.

감자농마국수와 언감자국수는 둘 다 감자 전분을 사용해서 면을 만든 것이지만, 김 주석은 감자농마국수보다도 언감자국수에 높은 점수를 주었다. "언감자국수는 농마국수보다 더 맛이 있습니다. 농마국수는 미끈미끈하여 입안에서 그저 목구멍으로 슬슬 넘어가기 때문에 맛을 모르지만, 언감자국수를 깨국에 말아 먹으면 별미입니다."

북한의 요리 전문 잡지 《조선료리》를 보면, 언감자국수 레시피가 소개되어 있다. 언감자국수는 언 감자가루를 익반죽하여 반대기(넓적한 조각)로 빚어 찐 다음, 찬물에 눌러 국수사리를 만든다. 그리고 사리에 들깨와 콩으로 만든 깨국을 부어서 먹는다.

언감자국수는 언 감자 고유의 약간 쓰고 떫은맛과 신맛이 깻국물의 맛과 조화되어 다른 국수에서는 느낄 수 없는 독특한 맛을 낸다.

북한을 방문한 독일의 소설가 루이제 린저도 김 주석과 함께 하는 자리에서 "감자 요리로 유명한 독일에도 이런 요리법은 없다"며 "언감자국수는 세계에서 유일한 음식"이라고 찬사를 보냈다고 한다.

언감자국수를 맛보려면 평양의 강계면옥으로

언감자국수가 단순히 언 감자를 가지고 요리한 요리법 때문에 유명해진 건 아니다. 량강도 사람들은 언감자국수에 '혁명의 성산'이라고 부르는 백두산 정기가 담겨 있다고 생각한다. 때문에 백두산 정기가 서린 언감자국수를 별미로 여겨 손님상이나 제사상 등 특별한 날에 올린다고 한다. 북한의 잡지 《조선문학》을 보면 한 해외동포의 에피소드가 소개되어 있는데, 북한에서 먹었던 언감자국수를 잊지 못한 그가 집에 돌아와 일부러 감자를 얼려 국수를 만들어 먹어봤으나 그 맛이 나지 않았다고 한다. 그래서 고민을 해보니 바로 '백두산의 정기'가 빠졌기 때문이라는 것이었다.

언감자국수를 먹기 위해선 백두산을 찾는 것도 방법이겠지만, 꼭 량강도가 아니어도 평양의 강계면옥에 가면 맛볼 수 있다. 평양시 대성구역 금성거리에 위치한 강계면옥은 언감자국수, 언감자떡, 언감자지짐 등을 주로 파는 식당이다.

하지만 어떤 음식이든 원조집에서 먹어야 그 맛이 나는 법! 난 백두산의 삼지연 베개봉호텔에서 언감자국수를 먹은 적이 있다. 거무스름한 면에 들깨를 갈아 만든 탁한 육수의 외양이 입맛 당기진 않았지만, 언감자국수를 먹는 것이 백두산의 정기를 함께 먹는 것이라고 하니 한 젓가락 입에 넣고 씹어보았다. 그런데 보기보다 꼬들꼬들한 면발에 육수가 콩국수처럼 고소했다. 과연 면과 육수가 잘 조화된 맛이 일품이라, 일행 중에 한 그릇 더 주문하는 사람도 여럿 있었을 정도로 인기가 많았다.

4 │ 애달픈 사연이 깃든 평양온반

'잠깐 만나도 심장 속에 남는 이 있네'

북한 가요 〈심장에 남는 사람〉의 노랫말 중에는 '오랜 세월을 같이 있어도 기억 속에 없는 이 있고 잠깐 만나도 심장 속에 남는 이 있네' 란 구절이 있다. 단 하나뿐인 목숨과 직결된 심장에 새긴 사랑이라니!

남한에서는 밸런타인데이, 빼빼로데이, 크리스마스 등 무슨 날만 되면 초콜릿이나 케이크를 대량으로 쌓아놓고 판다. 어찌 보면 상술 같아 거부감이 들기도 하지만, 좋아하는 사람에게 주는 작은 초콜 릿 정도는 귀엽기도 하다. 그렇다면 북한에서는 어떨까. 북한에도 초 콜릿처럼 사랑하는 사람에게 주는 음식이 있을까. 물론 북한에도 사 랑하는 이에게 주는 음식이 있다.

2005년 처음 방북했을 당시 나이가 좀 있던 북한의 안내원은 아 내와 데이트를 할 때마다 닭알(달걀)을 건넸다고 했다. 그 안내원을 만난 게 10여 년도 더 지난 일인데다가 그 안내원이 데이트를 한 건 그보다 또 10여 년도 전의 일이니, 닭알을 건네며 사랑을 전하는 건 북한에서도 소위 호랑이 담배 피울 시절의 이야기일 것이다.

요즘 북한에서도 신세대를 중심으로 밸런타인데이 같은 기념일을 챙기기 시작했다는 이야기를 들었다. 남한에서 방영된 드라마가 얼마 지나지 않아 북한에서도 볼 수 있을 만큼 남한의 정보가 대거 유입되고 있는 상황이라 초콜릿을 주고받는 것이 아주 희귀한 일만은 아닐 것이다. 그럼에도 초콜릿으로 사랑을 전하는 일은 아직 젊은 세대에서나 부분적으로 일어나는 일일 테니 차치하고, 그 밖에 사랑을 전하는 음식을 꼽으라면 온반이 아닐까 싶다. 그 어떤 음식도 온반에 담겨 있는 따뜻한 사랑의 의미를 따라가기는 어려울 테니까 말이다.

온반에 얽힌 애절한 사연

평양온반은 평양의 대표적인 음식 중 하나이다. 소금을 넣고 기름기를 빼 담백하게 끓인 닭고기 국물을 밥 위에 부은 다음, 닭고기와 버섯, 녹두지짐을 얹어서 만든 음식이다. 자극적인 양념장 대신 소금을 넣어 닭고기 특유의 담백하고 깔끔한 국물이 그대로 담긴 것이 특징이라고 할 수 있다. 평양온반과 녹두지짐은 평양의 4대 음식으로 꼽히는데, 평양온반에 녹두지짐이 들어가니 평양온반 하나면 평양의 4대 음식 중 절반을 맛보는 셈이 된다.

온반은 19세기 말에서 20세기 초 국밥이 대중음식으로 장려되고 널리 보급되면서 더운 국에 만 음식이라는 의미로 붙은 이름이다.

북한의 《민속명절료리》라는 책에는 평양온반에 대한 유래가 실려 있는데, 이보다 절절한 사랑 이야기가 또 없을 정도다.

　먼 옛날 평양관가에 일찍이 부모를 잃고 심부름을 하면서 살아가는 '행달'이라는 총각과 '의경'이라는 처녀가 살았다. 어려서부터 서로 아끼고 위해주며 지낸 두 사람은 나이가 들면서 결혼을 언약하게 되었다. 그런데 어느 해 겨울, 총각이 억울한 누명을 쓰고 옥에 갇히고 말았다. 처녀의 마음은 몹시 쓰리고 아팠다. 처녀는 어느 명절날 마음 착한 아주머니로부터 약간의 밥과 반찬, 지짐을 받았다. 한데 그날은 날씨가 몹시 추웠기 때문에 그것들을 한 그릇에 담아 끓는 국물을 부은 뒤 가슴에 안고 총각에게 달려갔다. 뜨끈한 국말이를 맛있게 먹고 난 총각은 처녀에게 고맙다며 방금 먹은 음식이 뭔지 물었다. 처녀는 선뜻 대답을 못하다가 얼핏 떠오른 생각에 '온반'

평양온반

이라고 대답했다. 그러자 총각은 온반보다 더 맛있는 음식이 어디 있겠는가 하며 우리가 잔치를 할 때는 꼭 온반을 내놓자고 말했다. 그후 그들이 결혼할 때 온반을 만들어 동네 사람들에게 대접했는데 그 온반 맛이 소문이 나서 널리 퍼지게 되었다는 것이다.

잔칫상 온반, "뜨거운 정 속에 살라"

그 후 평양 지방에서는 결혼식 때면 신랑 신부가 이들처럼 뜨거운 정을 나누고 살라는 의미를 담아 온반을 만들어 잔칫상에 올려놓았다고 한다. 2004년 1월, MBC 특집 프로그램 〈북한 전통음식 기행〉의 촬영차 평양을 다녀온 배우 양미경 씨도 북한의 음식 중 평양온반이 가장 인상적이었다고 꼽았다. 언론과의 인터뷰에서 그녀는 "우리로 치면 설렁탕 같은 서민적인 음식인데 맛도 좋고 왠지 정이 가요. 닭고기 육수에 녹두지짐이며 갖은 고명을 얹은 온반의 유래가 또 기막히더라고요. 그래서인지 맞선 자리에 나온 듯한 남녀가 수줍은 모습으로 온반을 시켜 먹던 모습이 기억에 남아요"라고 말했다.

평양온반이 남한에 본격적으로 알려진 것은 김대중 대통령이 남북정상회담을 위해 평양을 방문했을 때 첫 번째 점심식사 메뉴로 뉴스에 소개되면서부터다. 김 대통령은 서울로 돌아온 뒤 "닭 국물에 밥을 말아서 만든 평양온반이 맛있었다"며 "차진 밥도 괜찮았고, 국물이 아주 담백해서 좋았다"고 평한 바 있다.

평양온반은 따뜻한 국물음식이라 겨울철에 그만이지만, 여름철 찬 음식으로 위와 장이 지쳤을 때 이를 달래줄 편안한 보양식으로 꼽혀 북한 주민들이 사계절 즐겨 찾는 메뉴이기도 하다. 특히 온반은 소화가 잘되도록 도와주는 녹두와 담백한 닭고기 국물이 자극적이지 않아 남녀노소 누구에게나 권할 만하다. 또한 비빔밥처럼 여러 가지 꾸미가 올라가 있어 어떤 영양소 하나 빠지지 않는 조화로운 음식이다.

평양온반 맛집은 금성거리온반집

나는 새해 해맞이 행사를 위해 금강산을 등반한 후 금강산 목란관에서 평양온반을 맛본 경험이 있다. 눈이 쌓인 금강산은 그 자체로 보석보다 화려하고 아름다웠지만, 춥고 길이 미끄러워 발끝에 온힘을 주고 걷다 보니 금세 피곤해졌다. 그때 만난 목란관의 따끈한 온반 한 그릇은 배를 든든히 채워주었을 뿐만 아니라 온몸에 따뜻한 기운이 퍼지도록 해주었다. 처음 국물 한 숟가락을 떠먹었을 때 온몸이 떨리던 그 감동을 아직도 잊지 못한다. 그래서 평양온반이 춥고 배고픈 이들을 보듬어주는 어머니 같은 음식이라 생각했다.

한편, 평양에서 가장 유명한 온반집은 금성거리온반집이다. 금강산에 있는 목란관의 평양온반 맛도 감동이었지만, 평양 시민들의 입소문으로 유명해진 맛집의 온반은 어떤 맛일지 자못 궁금하다.

한 해를 마무리하는 비빔밥

새해 첫날이면 으레 과거를 훌훌 털어버리고 새해를 깨끗하게 맞이하라는 뜻에서 흰 떡국을 먹는다. 그리고 전통적으로 한 해를 마무리하는 섣달그믐에는 비빔밥을 먹는 풍습이 있다. 새해 새날을 맞아 여러 가지 새로운 음식을 장만하면서, 묵은해의 남은 음식을 없애기 위해서였다. 각종 나물과 고기, 달걀 등이 어우러지는 비빔밥은 맛도 별미지만 영양학적으로 완벽해 겨우내 부족한 영양분을 보충하는 데도 그만이다.

마이클 잭슨이 내한 당시 비빔밥을 맛본 후 줄곧 비빔밥만 시켰다는 이야기가 있고, 니콜라스 케이지나 르네 젤위거 등 할리우드 스타들도 비빔밥에 매료돼 미국으로 건너가서도 비빔밥을 즐겨 먹었다고 한다. 외국인들이 가장 좋아하는 우리 음식 1위로 뽑히기도 한 비빔밥은 국내는 물론, 미국과 일본 등에서도 한국식 패스트푸드로 인기를 끌고 있다.

비빔밥을 처음으로 언급한 문헌은 1800년대 말 출간된《시의전

해주교반

서》로, 비빔밥을 '부빔밥'으로 표기하고 있다. 《시의전서》는 부빔밥에 대해 "밥을 정히 짓고 고기는 재워 볶고 간납[22]은 부쳐 썬다. 각색 채소를 볶아놓고 좋은 다시마로 튀각을 튀겨서 부숴놓는다. 밥에 모든 재료를 다 섞고 깨소금, 기름을 많이 넣어 비벼서 그릇에 담는다. 위에는 잡탕거리처럼 달걀을 부쳐서 골패짝만큼 썰어 얹는다. 완자는 고기를 곱게 다져 잘 재워 구슬만큼씩 빚은 다음 밀가루를 약간 묻혀 달걀을 씌워 부쳐 얹는다. 비빔밥 상에 장국은 잡탕국으로 해서 쓴다"고 기록되어 있다.

비빔밥은 다른 표현으로 골동반이라고 하는데, 골(汨)은 '어지러울 골' 자이고, 동(董)은 '비빔밥 동' 자이다. 즉 골동(汨董)이란 여러 가지 물건을 한곳에 섞은 것을 말하니, 골동반은 이미 지어놓은 밥에다 갖가지 찬을 섞어 비빈 것을 의미한다.

볶은 밥에 닭고기 고명을 올린 해주교반

전주 하면 비빔밥이, 그리고 비빔밥 하면 전주가 떠오를 정도로 전주비빔밥이 우리나라 비빔밥의 대명사처럼 여겨진다. 하지만 전주 외에도 경상도의 진주와 황해도의 해주가 3대 비빔밥으로 소문난 곳이다. 북한에서는 특히 평양비빔밥과 함께 해주비빔밥(해주교반)이 유명하다.

평양비빔밥은 볶은 쇠고기와 채소를 밥 위에 같이 얹어내는 것으로, 남한의 비빔밥과 별 차이가 없다. 흰쌀밥에 볶은 쇠고기와 녹두나물, 미나리, 고사리, 송이버섯, 도라지 등을 색깔에 맞춰 담고 그 위에 구운 김을 뿌린 다음 여기에 뜨거운 국과 나박김치, 고추장을 곁들여낸다. 평양 사람들은 비빔밥을 삼복더위 때의 철음식으로 즐겨 먹었는데, 쇠고기 대신 돼지고기를, 미나리 대신 시금치와 쑥갓을 쓰기도 했다.

반면에 해주교반은 맨밥을 쓰지 않고 미리 돼지비계와 볶은 밥에 소금으로 밑간을 한 뒤 산나물과 닭고기를 기본 고명으로 얹는 것이 다르다. 해주교반은 서해를 끼고 있는 황해도 지방의 특산음식인데, 황해도는 북한의 곡창지대로 흰쌀이 많이 나고 바다 자원이 풍부해 쌀로 만든 음식과 생선요리가 발달했다.

해주교반은 수양산에서 자란 고사리와 도라지, 참나물을 비롯한 산나물과 바다 인삼으로 불리는 해삼, 황각 그리고 닭고기 국물에 뿌려놓는 부스러뜨린 구운 옹진김 등을 넣어 만들고, 조미료까지 포함해 열아홉 가지의 재료가 들어간다.

1925년 최영년이 쓴 《해동죽지》에도 해주교반에 대한 이야기가 나온다. "고기는 양념에 재웠다가 기름에 볶으며 미나리, 시금치, 콩나물, 도라지는 간을 약간 맞추어 볶아내고 달걀은 얇게 지져 실오리처럼 썬다. 다시마는 튀겨내고 흰쌀밥은 그릇에 담고 나물의 색을 맞추어 올려놓은 다음 가운데에 고기볶음을 놓고 후춧가루를 약간 뿌려 실고추, 계란 지단으로 고명을 얹고 맨 위에 다시마튀각을 얹어 낸다."

해주교반을 가장 잘 만드는 해주식당

황해남도 해주시에 위치한 해주식당은 주민들이 즐겨 찾는 식당 중의 하나다. 식당에서는 지역의 특산음식을 비롯해 여러 가지 요리들을 만들어 팔고 있다. 김정일 국방위원장은 해주식당에서 만든 비빔밥을 맛보고 이름을 '해주교반'이라고 지어주며 "해주교반은 우리 인민들이 즐겨 먹는 별식 중의 하나로, 식당들에서 이런 별식을 찾아내 적극 봉사해주어야 한다"고 지시했다.

김 위원장의 지시에 황해남도와 해주시에서는 식자재 보장 등 해주식당을 지원하는 여러 대책을 세우며 식당 육성을 위한 적극적인 노력을 펼쳤다. 그 결과, 해주식당은 '해주교반을 가장 잘 만드는 식당'으로 꼽히게 되었고 다른 지방 사람들도 출장길에 꼭 들르는 식당으로 자리 잡았다. 그냥 비빔밥도 맛있는데 유기농 고명들은 물론이고 돼지비계로 볶은 밥을 더하니 맛이 없으려야 없을 수가 없다. 이런 비법으로 해주식당은 해주의 지역 식당이 아닌 전국구 식당이 된 것이다.

아직 남북 간 분단장벽이 견고하지만, 평화와 협력의 시대가 열린다면 남한 사람들이 출장길에 해주식당을 들르게 될 날도 머지않을 것이라고 기대해본다.

6 | 복날 먹던 시원한 보양식, 초계탕

북한 삼계탕은 닭곰

삼복더위가 기승을 부리면 우리는 보양식으로 주로 삼계탕을 먹는다. 각종 설문조사의 압도적인 결과를 따져보지 않더라도 삼계탕은 보양식의 대표주자이며 닭은 우리 국민들에게 가장 친숙한 식재료이다. 그러나 조선시대만 해도 삼계탕이란 명칭이 없었다. 병아리와 큰 닭과의 중간 크기인 영계를 양념하지 않고 맹물에 푹 삶아 익힌 백숙이 있었을 뿐이다. 그러던 것이 인삼이 대중화되면서 영계백숙에 인삼을 넣어 '계삼탕'이라 부르며 먹다가, 외국인들에게 인삼의 가치가 알려지면서 삼계탕이라 불리게 되었다.

《동의보감》에는 삼계탕에 대한 소개는 없지만, 닭고기와 인삼, 밤, 대추 등 삼계탕의 주재료에 관련한 내용이 있어 이들의 조합이 얼마나 건강에 도움이 되는지 알 수 있다. 《동의보감》에 따르면, "닭고기는 허약한 것을 보호하는 데 좋기 때문에 식사요법에 많이 쓴다. 고기 성분이 따뜻한 편이고 맛은 달며 독이 없다. 또 스트레스를 치료하고 오장을 편안하게 해준다." 게다가 "인삼의 성질은 약간 따뜻하고 독이 없으며, 주로 오장의 기가 부족한 데 쓴다. 그리고 정신을 안정시키고 눈을 밝게 하며 기억력을 좋게 하고, 허손[23]된 것을 보하며 곽란으로 토하고 딸꾹질하는 것을 멎게 하고 고름을 뱉는 것을 치료하며 담을 삭힌다." 아울러 "대추는 위장을 튼튼히 하고 비장을 보하며 기운 부족을 낫게 해 온갖 약의 성질을 조화시킨다." 그야말로 최고 재료들의 조합이 삼계탕이라 할 수 있다.

북한은 어떨까. 북한에도 삼계탕이라는 게 있을까. 북한에는 삼계탕 대신 '닭곰'이 있다. 남한에서의 닭곰은 닭을 고아서 만든 국이지만, 북한에서는 삼계탕이란 말은 거의 쓰지 않고 인삼이나 찹쌀을 넣고 끓인 삼계탕의 일종을 닭곰이라 부른다.

식초와 겨자의 새콤하고 맵싸한 초계탕

남한에서 보양식으로 뜨거운 삼계탕이 인기라면, 북한에서는 시원한 초계탕을 많이 먹는다. 초계탕은 원래 버섯, 해삼, 전복까지 들어갔던 호사스러운 음식으로, 궁중에서 먹던 요리였다. 조선의 궁중 연회를 기술한 《진연의궤》, 《진찬의궤》와 혜경궁 홍씨의 회갑잔치를 기록한 《원행을묘정리의궤》 등에서 확인할 수 있다. 1930년대 명월관 같은 곳을 통해 궁의 음식이 민간에 흘러나오게 되었는데, 당시 이석만의 《간편요리제법》에 소개되면서 점차 일반화된 것으로 알려져 있다.

초계탕

초계탕은 닭고기를 뼈째로 토막을 내고 잘게 찢은 쇠고기와 함께 간을 맞춰 끓여서 식힌 뒤 녹두묵, 오이, 석이·표고버섯 등을 볶은 것과 달걀로 고명을 만들어 얹고 초를 쳐서 먹는다. 국물이 있는 냉국이라 주로 여름에 많이 먹는다.

남북정상회담이나 이산가족 상봉 행사에서 연회 만찬으로 자주 오른 덕에 남한의 식당에서도 몇 년 전부터 쉽게 볼 수 있게 된 초계탕은 평안도 지방의 토속음식이다. 평안도 사람들이 겨자를 '계자'라 부르기 때문에 식초와 계자에서 한 자씩 따와 초계탕이라 부르게 된 것이다. 북한 주민들은 다양한 보양식품으로 원기를 보충하고 체력을 유지하는데, 초계탕은 평양냉면과 대동강숭어국, 단고기(개고기)국, 뱀장어구이 등과 함께 대표적인 여름 보양음식에 해당한다.

특히 예로부터 평안도 지방 사람들은 무더운 여름철에 초계탕을 즐겨 먹었다고 한다. 초계탕이 시원하고 감칠맛이 나려면 탕국물을 잘 만들어야 하는데, 그러려면 닭이 푹 잠기도록 물을 붓고 젓가락이 쑥 들어갈 정도로 고기가 삶아진 다음 식혀서 만들어야 한다. 국물의 산뜻한 맛을 내기 위해서 기름기를 잘 제거하고 탕국물의 맛을 들일 겨자와 식초를 10 대 7 정도의 비율로 개었다가 국물에 풀어 넣는 것이 좋다. 알싸한 동치미 국물과 부드러운 닭 육수가 조화롭고 식초와 겨자의 새콤하고 맵싸한 맛이 탕 맛을 더한다. 게다가 냉면이나 막국수에 비하면 만들기도 쉬운 편이다.

닭공장 건설 직후 발굴된 민족음식

초계탕이 역사적으로 오래된 음식이긴 하지만 북한에서 다시 발굴해 민족음식으로 육성한 이유가 있다. 바로 고난의 행군기 이후 북한 당국이 주민들의 먹는 문제 해결을 위해 축산업을 적극 육성하면서 닭공장(양계장 및 가공시설)을 대거 건설했기 때문이다.

평양 시내에는 하당, 만경대, 서포, 룡성, 승호 등 다섯 개의 대형 닭공장이 운영되고 있다. 북한에서는 김정일 국방위원장의 지시에 따라 2001년 봄부터 평양 시민 1가구당 매월 닭고기 1kg, 달걀 60알을 공급한다는 목표를 세우고 이들 닭공장을 현대화하는 작업에 착수했다. 북한 당국은 닭공장의 건설 또는 개건(리모델링) 사업을 위해 유럽 국가와 기술제휴를 추진하기도 했다.

남한에서는 닭고기가 다이어트 음식으로도 많이 활용되고 있다. 요리법이 한정된 다이어트 음식들을 고려하면, 북한의 닭요리가 새로운 다이어트 식단으로 인기를 끌 수도 있지 않을까. 북한의 평양냉면 등이 주목받고 있지만, 남북교류가 보다 활발해지면 초계탕이 그 자리를 넘볼지도 모른다.

평양에는 닭요리 전문식당으로 '월향각'이 유명하다. 평양의 모란봉 기슭에 위치한 월향각은 오리, 닭고기와 알류로 만든 훈제품들과 불고기, 각종 회, 조림과 튀김 등 100여 종의 요리를 봉사하고 있다. 나도 치맥이라면 무턱대고 좋아하지만 100여 가지가 넘는 닭요리라니, 정말 그 맛이 궁금하다. 즐거운 마음으로 다이어트에 동참할 수 있을 것 같기도 하고.

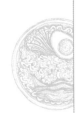

7 | 개성의 가을 보양식, 추어탕

양반들은 먹지 않던 관노의 음식

가을에는 대하나 전어, 밤 등 제철 음식이 유독 많다. 가을은 수확의 계절답게 모든 것이 풍성한 시기이기 때문일 것이다. 하지만 쌀쌀한 바람이 불기 시작할 때면 내가 꼭 찾는 음식이 있다. 바로 추어탕이다. 추어탕에 밥 한 공기를 말아 먹으면 속이 든든해 한겨울에도 감기에 걸리지 않을 것만 같다.

미꾸라지 '추(鰍)' 자는 고기 '어(魚)'와 가을 '추(秋)'가 합쳐져서 이루어진 글자다. 미꾸라지는 늦은 가을 수온이 5~6℃ 이하가 되면 뻘 속으로 깊이 파고들어가서 겨울을 지내기 때문에 초가을 즈음이면 영양을 비축해 가장 통통하게 살이 오르고 맛과 영양이 풍부하다. 따라서 추어탕은 가을철에 잡은 미꾸라지로 끓인 것이 제일 맛있다.

추어탕은 단백질과 칼슘, 무기질이 풍부해 더위로 잃은 원기를 회복시켜주고 양질의 단백질이 세균 저항력을 높여주며 피부를 튼튼하게 보호하고 고혈압과 동맥경화, 비만증 환자에게도 좋은 음식으로 알려져 있다. 《본초강목》을 보면 "배 속을 따뜻이 덥혀주며 원기를 돋우고 술을 빨리 깨게 할 뿐 아니라 발기 불능에도 효과가 있다"고 적혀 있고, 《동의보감》에서도 "미꾸라지 맛이 달며 성질이 따뜻하고 독이 없어 비위를 보호하고 설사를 멈추게 한다"고 소개하고 있다.

실제 추어탕은 영양학적으로 장어에 버금가는 보양식이지만, 원래 양반들은 먹지 않는 이른바 관노들의 음식이었다고 한다. 때문에 조선시대 어떠한 조리서에도 추어탕의 제조 비법은 물론 명칭도 거론되지 않는다. 다만 고려 말 송나라 사신 서긍이 쓴 《고려도경》에 처음으로 추어탕의 유래를 알 수 있는 기록이 나올 뿐이다.

사람들의 인식을 개선하기 위한 요리법

추어탕에 대해 언급하고 있는 국내 최초의 문헌은 조선 선조 때 (1850년경) 실학자 이규경이 쓴 《오주연문장전산고》이다. 이 책에는 "미꾸라지를 물에 담가 하루에 세 번 정도 물을 갈아주면서 5~6일을 지내면 감탕을 다 토해버린다. 솥에다 두부 몇 모와 물을 넣고 미꾸라지 50~60마리를 넣은 다음 불을 때면 미꾸라지는 뜨거워서 두부 속으로 기어든다. 더 뜨거워지면 두부 속의 미꾸라지는 약이 바싹 올랐다가 죽어간다. 이것을 썰어서 참기름으로 지져 탕을 끓인다"며 '추두부탕' 끓이는 방법이 소개되어 있다. 《해동죽지》에도 "서리가 내릴 무렵에 두부를 만들면서 다 굳어지기 전에 추어를 넣고 완전히 굳힌다. 이것을 잘라 생강, 조피가루를 섞어서 끓이면 매우 맛이 좋다"고 했다.

북한의 잡지 《조선료리》에도 추어탕의 유래에 대해 소개하고 있는데, 고려시대 숭어국을 비롯한 갖가지 물고기 음식으로 인기를 끌던 개성 지방의 한 생선국집이 강화도 앞바다에 나타난 왜놈들의 무리로 인해 생선을 구할 수 없게 되자 미꾸라지를 가지고 국을 끓이면서 시작됐다고 전했다. 당시 사람들은 미꾸라지를 먹을 수 없는 것으로 치부했다고 한다. 때문에 생선국집 주인은 사람들의 인식을 바꾸기 위해 순두부를 넣고 미꾸라지를 함께 끓였다. 순두부와 미꾸라지들이 골고루 섞이게 하고 눌러 짠 다음 모두부를 만들고 이를 두텁게 썰어 쇠고기 국물에 양념을 하여 국을 끓이니 나무랄 데 없는 특식이 되었다는 것. 이에 생선국집은 다시 문을 열게 되었고 추어탕은 저잣거리의 인기를 독차지하기 시작했다. 이때부터 미꾸라지를 두부 속에 넣어 끓인 추어탕이 생겨나고, 미꾸라지로 탕을 끓여 먹는 방법이 온 나라에 알려지게 되었다고 한다.

개성에서 발굴한 민족음식

미꾸라지로 끓인 추어탕은 여러 지방에서 즐겨 먹었는데 지방마다 특색이 있는 것이 흥미롭다. 지방별로 보면 중부지방에서는 푹 끓인 미꾸라지를 양념에 재워 볶은 쇠고기와 파, 고추, 마늘 등을 넣어 다시 끓인 추어탕을 즐겨 먹었고, 경상도 지방에서는 삶은 미꾸라지를 채에 담아 나무주걱으로 으깬 다음 시래기, 고추장을 넣고 끓인 추어탕을 좋아했다. 예로부터 함경도 지방의 추어호박장과 개성 지방의 추어두부탕이 유명했으며, 일부 지방에서는 시래기나 고사리, 애호박을 넣고 끓였다. 하지만 뭐니 뭐니 해도 미꾸라지에 모두부를 넣고 여러 가지 양념과 함께 방아 잎을 넣어 끓인 다음 조피가루를 뿌려 만든 개성 지방의 방식이 제일 유명했다.

추어탕의 역사는 오래된 것이지만 북한에서는 김일성 시대에 민족음식으로 발굴되면서 더욱 주목을 받게 되었다. 1972년 김일성 주석은 개성시를 현지지도하면서 개성 특식이 무엇인지를 물었다.

추어탕

이에 개성에서 오래 산 노인이 "예로부터 개성에서는 추어탕을 별식으로 일러왔다"고 하자 "옳다"며 "개성 사람들은 추어탕을 좋아하였다. 추어탕이라는 것은 두부와 미꾸라지를 넣고 끓인 국이다. 지난날 개성 사람들이 만들어 먹던 특식을 다 찾아내어 인민들에게 만들어 봉사해주면 얼마나 좋아하겠는가"라고 했다.

이후 개성의 자남산 기슭에는 개성 특식 추어탕을 전문으로 하는 '자남산식당'이 세워졌다. 자남산식당은 개성지역 사람들은 물론, 개성을 찾는 사람이면 누구나 한 번씩 들러보는 이름난 식당이 되었다.

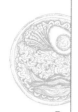

8 섣달그믐부터 준비한 개성의 설날 음식, 조랭이떡국

꿩 대신 닭

설날이 되면 누구나 떡국을 먹으며 한 살씩 나이를 먹는다. 새해 첫날 첫 상에 떡국을 올리는 이유는 가래떡의 긴 모양처럼 장수하고, 동그란 모양과 닮은 돈이 들어오길 바라기 때문이다. 떡국은 먹으면 나이가 든다고 하여 '첨세병'이라고도 불렀다. 떡국의 역사는 오래되어 고서에도 다수 소개되어 있다.

1800년대 발간된 《경도잡지》를 보면 "맵쌀로 떡을 만들어 치고 비벼 한 가닥으로 만든 다음 굳기를 기다렸다가 가로 자르는데 모양이 돈과 같다. 그것을 끓이다가 꿩고기, 후춧가루 등을 넣어 완성한 것이 떡국이다. 나이를 한 살 더 먹는 것을 떡국 그릇 수에 비유하기도 한다"고 떡국을 소개하고 있다. 또 최남선은 《조선상식》에서 "설날에 떡국을 끓이는 풍습은 흰색의 음식으로 새해를 시작함으로써 천지 만물의 신생을 의미한다는 종교적인 해석이 담겨 있다. 이처럼 소박한 가래떡과 같이 깨끗하고 담백한 마음으로 한 해를 맞는다는 의미이다"라고 말하기도 했다. 《동국세시기》에는 "맵쌀가루를 쪄서

129
2. 북한의 향토음식

안반[24] 위에 놓고 자루 달린 떡메로 무수히 쳐서 길게 만든 떡을 흰떡이라고 한다. 이것을 얄팍하게 돈같이 썰어 장국에 넣고 쇠고기나 꿩고기와 끓인 다음, 고춧가루를 친 것을 떡국이라고 한다"고 기록돼 있다. 원래 떡국은 흰떡과 쇠고기, 꿩고기가 쓰였으나 꿩을 구하기 힘들면 대신 닭을 사용하는 경우도 많았다. 여기서 "꿩 대신 닭"이라는 말이 나온 것이다.

고려 왕조 무너뜨린 이성계에 대한 복수의 의미

떡국은 지역마다 차이를 보이는데 평야지대가 많은 남쪽에서는 떡국을 많이 먹었지만, 평양 등 북쪽으로 갈수록 쌀이 풍부하지 못해 만둣국으로 대신하기도 했다. 그래도 기본은 긴 가래떡을 썰어 만든 것인데, 개성지역은 유독 독특한 모양의 조랭이떡국을 먹었다. 조랭이떡은 가래떡이 뜨끈할 때 대나무 칼끝으로 돌려 눈사람 모양(∞)으로 동글동글하게 빚은 것이다.

조랭이떡국이라는 이름은 썰어놓은 떡국대의 모양이 조랑조랑하다고 하여 붙여진 것인데, 조롱박 같다고도 하여 '조롱떡국'이라고 부르기도 했다. 예로부터 개성 사람들은 섣달그믐날이면 밤새 나무칼로 고려 왕조를 무너뜨린 이성계의 목을 자른다는 의미로 조롱떡국대를 썰어 누에고치 모양의 조롱떡을 만들었다고 한다.

이에 개성 지방은 집집마다 식구 수대로 나무칼을 가지고 있었

조랭이떡국

다. 설 명절이면 온 식구가 모여 앉아 떡국대를 써는데 이때 나이 많은 집안의 가장이 먼저 썰기 시작하면 모두가 따라 썰었다고 한다. 개성 지방에서는 처녀들이 결혼할 때도 참대칼을 마련해 가지고 갔다. 알뜰한 살림살이에 대한 아름답고 소박한 꿈과 대죽 같은 절개의 마음을 함께 담은 것이었다.

나무칼을 쓰게 된 유래는 고려 고종왕의 미각이 매우 예민하여 칼로 썬 떡에서 나는 쇠비린내를 몹시 싫어했기 때문에 나무로 썰도록 하면서 시작되었다. 나무로 썬 떡은 그 모양이 곱지 못하지만 맛이 아주 좋았다고 한다. 이것이 민간에도 전파돼 개성 지방에 나무 칼로 떡을 써는 풍습이 생기게 된 것이다.

소녀시대 윤아가 만든 조랭이떡국

조랭이떡국은 2017년 1월 개봉한 영화 〈공조〉에도 깜짝 등장해 눈길을 끌었다. 이 영화는 북한 당국이 남한으로 숨어든 조직의 리더를 잡기 위해 남한 측에 역사상 최초의 남북 공조수사를 요청하면서 시작된다. 북한의 속내가 의심스러운 남한 당국은 공조수사로 위장해 형사 강진태(유해진)에게 북한 형사 림철령(현빈)의 밀착 감시를 지시한다. 여기서 윤아는 강진태의 처제 민영 역할을 맡았는데, 형부가 북한 형사를 집에 데려온 순간 그의 잘생긴 외모에 반해버리고 만다. 민영은 철령에게 잘 보이기 위해 갖은 노력을 다하고, 그 노력의 하나로 북한식 조랭이떡국을 끓여준다. 조랭이떡국을 맛본 철령은 맛있다며 민영에게 처음으로 마음의 문을 연다. 북한의 모든 지역에서 조랭이떡국을 먹는 게 아니기 때문에 영화를 보며 북한 형사 림철령의 고향이 개성이 아니었을까 하는 생각을 잠깐 했다.

한편 개성에는 조랭이떡국 말고도 특산음식이 많다. 예로부터 개성지역은 고려시대 수도인 만큼 신선로와 추어탕, 조랭이떡국, 편수, 약밥, 경단, 우메기떡[25] 등 평양 못지않게 다양한 음식들이 특산음식으로 소개되고 있다.

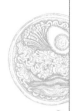

여러 가지 이름으로 불리는 녹두지짐

평양냉면, 평양온반, 대동강숭어국, 녹두지짐은 평양의 4대 음식이다. 이중 냉면이나 온반은 그 자체로도 한 그릇 음식이지만, 대동강숭어국과 녹두지짐은 국과 반찬류인데 4대 음식의 한 자리씩을 차지하고 있다. 특히 평양온반에 꾸미로 올라가는 녹두지짐은 부재료인데도 그렇다.

북한에서 말하는 지짐은 찹쌀, 녹두, 밀, 수수, 메밀, 감자, 강냉이 등의 곡물가루를 묽게 반죽해 파, 마늘, 고기, 채소, 산나물 등을 넣고 기름에 얇게 지져낸 것이다. 여러 가지 재료로 만든 지짐 가운데서 가장 맛이 좋다고 이름난 것은 녹두지짐이다. 북한의 녹두지짐은 녹두를 갈아 돼지기름에 부친 전으로, 남한에서는 빈대떡이라고 부른다. 녹두지짐은 지방마다 다양한 이름으로 불렸다.

황해도 지방에서는 기름을 바른 지짐판(프라이팬)에 떠놓으면서 지져내는 음식이라는 의미로 '막부치'라고 하였으며, 중부 이남 지방에서는 손님을 접대할 때 대접하는 음식이라고 '빈대떡', 가난한 사람들

옥류관의 녹두지짐

이 흔히 만들어 먹는 음식이라는 뜻에서 '빈자떡'이라고도 했다.

옛 기록의 녹두지짐은 현재와는 다소 다르다. 한반도에서 녹두는
삼국시대 이전부터 재배되었으며, 녹두지짐의 가공방법은 비교적 단
순했다. 1670년경 출간된 《음식지미방》에는 빈자떡이라는 이름으로
녹두지짐을 지지는 방법이 서술되어 있는데, 지짐 반죽에 채소와 돼
지비계를 두고 부치는 것이었다. 이렇게 하면 색과 맛이 독특해진다
고 한다. 반면에 1815년경 출간된 《규합총서》에 기록된 녹두지짐은
되직하게 간 녹두지짐 반죽을 번철에 조금 떠놓은 위에다 짓찧어 꿀
에 버무린 삶은 밤을 놓고 다시 반죽을 씌워 지진 후 그 위에 잣과
대추를 박은 것이었다. 시간이 흐를수록 녹두지짐의 형태가 달라져
온 셈이다.

잔치나 명절 때 필수 음식

녹두지짐을 만드는 방법은 지방에 따라 차이가 있지만, 특히 평양을 중심으로 한 평안도 지방의 방법이 독특하다. 평안도 지방에서는 먼저 녹두를 물에 한 시간 정도 불렸다가 껍질을 벗겨 간다. 돼지고기는 삶은 다음, 3분의 2 정도는 잘게 다지고 나머지는 네모난 모양으로 썬다. 배추김치도 네모로 썰고 파도 잘게 썬다. 지짐판에 돼지기름을 바르고 돼지고기와 배추김치를 놓은 다음 그 위에 지짐 반죽을 한 국자씩 떠놓고 노르스름하게 지진다. 평안도의 녹두지짐은 녹두를 갈아서 돼지기름으로 지지는 것과 지짐 가운데 얇게 썬 돼지고기를 박아 넣은 것이 특징이다. 특히 다른 지방의 것보다 크기가 세 배, 두께가 두 배 정도 되도록 푸짐하게 만들었다.

북한 사람들은 녹두지짐을 별식으로 만들어 먹었지만, 특히 생일이나 결혼 등 의례상에는 반드시 놓아야 한다고 생각했다. 평안도 지방에서는 녹두지짐을 접시에 높이 겹쌓아 잔칫상에 놓는 것을 풍습으로 여겼고, 이것이 빠진 잔칫상은 잘 차린 상이라 생각하지 않았다. 또한 평양에서는 설날 명절 음식의 하나로 여겼으며, 평양온반의 꾸미로 올라 더욱 이름을 떨쳤다.

김일성 주석도 방북한 외국 대표단이나 인사들을 위해 주최한 연회와 오찬 자리에 반드시 녹두지짐을 올려놓도록 했다. 또한 손님들에게 "녹두가 해독제로서 효력이 높아 우리 조상들이 즐겨 먹었고 가스에 중독됐거나 술에 취한 사람들에게 녹두물을 마시게 했다"는 여담도 들려줬다고 한다. 실제 녹두지짐은 그 맛도 훌륭하지만, 사람에게 필요한 단백질과 탄수화물, 비타민 등이 골고루 들어 있으며 해독 작용을 해 건강에도 도움을 주는 것으로 알려져 있다.

오늘날 북한의 녹두지짐은 국제적으로 김치, 불고기와 함께 3대 기호음식으로 평가되고 있다. 그리하여 동남아시아를 비롯한 여러 나라에도 널리 보급되어 있다. 여담이지만 1989년 평양에서 열렸던 제13차 세계청년학생축전 때 외국인들이 가장 많이 사 먹은 음식도 녹두지짐이라고 한다.

인민을 위하여 복무함

녹두지짐을 이야기하다 보면 금강산에서 허겁지겁 먹었던 감자전과 녹두지짐이 떠오른다. 예전 새해 해맞이 행사를 위해 금강산에 갔을 때였다. 겨울 등산에 온몸이 얼어붙기도 했고, 갑자기 운동을 한 바람에 제대로 녹초가 되고 말았다. 금강산에서 내려오던 길, 북한 식당 목란관 앞에서 식당 봉사원들이 철판에 기름을 가득 두르며 감자전과 녹두지짐을 구워내고 있었다. 그 고소한 기름 냄새가 얼마나 사람을 홀리는지, 식당 안에 자리를 잡기도 전에 주문한 지짐을 밖에서 다 먹어 치웠다.

워낙 대기하는 사람들이 많아 급히 식당 밖에서도 지짐을 구운 것이었는데, 예정에 없던 일이었는지 봉사원들의 차림새가 실내에서 입는 얇은 한복 바람이었다. 볼이 빨갛게 얼어붙은 한 봉사원에게 춥지 않냐고 물었더니 "일 없습니다(괜찮습니다). 금강산의 맛과 멋을 한 분에게라도 더 알리는 일인데요, 뭐"라고 대답했다. 분명 금강산에 배치된 근로자였을 테고, 식당에서 버는 돈이 자기 몫은 아니었을 것이다. 지금은 북한에서도 인센티브 개념이 도입돼 열심히 일하면 일부를 가질 수도 있지만 당시만 해도 그렇지 않았다. 그런데도 주인의식을 가지고 열심히 일하는 모습이 무척 인상적이었다.

북한에는 자신의 직업에 사명감을 가지고 최선을 다하는 사람들이 많다. 예전에 함께 방북한 우리 일행 중 한 분이 평양 량각도호텔에서 안내직원에게 메모지 좀 달라고 했더니 종이를 4분의 1로 잘라주더란다. "개인 종이도 아닌데 그냥 한 장 주지 왜 잘라주느냐?" 묻자 호텔 안내직원은 "개인 것이면 선생님께 한 장 드리겠지만 국가 재산인데 어떻게 아끼지 않을 수 있겠습니까"라고 했단다. 나는 녹두지짐만 보면 당시 사회주의국가의 특성에 맞게 '하나는 전체를 위하여, 전체는 하나를 위하여', '인민을 위해 복무함'을 열심히 실천하고 있던 금강산 목란관의 봉사원들이 떠오른다.

반가운 손님맞이 음식, 만두

북한에서 냉면 다음으로 유명한 음식을 들라면 바로 만두가 아닐까 싶다. 북한의 만두라고 우리의 만두와 별반 다를 것은 없지만, 북한 만두는 하나만 먹어도 배가 부를 정도로 투박하고 크다. 상대적으로 남한의 만두는 작고 앙증맞다고 해야 할까. 특별히 어디의 어떤 만두가 맛있다기보다 북한에서는 어딜 가든 만날 수 있을 만큼 두루 많이 먹는 음식이 만두다.

아무래도 북한이 우리보다 만두를 더 자주 먹다 보니 관련 문화도 훨씬 발달했다. 실제 평안도나 황해도, 강원도에서는 설날에도 떡국 대신 만둣국을 해 먹는 경우가 많다. 쌀농사를 짓기 어려운 북한에서는 쌀로 만든 떡국보다 밀가루나 메밀가루로 만두피를 만든 만둣국을 자주 끓여 먹었다. 또 채소와 고기, 두부 등으로 만두소를 만들기 때문에 하나만 먹어도 탄수화물과 단백질, 섬유질, 비타민, 무기질을 고루 섭취할 수 있다. 특히 칼로리가 높아, 여름보다는 겨울에 체력 유지를 위해 즐겨 먹었다. 북한에서 만두는 명절이나 큰 행사가 있을 때는 물론, 손님을 대접할 때 빠지지 않던 중요한 음식이다.

북한의 만두 중 특히 유명한 것이 개성만두와 평양만두다.

평양만두는 즉석에서 손으로 민 만두피로 빚어 두부를 기본으로 김치와 숙주나물, 부추, 돼지고기를 소로 넣고 큼지막하고 푸짐하게 빚는다. 반면 개성만두는 두부나 김치를 적게 넣는 대신 채소를 많이 넣어 퍽퍽하지 않고 깔끔하며 평양만두보다는 크기가 작은 것이 특징이다.

만두는 만두피의 재료나 모양, 삶는 방법에 따라 종류가 다양하다. 만두피의 재료에 따라 밀만두, 메밀만두, 어만두, 동아만두, 처녑만두 등으로 나뉘고, 빚은 모양에 따라 사각 진 것은 편수, 해삼 모양은 규아상, 골무처럼 작게 빚은 건 골무만두, 석류 모양을 딴 석류만두, 큼직하게 빚은 대만두, 작게 빚은 소만두, 만두피 없이 소를 밀가루에 굴려서 만든 굴림만두 등이 있다. 밀만두, 메밀만두는 가루 반죽으로 피를 만들지만, 어만두는 생선살의 껍질을 삶아 소를 넣고 빚으며, 꿩만두나 준치만두는 살을 다져서 둥글게 빚은 후 녹말만 묻혀서 굴림만두처럼 만든다.

변씨 성을 가진 사람이 처음 만든 변씨만두

개성지역에서는 사각 모양으로 빚은 편수도 많이 먹었다. 편수라는 이름은 물에 삶아 건져낸 음식이라는 뜻에서 붙여졌다. 또 물 위에 조각이 떠 있는 모양이라고 하여 편수라는 이름이 생겨났다고 보기도 한다.

《동국세시기》에 따르면 편수는 변씨 성을 가진 사람이 처음 만들었다고 해 '변씨만두'라고 불리다가 차츰 편수로 불리게 되었다고 한다. 개성을 비롯한 일부 지방에서는 모양을 둥글게 만들어 설날의 명절 음식으로 즐겨 먹었다. 《규합총서》를 보면 "후추의 맵싸한 향이 나는 소를 넣어 만든 편수는 맑고 차가운 장국물에 띄워 먹었기 때문에 무더운 여름철에 사람들의 입맛을 한껏 돋워주었다"고 소개하고 있다.

개성 지방의 대표적인 음식 중 하나인 편수는 호박이나 오이를 쇠고기, 돼지고기와 섞어 소를 만든 후 만두피에 채워 삶아내 국물 없이 초간장에 찍어 먹기도 한다. 그리고 양지머리 삶은 물을 차게 식힌 후 만두를 띄워서 먹기도 한다. 얇게 민 만두피에 소를 넣고 달걀지짐과 잣 두세 알을 넣은 다음 가장자리를 맞붙여 두 귀를 모아 붙여 빚는다. 개성 지방에서는 특히 돼지고기를 많이 썼으며 양념감으로는 파보다 마늘을 많이 썼다. 대부분 편수를 배추김치나 나박김치와 함께 냈는데 개성 지방에서는 유명한 송순주(소나무순을 넣고 담근 술)를 마시면서 보쌈김치를 곁들여 편수를 먹는 것이 하나의 멋이었다고 한다.

편수는 겨울철의 만두와 달리 모양을 네모로 만들고 소에도 오이, 호박, 버섯, 달걀지단, 실백 등을 많이 넣어 담백하게 맛을 내기 때문에 주로 여름 만두로 알려져 있다. 그러나 김정일 시대에 민족음식으로 육성되면서 계절에 상관없이 먹고 있다.

맛있는 편수는 싼값으로 얻을 수 없다

《별건곤》[26] 제24호에 실린 글 〈천하진미 개성의 편수, 진품, 명품, 천하명식 팔도 명식물 예찬〉을 보면 '진짜 잘 만든 개성편수는 싼값으로 얻을 수 없다'며 다음과 같이 소개하고 있다.

개성편수 중에도 빈한한 집에서 아무렇게나 만들어서 편수 먹는다는 기분만 맛보는 것 같은 그런 편수는, 서울 종로통 음식점에서 일금 20전에 큰 대접으로 하나씩 주는 만두 맛만 못할는지도 모른다. 그것은 고기라고는 거의 없고, 숙주와 두부의 혼합물에 지나지 않기 때문이다. 정말 남들이 일컬어주는 개성편수는 그런 것이 아니라, 그 편수 속의 주성물은 우육, 돈육, 계육, 생굴, 잣, 버섯, 숙주나물, 두부 그 외의 양념 등 이렇게 여러 가지 종류이다. 이것들을 적당한 분량씩 배합하여 넣되 맛있는 것을 만들려면 적어도 숙주와 두부의 합친 분량이 전체 분량의 3분의 1을 넘어서는 안 될 것이다. 그러므로 정말 맛있다는 개성편수는 그리 염가로 얻어지는 것이 아니다.

개성편수

2018년 4월 27일의 남북정상회담 만찬 메뉴에도 김대중 전 대통령의 고향 신안 가거도의 민어와 해삼초를 이용한 편수가 소개되었다. 이 음식이 공개됐을 때 진보 진영에서는 의미 있는 음식이라는 호평이, 보수 진영에서는 보여주기식의 이름 붙이기 메뉴라는 혹평이 쏟아졌다. 어쨌든 음식이 공개되었을 때, 김대중 전 대통령의 평화를 향한 오랜 노력과 지금은 갈 수 없게 된 개성공단과 금강산이 다시 떠오른 것은 분명하다. 당시 전쟁까지 치달을 뻔했던 상황에서 어렵게 이루어진 남북정상회담을 생각하면, 정말 맛있다는 편수가 염가로 얻어지는 것은 아니라는 생각이 든다.

11 | 귀한 손님에게 대접하던 음식, 대동강숭어국

빼어난 물고기, '수어'

한강이 서울을 가로지르듯 평양에는 대동강이 흐르고 있다. 벌써 10년도 더 지난 일이 되었지만 2005년 처음 방북했을 때 함께 간 한 교수님께서 "평양은 꼭 유럽의 전원도시 같다"고 말씀하셨다. 당시엔 도색된 건물이 거의 없어 수수했지만 사회주의 특성상 계획도시답 게 구획이 잘 정돈되어 있었고, 또 대동강 주변에 느티나무가 죽 늘 어서 있어 운치가 그만이었다. 무엇보다 대동강에서 한가롭게 낚시 하는 사람들의 모습은 전원도시라는 느낌을 주기에 충분했다. 가까 이서 본 대동강물은 바닥의 돌멩이 하나까지 다 보일 정도로 투명하 고 맑았다.

숭어는 바다 기슭이나 덜 짠 강어귀에 많이 사는 물고기로, 연어 처럼 맑은 물을 좋아하며 어릴 때 바다로 나갔다가 다시 하천으로 돌아온다. 북한에는 신석기시대의 궁산유적[27]이 있는데 이곳에서 숭어뼈가 출토되었을 정도로 숭어를 음식물로 이용해온 역사는 오 래되었다. 중국 북송(北宋)시대에 편찬된 《책부원귀》에는 729년 발해가 치어(숭어)를 당나라에 보냈다는 기록이 나온다. 다양한 옛 기록들은 하나같이 숭어가 아주 맛있고 그 알도 진미라고 소개하고 있다. 조선에서는 숭어를 '그 맛이 제일 뛰어난 물고기'라는 뜻에서 빼어날 수(秀) 자를 넣어 '수어'라고도 불렀다. 예로부터 평양, 룡강, 강서, 안주, 의주, 철산 등이 숭어의 특산지로 널리 알려졌는데, 그중에서도 대동강 연안에서 잡은 것을 제일로 여겼다. 특히 겨울에 얼음을 깨고 잡은 '동수어'는 평양의 것이 가장 맛있었다고 한다.

대동강 어구는 4월이면 "죽었던 숭어가 대동강에 살아온다"는 말이 전해 내려올 정도로 숭어가 살기 좋은 조건을 갖추고 있다. 그래서 평양의 대동강 인근에서는 예로부터 숭어를 이용한 국과 탕을 즐겨 먹었다. 그러다 대동강 하구의 서해갑문에 막혀 한동안 대동강숭어국의 명맥이 끊어질 뻔하자 북한 당국은 갑문에 어도를 다시 내기도 했다.

대동강숭어국의 맛

평양의 4대 음식 중 하나인 대동강숭어국은 대동강에서 잡은 숭어를 대동강의 맑은 물로 끓여 만든 국이다. 김일성 주석은 1990년대 말 "옛날부터 평양 사람들은 대동강에서 숭어를 잡아 숭어국을 끓여 먹었다"며 "숭어국은 평양 특식의 하나"라고 강조했다. 이어 "숭어국은 냉수에 끓여야 맛있다. 어떤 사람들은 숭어국을 고추장을 넣고 끓이는 것으로 알고 있는데 냉수에 끓여야 한다"고 말하기도 했다. 숭어국은 찬물을 두고 끓인다고 하여 일명 '숭어냉수탕'이라고도 불렀다. 평양에서는 숭어국을 찬물에 넣고 천에 싼 통후추알과 함께 끓여 먹었다.

숭어는 살코기와 껍질이 다른 물고기들보다 단단하다. 그래서 살이 연한 가자미나 명태와 달리 찬물에서부터 서서히 끓여야 그 맛이 충분히 우러나오는 것이다. 후추는 숭어의 비릿한 냄새를 잡고 입맛을 돋우기 위해 쓰인다. 뼈를 제거한 숭어 토막을 가마에 넣고 살코기가 익을 때까지 푹 끓이다 보면 국물에 누런 숭어 기름이 많이 뜬다. 이후 국물의 간을 맞춘 후 사발에 국물을 담고 숭어 토막을 넣으면 구수한 맛이 나는 숭어국이 완성된다. 숭어국의 독특한 맛이 변하지 않게 하려면 쇠가마보다 돌가마에 넣고 끓이는 것이 더 좋다고 한다.

숭어는 맛이 달고 살이 쫀득쫀득하다. 또 뒷맛이 깨끗하고 소화가 잘돼 북한에선 국, 구이, 조림, 튀김 등 다양한 요리가 개발되어 있다. 예로부터 평양 사람들은 귀한 손님이 오면 대동강숭어국을 대접하는 것을 예의로 생각했고, 또 평양을 찾는 사람들도 이 국을 먹어야 대접을 잘 받은 것으로 여겼다. 그래서 평양을 다녀온 사람들에게는 "숭어국 맛이 좋던가?"라고 묻는 것이 인사말이 되었을 정도였다고 한다. 같은 이유로 평양 지방에서는 관혼상제 때 숭어찜을 차려놓아야 상을 제대로 차렸다고 말한다.

2007년 남북정상회담 당시 노무현 대통령은 목란관에 마련된 만찬에서 귀한 손님이 오면 내놓는다는 대동강숭어국을 대접받았다. 그때 노무현 대통령과 김정일 국방위원장은 김대중 정부에서 합의된 6·15남북공동선언의 구체적 이행 방안 등을 논의했다. 기존에 남북 당국이 전면적으로 다루지 못했던 군사 문제와 평화체제 문제를 2007년 회담을 통해 논의하기 시작했으며, 이때 한반도 평화와 비핵화를 위한 의지를 재확인했다. 대통령 임기가 두 달 정도 남은 시점에 10·4선언이 체결되었다. 비록 이명박 정부가 들어서면서 폐기되고 말았지만, 당시 6·15선언을 구체화시킨 노무현 대통령은 북한에

대동강숭어국

서 볼 때 아주 귀한 손님이었을 것이다. 노무현 전 대통령과 참모들은 당시 대동강숭어국의 의미를 알고 있었을까?

숭어국 맛집은 평양의 대동강 기슭에 자리 잡은 '평양숭어국집'이다. 이곳에선 대동강숭어국은 물론 숭어냉수탕, 숭어매운탕, 숭어튀기 등 숭어요리를 전문으로 잘한다고 소문이 자자하다. 한옥 모양의 평양숭어국집은 대동강변에 자리 잡고 있는데, 푸른 물결이 출렁이는 대동강과 주변 경치까지 한 폭의 그림처럼 펼쳐져 있어 숭어요리를 한층 더 즐거운 마음으로 먹을 수 있다고 한다.

평양을 몇 차례 다녀왔지만 아직 대동강숭어국은 맛보지 못했다. 귀한 손님에게 대접하는 음식인데, 아직 그 정도로 귀하진 않기 때문일까. 생각만 해도 침이 넘어가는 대동강숭어국, 언젠가는 꼭 맛보고 싶다.

궁중에서 먹던 고급스러운 김치

요즘은 김장하는 풍경도 꽤 많이 바뀌었지만, 그래도 아직 김장 날이라고 하면 가족이나 이웃이 한데 모여 수다를 떨면서 배추나 무를 손질하고 양념을 쓱쓱 비벼 넣는 모습이 떠오른다. 온몸이 쑤시고 아파도 그날의 고생으로 겨우내 먹을 김치를 가득 쟁여두면 얼마나 든든한지. 게다가 그 자리에서 바로 찢어 먹는 김치는 그날의 고생을 잊게 해줄 만큼 맛이 있다. 그때 푹 삶아 익힌 돼지고기에 갓 담근 김치를 싸 먹는 것은 1년에 단 한 번 허락된 호사다. 여린 배춧속에 삶은 고기를 한 점 올리고 김칫속과 신선한 굴 하나를 넣어 싸 먹으면 그 맛이 얼마나 기가 막힌지 생각만 해도 벌써 침이 고인다.

북한에서는 우리보다 김장에 더 많은 공을 들인다. 남한보다 훨씬 춥고, 신선한 채소를 구하기가 쉽지 않아 한 번에 수백 포기의 김장을 하는 것을 쉽게 볼 수 있다. 때문에 북한에서는 김장 담그는 것을 '김장전투'라고 하고 식재료나 운송수단 확보에 온 힘을 기울인다. 겨울이 길어 반년치 김치를 한꺼번에 담그다 보니 북한에서는 다양한 김치를 담가 먹었다. 여러 가지 재료와 형태의 김치들이 만들어졌지만, 그중에서도 보쌈김치는 맛으로 보나 모양으로 보나 으뜸으로 꼽을 수 있다.

보쌈김치는 예부터 개성 지방의 손꼽히는 명물로 '보김치' 또는 '쌈김치'라고 부르기도 했다. 가로로 두세 토막 낸 배추 갈피 사이에 채소, 과실, 해산물 등 산해진미를 모두 합하여 버무린 다음 절인 배춧잎으로 싸서 담갔다. 통배추를 나박김치처럼 모가 나게 썰어 양념에 버무린 다음 배춧잎으로 싸서 담그기도 했다. 이때 소금과 젓갈로 간을 맞춘 김치 국물을 보쌈김치가 잠기도록 충분히 부어주어야 한다. 보쌈김치 사이에 무를 끼워 넣으면 국물이 시원해 좋다. 해물, 과일 등이 가득 든 보쌈김치는 김치 중에서도 가장 고급으로 주로 궁중에서 먹었다. 해물이나 과일을 골라 먹는 재미도 있고 넓은 배춧잎을 갈라 밥에 얹어 싸 먹는 맛도 별미 중의 별미다.

보쌈김치

님을 맞이하던 음식

보쌈김치는 다른 김치에 비해 맛과 향이 독특하고 국물이 달기 때문에 예로부터 널리 이름을 떨쳤다. 특히 개성 지방에서 보쌈김치가 발달한 것은 음식 만드는 솜씨와도 관련 있겠지만, 무엇보다도 개성 지방에서 재배하는 배추가 통이 크고 잎이 넓어서 보쌈김치를 만들기에 제격이기 때문이다. 개성배추는 속이 연하고 길고 맛이 고소하며, 특히 통이 크고 잎이 넓어 온갖 양념을 보자기처럼 싸서 익히기에 딱 좋다. 무, 사과, 배는 납작하게 썰고, 밤, 대추는 채 썰며, 잣과 미나리, 파, 마늘, 생강, 실고추, 새우젓 등을 함께 넣어 소를 만드는데, 익으면서 재료들이 섞이며 맛을 낸다. 또 배춧속의 맛과 냄새가 새어나가지 않고 고스란히 보존된다는 점이 특징이기도 하다.

문헌을 보면 보쌈김치에 대한 언급이나 제조법이 1940년경에 나오기 시작했고 해방 직후부터 대중화된 것으로 보인다.

개성 지방에서는 보쌈김치를 특히 설 명절을 전후해 먹는 풍습이 있었다. 개성은 조선시대의 상업 도시였기 때문에 뭇 남성들이 타지에 나가 일을 하다 설을 맞아 집에 돌아오곤 했다. 이때 한철 벌이를 하러 추운 겨울 타지로 나간 남편을 위해 여인들이 담가두었다가 설날이나 봄이 되어 돌아온 남편 앞에 별미로 꺼내놓은 음식이 보쌈김치였다.

양반댁에서 대규모로 김장을 담글 때, 주인이 일꾼들의 노고를 위로하고 겨울철 부족하기 쉬운 영양을 보충해주려고 즉석에서 버무린 김치와 삶은 돼지고기를 내놓아 동네잔치를 벌인 데에서 비롯됐다는 설도 있다. 고급스러운 김치이다 보니 평소에 일상적으로 먹기보다는 주로 손님이 왔을 때나 결혼식, 생일처럼 특별한 날 꺼내 먹었다.

개성 부자들이 먹던 김치

보쌈김치가 개성의 대표 김치로 꼽히게 된 또 다른 이유는 개성 부자들 때문이다. 보쌈김치는 고명으로 각종 해산물과 과일 등 비싼 식재료들이 꽤 들어가고 손이 많이 가기 때문에 쉽게 담글 수 있는 김치가 아니었다. 한데 상업 활동으로 부를 쌓은 개성 사람들은 살림에 여유가 있어서 즐겨 먹었다는 것이다.

보쌈김치는 겨울에 먹어야 제맛을 느낄 수 있다. 해산물의 신선도 때문이다. 개성 관광이 한참 진행될 당시에도 식당의 봉사원들이 "겨울에 오시면 맛있는 개성의 보쌈김치를 맛볼 수 있습니다"라는 말을 자주 했다. 북한에서는 최근 사과나 배, 참외의 속을 파내 보로 삼아 담근 과일보쌈김치도 새롭게 등장했다고 한다.

북한은 우리보다 북쪽에 위치하다 보니 겨울이 빨리 오고 눈이 많이 온다. 2015년 11월 나진-하산 프로젝트 3차 시범운송사업 참관단의 일원으로 나진에 간 적이 있다. 당시 매서운 초겨울 날씨를 간과하고 남한에서 신던 단화를 그대로 신고 갔다가 눈이 너무 많이 오는 바람에 아주 혼쭐이 났었다. 발가락이 잘릴 듯한 추위에 일행 모두 당황하고 말았다. 그러나 이열치열이라고 차갑게 먹어야 하는 음식이라면 정말 차갑게 먹는 게 좋은 법이다. 눈이 많이 오는 날, 개성에서 뜨거운 조랭이떡국과 신선한 해산물이 잔뜩 들어간 이가 시릴 정도로 차가운 보쌈김치를 함께 맛보면 환상적일 것이다. 추워서 발을 동동 구르는 한이 있어도 꼭 먹어보고 싶다.

13 | 함경도의 겨울 별미, 명태순대

손질법과 저장방법에 따라 달라지는 이름

2018년 4월 1일과 3일 진행된 공연 〈2018 남북평화협력기원 봄이 온다〉는 남북정상회담 사전 행사 겸 평창동계올림픽 및 패럴림픽 성공 개최를 기원하는 북한 삼지연관현악단의 방남 공연에 대한 답방 행사였다. 국내 최고 가수들이 북한 주민들 앞에서 공연한 뜻깊은 순간이었다. 조용필, 이선희, 최진희 등 그야말로 기라성 같은 가수들이 수준 높은 공연을 선보였는데, 개인적으로 가장 감동적이었던 건 가수 강산에 씨가 〈명태〉를 불렀을 때였다.

내장은 창난젓 알은 명란젓
아가미로 만든 아가미젓
눈알은 구워서 술안주 하고
괴기는 국을 끓여 먹고
어느 하나 버릴 것 없는 명태

다소 직설적인 가사에 북한 주민들은 웃었으나, 함경도가 고향인 아버지를 생각해서 만든 노래라고 소개한 후 강산에 씨도 북한 주민들도 함께 눈물을 훔쳤다. 그 모습을 TV로 접한 남한 사람들도 그 감동을 공유했다. 그러니까 명태가 남쪽과 북쪽 사람들의 마음을 하나로 엮어준 셈이다.

1970~1980년대만 해도 흔하디흔했던 명태는 이제 동해에서 거의 볼 수 없는 생선이 되었다. 명태의 육성을 위해 남한의 한 국책수산연구소에서 살아 있는 명태를 잡아오면 한 마리에 50만 원씩 주겠다고 포상금을 내걸었으니 이제는 '명태'가 아니라 '금태'라 해도 과언이 아니다.

명태는 여러 가지 방법으로 손질하고 저장했는데, 그에 따라 이름도 다르게 불렀다. 일반적으로 널리 불린 이름은 '명태', '명태어', '태어'지만, 겨울에 잡아서 얼린 것은 '동태'라고 부르고 소금에 절인 것은 '간명태', '염태'라고 했다. 내장을 제거한 다음 지붕 위나 울바자[28] 같은 데 널어 얼렸다 녹였다 반복하면서 바싹 말린 명태를 '마른 명태', '건명태', '건태'라고 했으며, 또 그렇게 말린 것을 북쪽 지방에서 나는 물고기라 하여 '북어'라고도 불렀다.

애국심이 제일 강한 물고기, 명태

명태는 우리나라 동해와 오호츠크해, 베링해 등 온대수역에 널리 퍼져 있는, 찬물을 좋아하는 물고기다. 19세기 중엽에 간행된 한 잡지는 명태의 어원과 관련하여 "명천 사람 태 씨가 처음으로 잡은 물고기라 하여 그렇게 이름이 붙은 것"이라고 설명했다. 조선시대 후기부터 명태라는 말이 통용되었으며, 다른 나라에서도 명태라고 부른다고 한다. 이외에도 북한에서는 '짝태'라는 용어를 쓰기도 하는데, 이는 '짜갠 명태'라는 뜻이다.

1958년 3월 청진수산사업소를 현지지도하던 김일성 주석이 어로공(어부)들이 잘못 쓰고 있던 이름을 바로잡아 '짝태'라고 부르도록 했다고 한다. 김일성 주석은 "명태는 아주 좋은 물고기입니다. 명태는 다른 물고기보다 지방질이 적고 단백질이 많기 때문에 사람의 건강에도 좋으며 맛도 좋습니다. 유효성분이 많고 자원이 매우 풍부하며 뼐까지 말끔히 다 먹을 수 있는 우리나라의 정착 어족인 명태는 보배입니다. 애국심이 제일 강한 우리나라의 물고기여서 '애국태'입니다"라고 명태를 높게 평가했다.

명태는 맛이 좋고 사람 몸에 좋은 성분이 많아서 예로부터 우리 조상들은 여러 가지 요리를 해 먹었다. 명태를 많이 먹으면 키가 크고 뼈가 굵어지며 상처가 빨리 아무는 효과가 있다고 한다. 또 살과 알뿐 아니라 애, 고지, 창자, 뼈, 껍질에 이르기까지 버릴 것이 하나도 없으며, 비린내도 나지 않아 제사상에 올리던 생선이기도 했다. 명란(명란젓), 창난(창난젓)은 주변 나라들에서도 오래전부터 인기가 많았다.

특히 동해 연안의 함경도 지방이 산지로, 이곳에서 많이 잡아 여러 음식으로 활용했다. 흰 명태 살로 회를 쳐서 감자농마국수에 꾸미로 올린 명태회국수와 명태순대 등이 유명했다.

명태순대는 북한에서 입춘에 먹는 음식으로 '동태순대'라고도 불렀다. 명태의 살과 내장, 돼지고기, 두부, 김치우거지, 파, 마늘, 고춧가루를 섞어 볶아 순대소를 만들어 명태 배 속에 넣고 찐 음식이다. 명태 대가리에 고지, 애 등을 쌀과 함께 버무려 넣고 찌기도 했다. 명태순대는 그대로 먹기도 하고 꾸덕꾸덕하게 말렸다가 필요할 때마다 불에 구워 먹기도 했다. 함경도 지방에서 말린 명태순대는 한 해의 큰 양식으로 쳤으며 별식으로도 꼽혔다.

명태순대

반가운 손님에게 내놓던 음식

명태순대는 동해안을 끼고 있는 함경도나 강원도 지역에서 만들어 먹던 것으로, 평안도 사람들은 잘 모르는 음식이다. 명태는 동해에서 많이 나는 생선이기 때문에 서해안 지역보다는 동해안 지역에서, 특히 겨울철에 많이 만들어 먹었다. 함경도 지방 사람들은 명태순대를 밥 대용으로 먹기도 하고, 술안주로 손님에게 대접하기도 했다. 북한에서도 1980년대 이전까지는 명태가 흔했기 때문에 명태순대를 많이 먹었다.

함경도 지방에는 추운 겨울날 바깥에 명태순대를 얼려두었다가 손님이 오면 특별한 별미음식으로 쪄서 대접하는 풍습이 있었다. 강원도 속초에는 북한이 고향인 사람들이 모여 만든 마을이 있어 아바이순대, 가자미식해 등 북한 음식들을 많이 맛볼 수 있다. 그러나 이제 명태가 구하기 어려운 생선이 되면서 수지 타산을 맞추기가 힘들기 때문에 그곳에서도 명태순대는 쉽게 볼 수 없는 음식이 되고 말았다.

2016년 10월경 '세계 최초로 명태 완전 양식 성공'이라는 보도가 나온 적이 있었다. 다시 명태를 쉽게 먹을 수 있으리라 기대했지만, 결과는 실패였다. 정부가 씨 마른 명태를 되살리기 위해 종자 30만 마리를 방류했는데 귀환한 것이 단 세 마리뿐이었다는 것이다. 역시 명태를 흔하게 맛보기란 아직은 먼 일인 듯하다.

명태가 귀해진 데는 우리의 동해가 지구온난화로 수온이 높아져서 차가운 온도에서 잘 사는 명태의 서식 환경에 맞지 않게 된 까닭도 있다. 앞으로 남북 간 수산 분야의 교류 활성화로 남한보다 차가운 북한의 바다에서 명태 양식이 제대로 성공하기를 바란다. 함경도의 별미 명태순대를 이곳에서도 쉽게 만날 수 있기를 기대하면서 말이다.

14│함경도의 자랑, 새콤한 가재미식혜

함경도 지방의 가재미식혜가 별미

윤기 나는 쌀밥에 젓갈 한 점 살짝 올려서 먹으면 짭조름한 것이 얼마나 맛있는지. 입맛이 없을 땐 젓갈 하나만 있으면 밥 한 그릇을 뚝딱 해치울 수 있다. 젓갈은 재료에 따라 종류가 너무 많아 현재도 100여 가지가 넘는다.

북한에도 젓갈이 많지만 그중 가장 유명한 것은 함경도의 '가재미식혜'일 것이다. 우리는 '가자미식해'라고 하지만 북한에서는 '가재미식혜'라고 부른다. 북한에서는 가자미를 가재미라 부르기 때문이다.

젓갈류인 식해는 우리 고유의 음료인 식혜와 '밥'이 재료로 들어가고 숙성시켜 만든다는 점에서는 비슷하지만, 사실상 전혀 다른 음식이다. 엿기름을 발효시켜 음료로 먹는 식혜와 달리 젓갈류인 식해는 생선에 여러 가지 양념과 곡물을 넣어 발효시킨 음식이다. 무에 초절임한 생선, 쌀밥을 섞고 고춧가루, 소금, 파, 마늘 등으로 양념하여 발효시켜 만든다.

식해를 만들 때는 생선살뿐 아니라 대가리와 내장도 쓴다. 식해를 만드는 데 쓰는 생선으로는 명태나 가자미, 도루묵과 같이 기름기가 적은 물고기들이 좋은데, 다 자기소화 단계 이전의 것을 써야 한다. 대표적인 것으로는 명태식해, 가자미식해, 명태밸식해, 명태대가리식해 등이 있다. 식해는 주로 해안 지방에서 담갔는데 지방마다 많이 잡히는 어류에 따라 즐기는 식해가 다르다. 그중 함경도의 가자미식해, 도루묵식해, 황해도의 연안식해, 강원도의 북어식해, 경상도의 마른고기식해 등이 유명하다.

새콤하고 쫀득한 독특한 맛

식해에 대한 기록은 조선시대 중기에 나오기 시작했지만, 역사는 그보다 훨씬 오래되었다. 전문가들은 식해가 이미 고구려시대부터 이 땅에 뿌리를 내린 것으로 추정하고 있다. 유목문화에서 농경문화로 접어들면서 우리 조상들은 부족한 단백질의 섭취를 위해 생선을 저장, 발효시켜 먹었고 자연스럽게 식해가 전통음식으로 자리 잡았을 거라는 것이다.

《주방문》이라는 조선시대 책에는 식해를 만드는 방법에 대해 이렇게 쓰여 있다. "물고기의 비늘을 긁고 밸을 딴 다음 깨끗이 씻어 얼간한다. 물고기에 간이 들면 칼도마 위에 짚을 깔고 물고기를 편 다음 짚을 덮고 칼도마로 지질러(눌러)놓는다. 흰쌀로 밥을 되게 지어 소금을 맞춤하게 섞은 다음 물고기와 같이 항아리에 넣고 참대 껍질을

가재미식혜

덮는다. 누름돌을 올려놓고 끓여서 식힌 물을 부은 다음 서늘한 곳
에 두고 익힌다. 스무하루가 지나면 먹을 수 있는데 더 빨리 먹으려
면 밀가루 풀을 쑤어 넣는 것이 좋다."

　북한의 잡지 등에 따르면, 가재미식혜는 손질한 가자미를 초절임
하여 하루쯤 두었다가 토막 낸 다음 여기에 조밥, 마늘, 고춧가루, 생
강즙, 당분, 엿길금가루를 넣고 버무려 단지에 보관했다가 2~3일 지
나서 무를 썰어 넣어 만들었다. 3~4일 정도 삭히는데 점차 익으면서
물이 생기고 새콤한 맛이 난다. 특히 생선이 익어서 나는 독특한 맛
이 별미다. 가재미식혜는 얼근하면서도 달짝지근하고 끝맛이 산뜻해
밥반찬으로 많이 이용했다. 이는 바다와 떨어진 산간지대에서 생선
을 오래 저장하기 위해 소금으로 절여온 것에서 유래했다.

다른 지방과 달리 함경도에서는 식해를 만들 때 주로 조밥을 쓰는 것이 특징인데, 이는 흰쌀밥으로 만들면 밥알이 풀어져 맛과 볼품이 없기 때문이다. 가자미에 조밥을 섞어 만든 식해는 새콤하고 쫀득쫀득하여 독특한 맛을 낸다. 현재는 북한에 조가 없어 옥수수를 사용하고 있다고 한다. 가자미식해는 특히 북청 지방의 것이 유명했다.

식혜를 많이 만들어 인민들에게 공급하라

김정일 국방위원장은 "식혜는 조선 사람의 식생활에 없어서는 안 될 김치의 한 종류로 보아야 합니다"라고 말한 바 있다. 김일성 주석 또한 "가재미식혜가 함경남도 특산"이라며 "각종 식혜를 많이 만들어 인민들에게 공급"하는 것에 대하여 교시한 적이 있다.

2015년 나진에 갔을 때 가재미식혜를 먹어봤다. 식해가 젓갈이라고는 하지만 남한의 젓갈에 비해 짜지 않았다. 약간 톡 쏘는 맛의 홍어회 같은 느낌이랄까. 조가 들어가서 그런지 끝맛은 고소한 느낌도 났다. 청량감도 느껴지는 게 뭔가 신선한 자극을 주는 기분 좋은 맛이었다. 가끔 입맛도 없고 무기력해질 때면 나진에서 먹었던 가재미식혜가 떠오른다. 당시의 나진은 평양만큼이나 호화로운 도시였다. 거리에 택시도 많았고, '연유판매소'라고 이름 붙은 주유소도 있었다. 건물에 수놓은 이른바 '불장식'(네온사인)도 화려했다. 나진 거리가 생각날 때면 가재미식혜 또한 덩달아 그리워진다.

묘향산의 별미, 칠색송어튀김

2005년 평양에 방문했을 때 명산으로 이름 높은 묘향산을 가보았다. 그 모양새가 절묘(絶妙)하게 아름답고 신비로운 향기(香氣)가 풍겨온다고 하여 묘향이라는 이름이 붙었다. 백두산, 칠보산, 금강산, 지리산, 한라산과 더불어 우리 민족 6대 명산의 하나로 꼽히기도 한다.

묘향산에는 그 빼어난 경치도 경치지만, 김일성 주석과 김정일 국방위원장이 세계 각국으로부터 받은 선물을 전시해놓은 국제친선전람관이 있어 볼거리를 더한다.

1978년 8월 26일에 세워진 전람관은 170여 개국에서 보내온 22만여 점의 선물을 나라별, 대륙별로 구분해 200여 개 방에서 전시하고 있다. 이 선물들을 한 점당 1분씩 본다면, 전부 다 보는 데 1년 반이라는 시간이 걸린다고 한다. 때문에 안내원은 "선물을 살펴보다 보면 각 나라별 특징이나 풍속 등을 알 수 있어 이곳은 여권이나 비자 없이 세계일주를 할 수 있는 곳"이라며 "조선에 왔다가 국제친선전람관을 보고 가지 않으면 절름발이 관광"이라고 설명하기도 했다.

국제친선전람관은 김일성 주석이 "나 개인이 받은 선물이 아니라 우리 인민들을 보고 준 것"이라며 선물을 공유하기 위해 전시를 하게 되었다고 한다. 북한에서는 이곳을 '영광의 선물관', '세계의 보물고'라고도 부른다.

묘향산의 매력은 이뿐만이 아니다. 경치나 국제친선전람관에서의 볼거리들도 뛰어나지만, 향산호텔 식당의 칠색송어튀김도 자랑거리다. 묘향산 계곡에는 일급수에서만 서식한다는 칠색송어가 산다. 또 묘향산에는 600여 종의 고등식물과 곰, 산양, 사향노루 등 30여 종의 희귀 야생동물, 원앙새, 꾀꼬리, 후투티 등 30여 종의 조류가 서식하고 있다. 계곡에는 칠색송어를 비롯해 산천어, 은어, 열목어 등이 살고 있다.

김일성 주석은 생전에 "묘향산에 광산을 차려놓으면 희귀하고 아름다운 새들이 발파 소리에 놀라 달아나고 선광 장물(광산 폐수)이 청천강에 흘러들어 물고기들이 죽는다"며 "우리는 금 몇 톤을 아름다운 묘향산의 경치와 바꿀 수 없다"고 금광 개발을 막았다고 한다. 김 주석은 한국전쟁 직전인 1949년 10월 금광을 폐광시킬 것을 지시했다. 이런 이유에서인지 2005년 방북 당시 북한의 물과 공기는 어딜 가나 맑고 깨끗한 편이었지만, 그중에서도 묘향산의 물과 공기는 깜짝 놀랄 정도로 맑고 깨끗해서 인상적이었다.

또 다른 이름 무지개송어

청정지역 묘향산에서 나는 산나물을 넣고 끓인 토장국과 곁들여 먹은 칠색송어튀김은 밥도둑이 따로 없을 정도였다. 칠색송어는 가시가 적고 맛이 좋아 요리로 만들어 먹기 좋은 민물고기로, 지방이 전혀 없다고 느껴질 만큼 담백하며 고소했다. 칠색송어튀김은 아무리 먹어도 질리지 않고 속이 편안해 빽빽한 여행 일정으로 피곤한 우리 일행에게 최고의 만찬이 되어주었다.

칠색송어는 무지개처럼 아름다운 띠를 갖고 있다고 해서 '무지개송어'라고도 불린다. 백과사전에는 "두만강과 북한 내륙 담수호에서 잡힌다는 칠색송어는 청어과의 민물고기로 몸은 30cm 정도이고 옆으로 납작하다. 옆으로 무지개 같은 오색 무늬 띠가 있고 몸에는 작은 점들이 있다. 찬물을 좋아하며 기름이 많고 맛이 좋은데, 우리나라 중부 이북 산간지대의 찬물 못에서 기른다"고 소개되어 있다.

김일성 주석은 칠색송어를 많이 기르기 위한 대책을 세워야 한다는 교시를 내린 바 있다. 또한 1997년 6월 김정일 국방위원장은 '양어사업을 대대적으로 실시할 것'을 지시해 황해북도 신계군이나 함경남도 신흥군에는 칠색송어 전용 양어장이 만들어지기도 했다.

김일성 주석과 김정일 국방위원장도 건강식으로 즐겨 먹었다는 칠색송어는 북한에서도 고급 어종으로 잔치, 만찬 등에 내놓는다. 그동안 남북정상회담, 장관급 회담 등 남한의 귀한 손님들이 방북했을 때 만찬에 빠지지 않고 나온 음식이기도 하다.

칠색송어 은지구이

칠색송어조림

　여담이지만 칠색송어가 북한 당국이 정책적으로 육성하는 어종이다 보니 이것을 소재로 한 문학작품도 나오곤 하는데, 진재환 작가의 〈고기 떼는 강으로 나간다〉라는 소설이 그 예라 할 수 있다. 이 작품은 칠색송어의 양식 방법을 놓고 충돌하는 두 양어기사의 갈등과 우정을 그렸다.

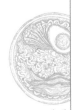

16 | 개성 봉동관의 털게찜

춤판 파문으로 유명한 봉동관

개성공단 하면 봉동관이 먼저 떠오른다. 2006년 11월 말 개성공단 나무 심기 행사에 참가했을 때의 일이다. 행사 바로 직전에 이제는 고인이 된 김근태 열린우리당 의장이 봉동관에서 춤판을 벌여서 난리가 났었다.

2006년 10월 9일, 북한은 첫 핵실험을 했고 남한 내에서는 당장 개성공단을 폐쇄해야 한다는 여론이 들끓었다. 당 내외의 거센 반발에도 불구하고 "개성공단 사업은 계속돼야 한다"며 김근태 열린우리당 대표는 10월 20일 개성공단관리위원회 창립 2주년 축하 행사 참석차 개성으로 떠났다. 당시 김 의장과 원혜영 사무총장 등 당 지도부 일곱 명은 개성공단 입주업체 방문 등의 공식 일정을 마치고 공단 내 북한 식당인 봉동관에서 술을 곁들인 점심식사를 했다. 이 자리에서 여종업원들이 춤과 노래를 선보이며 김 의장과 원 사무총장, 이미경 의원을 무대로 이끌자 이들은 종업원을 따라 무대에서 춤을 췄다고 한다.

언론들은 춤판, 추태, 사고 등의 표현을 써가며 김 의장의 행동이 얼마나 부도덕했는지 조명하느라 사력을 다했다. 하지만 김동근 개성공단관리위원장의 말은 달랐다. 김근태 의장은 일일이 생산현장을 방문하여 핵실험 이후 거듭되는 개성공단 사업 중단 논란으로 힘들어 하는 그곳 종사자들을 격려했고, 또 행사에서 '북의 2차 핵실험 반대' 의견을 전함으로써 오히려 북한으로부터 예정에 없던 발언이라고 항의까지 받았다는 거였다. 이 같은 해명에도 불구하고 논란은 계속 확산되었다.

좁고 허름한 봉동관

봉동관은 컨테이너박스를 연결해 만든 임시 식당으로, 개성공단의 2단계 개발 예정지에 위치해 개발[29]이 완료되면 없어질 예정이었다. 그래서 그런지 크리스마스트리에나 쓰일 법한 전구가 몇 개 붙어 있을 뿐 제대로 된 조명 하나 없었고, 무대라는 것도 살짝 단을 높여놓은 비좁은 곳으로 생각보다도 훨씬 허름했다. 개성공단 내의 최고의 식당이라지만 봉동관은 한꺼번에 먹을 수 있는 최대 인원이 백 명 정도이기에 수백 명이 참가하는 행사가 진행되면 몇 차례건 나눠 먹어야 했다.

해외의 북한 식당을 한 번이라도 가본 적이 있다면 알겠지만, 북한 봉사원들은 식사 준비를 해주고 나서 10여 분간 노래나 악기 연주 등 공연을 보여준다. 이때 봉사원들은 손님들을 무대로 이끌기도 하는데, 대부분 봉사원들의 노래에 맞춰 옆에서 박수를 치는 정도로 호응해준다. 그런데 이를 춤판이라고 와전한 것이다. 나뿐만 아니라 함께 간 일행 대부분이 놀랐다. 너무 작고 허술해 도저히 춤판이 벌어지려야 벌어질 수가 없는 곳이었다. 김 의장이 식사를 했을 때도 백 명 가까운 인원이 참석해 우리와 비슷할 정도로 비좁게 앉아 불편하게 식사를 했을 것이다. 언론에서 호들갑을 떨며 외쳐대던 '접대'라는 단어가 무색할 지경이었다. 옴짝달싹 못할 정도로 비좁은 봉동관에서 그나마 수확이라면, 그 유명한 털게찜을 맛본 것이었다.

친정 오라비가 와도 반갑지 않은 맛

털게는 껍질이 두꺼운 편이나 모양은 갸름한 원형이고 진한 적갈색을 띠고 있다. 몸 전체에 털 같은 돌기가 촘촘히 나 있으며 맛이 고소한 것이 특징이다. 털게는 한해성 어종으로 남한에서도 고성이나 속초 등 동해 북부 해안에서 11월부터 3월까지 겨울에만 명태잡이 그물에 걸려 나온다. 북한을 비롯해 일본, 캄차카반도, 베링해, 알래스카주 등지에 분포한다. 그렇다 보니 우리에겐 조금 생소한 털게가 북한에서는 찜 같은 요리로 잔칫상에 오르곤 한다.

《조선의 수산》이란 책을 보면, 1910년 겨울 이미 함경남도 북청군 신포에 처음으로 털게 통조림공장이 설립되었고, 1928년 1년간 수

털게찜

출 수산물의 6할이 털게와 대게 통조림이라 할 만큼 흔하게 먹는 어종이었다. 이렇게 흔하던 털게는 1960년대 이후 대규모 남획으로 남한에서는 희귀종이 되었고, 북한에서도 잔치 등에서만 맛볼 수 있는 고급 식재료가 되었다. 예로부터 "털게가 밥상에 오르는 날에는 친정 오라비가 와도 반갑지 않다"는 말이 있을 정도로 그 맛이 뛰어나다. 직접 맛본 사람으로서 얘기하자면 크기는 작아도 다리마다 살이 알차게 찬 것이 푸짐하고 쫀득하고 탱탱하며 단맛도 났다. 서해안 꽃게, 동해안 대게 등 게의 종류는 많지만 일단 털게의 맛을 보면 대부분 '털게 맛이 최고'라고 추켜세운다. 털게찜은 원래 동해안에서 맛봐야 하지만 당시 남한 손님들의 수요가 많다 보니 개성 지역으로 공수해와 털게찜 요리를 선보인 것 같았다.

문학작품 속 털게 예찬

털게는 문학작품 속에서도 뛰어난 맛을 자랑한다. 1980년대 후반 월북 작가들의 해금 조치가 단행되면서 남한의 독자들에게 소개되어 사랑받고 있는 평안북도 정주 출신의 시인 백석은 유난히 우리 서민들이 즐겨 먹는 토속음식들을 작품에 쓰곤 했다. 제국주의적인 일본의 문화 침탈을 의식하고 더욱 적극적으로 민족적 분위기가 강렬히 풍기는 토속음식에 집착했기 때문일 것이다. 그의 작품에서 표현된 음식이나 식재료는 150여 종류나 된다고 한다. 백석은 산문 〈동해(東海)〉에서 다음과 같이 털게를 예찬했다.

동해여- 오늘밤은 이렇게 무더워 나는 맥고모자를 쓰고 삐루를 마시고 거리를 거닙네. 맥고모자를 쓰고 삐루를 마시고 거리 거닐면 어데서 닉닉한 비릿한 짠물 내음새 풍겨오는데 동해여 아마 이것은 그대의 바윗등에 모래장변에 날미역이 한불 널린 탓인가본데 미역 널린 곳엔 방게가 어성기는가 또요가 씨양씨양 우는가 안마을 처녀가 누구를 기다리고 섰는가 또 나와 같이 이 밤이 무더워서 소주에 취한 사람이 기우듬히 누웠는가. (…)

이렇게 맥고모자를 쓰고 삐루를 마시고 친구를 생각하기는 그대의 언제나 자랑하는 털게에 청포채를 무친 맛나는 안주 탓인데 나는 정말이지 그대도 잘 아는 함경도 함흥 만세교 다리 밑에 님이 오는 털게 맛에 헤가우손이를 치고 사는 사람입네. 하기야 또

내가 친하기로야 가재미가 빠질겜네. 회국수에 들어 일미이고 식해에 들어 절미지. 하기야 또 버들개 통구이가 좀 좋은가. 횟대 생성 된장지짐이는 어떻고. 명태골국, 해삼탕, 도미회, 은어젓이 다그대 자랑감이지.

－〈동해〉(《정본 백석 소설 수필》, 백석 지음, 고형진 엮음, 문학동네, 2019) 중에서

혹시 '천하명산 금강산도 식후경'이란 말도 털게 때문에 생긴 것은 아닐까 싶을 정도로 털게 맛은 뛰어났다. 한데 백석 시인의 글을 보니 개성공단에서 먹은 털게도 맛있었지만 함경도 함흥 만세교 밑에서 먹는 털게 맛은 또 어떨지 궁금하다.

개성공단이 위치한 진봉산 자락은 공단이 개발되기 이전에는 군부대들이 있던 지역이었다. 개성공단이 개발되면서 부대 병력이 모두 공단 뒤쪽으로 철수했다. 그 존재 자체만으로도 평화를 상징하던 개성공단이 닫힌 지(2016년 2월 10일)도 벌써 3년이 넘게 흘렀다. 문득 봉동관의 털게찜 맛이 새삼 떠오른다.

17 | 오뉴월 발잔등에 떨어져도 약이 되는 단고기

김일성 주석의 교시로 단고기란 명칭 사용

이제는 보신탕집이 거의 사라져서 볼 수 없지만, 예전에는 보신탕집이 흔했다. 이전에는 개고기를 먹는 것이 별스러운 일이 아니었지만 88올림픽을 계기로 개고기를 먹는 문화가 국제적 이슈가 되었고, 현재까지 개고기 식용은 여전히 논란이 되고 있는 실정이다. 지난 2018년 여름 청와대 국민청원 게시판에도 개고기 식용반대법 제정과 관련한 의견이 제출되었고, 40만 명이 이에 공감하면서 청와대의 공식 답변을 들을 수 있었다. 당시 청와대는 "문화가 많이 바뀌긴 했지만, 개고기 식용을 금지하는 법안의 제정은 시기상조"라고 답변했다.

남한에서는 축산법의 시행규칙에 개가 가축으로 규정되어 있으나 축산물가공처리법상 가축으로 취급되지 않아, 개고기 식용금지법이 통과되지 않았다 해도 사실상 개를 가공해서 먹는 것은 합법의 영역에서 벗어난다. 그러다 보니 보신탕집은 다른 고깃집과는 달리 오히려 더 음지로 숨어들었다. 요리법도 탕과 수육 정도여서 개고기는 나이 든 아저씨들이나 먹는 음식으로 여겨지곤 한다. 여성이나 젊은 사람들이 개고기를 먹는다고 하면 이상한 눈초리로 쳐다보기도 하고 말이다.

그러나 북한은 우리와 사정이 다르다. 북한에서는 개고기를 '단고기'라고 부르며 국가가 정책적으로 요리의 발전을 위해 독려하고 있다. 개고기를 단고기라고 부르게 된 이유가 있을까. 이와 관련해서는 북한이탈주민 림일 씨가 쓴 책《평양으로 다시 갈까?》를 보면 알 수 있다.

림일 씨에 따르면, 북한에서도 이전에는 개고기라고 불렀으나 1970년대 초 김일성 주석이 "개는 인간에게 매우 유익한 동물인데, 개고기를 먹는다는 것은 어딘지 모르게 혐오스럽습니다. 그렇다고 전통을 버릴 수도 없고 개고기를 다른 멋진 이름 '단고기'라고 불렀으면 좋겠습니다"라고 교시했다는 것이다. 그 이후 북한에서는 개고기를 단고기라 부르게 되었다고 한다.

2015년 3월 5일자《로동신문》도 김일성 주석이 "단고깃국은 고깃국 중에서도 제일 달고 맛이 있어 우리 인민들이 예로부터 좋아했다. 그래서 단고기로 이름을 지었다"고 말했다는 사실을 보도했다.

육류 섭취를 위한 대안으로 단고기 섭취

북한에서는 특히 단고기를 국가규격으로 정하고 정책적으로 육성하고 있다. 북한 당국은 각 산업 분야에서 규격화와 표준화를 표방하면서 '국제규격화'[30]를 추진하고 있는데 단고기장(보신탕)을 비롯해 신선로, 평양냉면과 같은 민족음식과 콩 가공품, 청량음료, 기초식품 등 각종 식료품들을 국가규격으로 제정했다.

북한 당국은 단체 급식 담당자들을 대상으로 '단고기국밥' 요리 강좌를 열고 있으며, 조선료리협회 주최로 전국단고기료리경연대회를 열고 있다. 식당 요리사들도 단고기 요리의 전통적인 조리법을 잘 알아야 하는 만큼 각 지방별 단고기 국물 제조법을 연구하고 기술 학습과 음식품평회를 열기도 한다. 북한이 국가적 차원에서 단고기 요리의 개발과 확산에 적극적임을 알 수 있는 대목이다.

북한이 이처럼 개고기 관련 산업을 적극적으로 육성한 이유는 육류를 섭취할 기회가 많지 않기 때문일 것이다. 최근 시장이 발달하면서 돈을 많이 버는 사람도 늘고 고기 섭취 기회가 많아졌다고는 하지만, 농사일에 도움을 주는 소의 경우 도축을 금지해 거의 먹을 수 없다. 그러다 보니 돼지고기나 토끼고기, 염소고기뿐만 아니라 집에서 쉽게 기르는 개도 단백질 섭취를 위해 식용으로 먹었을 것으로 보인다.

단고기 갈비찜

함경도의 단고깃국 유달리 달아

북한에서도 단고깃국은 특히 삼복에 즐겨 먹는다. 북한에는 "오뉴월에 단고기 국물은 발잔등에만 떨어져도 약이 된다"는 속담이 있을 정도이니 몸보신용으로 단고기를 꽤나 신뢰하고 있음을 알 수 있다. 단고깃국은 어느 지방에서나 다 먹었지만 장소에 따라 만드는 방법에 조금씩 차이가 있었다.

평안도 사람들은 단고기를 삶을 때 된장을 넣었는가 하면, 함경도 사람들은 소금을 약간 넣고 끓인 다음 양념간장으로 간을 맞췄다. 전라도나 경상도 지방에서는 국에 여러 가지 채소와 산나물, 밀가루를 넣어 국물을 걸쭉하게 만들었다. 그중에서도 함경도의 단고깃국은 단고기를 삶아 그 물을 버린 다음 다시 끓여, 국물이 맑고 잡냄새가 없으며 맛이 유달리 달다고 한다.

북한에서는 단고기가 그저 수육이나 탕으로만 소개되는 것이 아니라, 부위별 코스 요리도 개발되었다. 북한의 '평양단고기집'을 방문할 기회가 있었는데, 그때도 등뼈찜, 내포(내장)볶음, 뒷다리 토막찜, 탕, 척골(척수)찜과 단고기 갈비찜, 단고기 세겹살(삼겹살)볶음 등 부위별로 다양한 요리가 소개되었고 마지막에 단고기장밥(보신탕)이 나왔다.

남쪽에는 없는 처음 보는 요리들이 마치 서양 조리법을 접목한 퓨전 음식 같았다. 이 역시 전통요리 비법을 계승, 발전시킨 북한 나름의 음식문화로 총 70여 가지나 되는 단고기 요리가 개발돼 있다고 하니 놀라울 따름이다. 식당에는 최대 스물여덟 가지 요리 코스가 있었지만, 방북했을 당시 만난 것은 아홉 가지 간편화된 코스 요리였다. 코스 요리를 선택하면 고급스럽고 다양한 요리를 맛볼 수 있다 보니 북한의 여성들도 혐오감 없이 잘 먹고, 외국인 관광객들을 위한 관광상품으로도 높은 인기를 끌고 있다고 한다.

세상에 소리칠 만한 단고기집

김일성 주석이 지난 1960년 4월 평양시내 식료수매 상점을 둘러보다 단고기 매대 앞에 멈춰 서서 "팔다 남은 단고기로 단고깃국을 만들어주라"고 말한 것을 계기로 평양단고기집의 전신인 신흥단고기집이 문을 열게 되었다. 이후 김정일 국방위원장도 단고기 요리에 관심이 많았는데 신흥단고기집이 평양시 락랑구역 통일거리로 이전할 때 직접 부지를 정하고 설계와 시공 과정에서 수차례 전폭적인 지원을 해줬다고 한다. 특히 이 식당은 김정일 국방위원장이 "세상에 소리칠 만하게 단고기집을 현대적으로 꾸려주고 소문을 내라"고 말한 뒤 더 유명세를 탔다.

평양단고기집은 중국에 점포를 잇따라 열며 해외 진출을 확대한 바 있다. 지난 2006년 7월 6일《조선신보》에 따르면 중국 랴오닝성 푸순시에 '평양신날래식당'이라는 이름으로 중국 내 1호점을 개설한 데 이어, 지난 2007년 5월에는 중국 선양시의 코리아타운으로 불리

는 시타가에 자신들의 이름으로
첫 해외 직영점을 열기도 했다.
평양단고기집의 중국 진출은 김
정일 국방위원장이 극심한 식량
난을 겪던 고난의 행군 시절에도
문을 닫지 않고 계속 영업을 할
수 있도록 식자재를 지원했을 만
큼 국가적 차원에서 관리하면서
전격적으로 이루어진 것이다. (그

평양단고기집

러나 현재는 대북제재로 해외 북한 식당
의 운영이 대부분 어려운 상황이다.)

　북한에는 단고기장을 판매하는 식당들이 많다. 평양의 경우 평양
단고기집, 문흥식당, 신원식당, 의암단고기장국집, 장진단고기장집,
탑제식당, 안산관, 시장식당 등이 유명세를 타고 있다. 2005년 8월 4일
자 《조선중앙통신》은 "문흥, 문수, 의암 등 대동강구역의 어느 식당
에서나 단고기 요리와 국의 참맛을 볼 수 있으며, 요리가 단고기국
밥과 등심요리, 발쪽찜(족발찜), 내장요리 등 삼십여 가지에 이른다"고
설명했다.

　그중에서도 특히 대동강구역에 위치한 '문흥식당'이 주목을 받고
있다. 평양단고기집이 외국인들에게 유명한 식당이라면 문흥식당은
북한 주민들이 즐겨 찾는 곳이라고 한다. 문흥식당은 복날 같은 경

우 하루 1,000여 명이 방문할 정도로 인기가 많다. 이 식당은 단고기장을 주요리로 팔되, 손님 입맛에 따라 각종 양념과 채소 등을 추가한 단고기 다리찜, 등심찜, 갈비찜과 볶음, 구이 등을 다양하게 내놓고 있다.

18 | 평양의 자랑, 대동강맥주

남한 맥주는 맛이 없다?

대동강맥주[31] 네 캔에 만 원? 다른 수입 맥주들처럼 편의점에서 대동강맥주를 살 수 있을까? 2018년 4·27 남북정상회담 직후 청와대 게시판에는 평양냉면과 함께 대동강맥주를 수입해달라는 청원이 등장했다.

지난 2012년 영국의 경제주간지 《이코노미스트》는 '화끈한 음식, 따분한 맥주'라는 서울발 기사에서 대표업체의 과점과 중소업체의 진입을 막는 규제 등으로 남한의 맥주가 북한의 대동강맥주보다 맛이 훨씬 떨어진다고 혹평했다. 그래서인지 남북정상회담으로 인한 북한에 대한 관심은 대동강맥주에 대한 호기심으로도 이어졌다.

그러나 평양냉면과 달리 대동강맥주는 한때 남한에서도 유통된 적이 있다. 실제 지난 2000년 남북정상회담 이후 대동강맥주가 수입됐고 일반인들도 대형마트나 일반 맥줏집 등에서 맛볼 수 있었다. 하지만 2010년 천안함 사건이 터지고 5·24 대북제재[32]가 실시되면서 대동강맥주에 대한 수입 판매가 완전히 중지됐다. 5·24 조치로 인해 쩡하고[33] 시원한 맛의 북한 대동강맥주는 남한에서 사라지게 된 것이다.

그러나 2018년 7월, 아태평화교류협회[34]가 국내 모기업과 제휴, 북한 민족화해협의회로부터 대동강맥주 사업권 정식 승인(동의서)을 받았다고 밝히면서 앞으로 남한의 편의점에서도 대동강맥주를 만날 가능성이 조금 높아졌다.

러시아의 발티카맥주 공장 방문 후 건립 지시

대동강맥주는 금강맥주, 룡성맥주, 봉학맥주와 함께 북한의 대표적인 맥주 브랜드로, 2002년 생산을 시작했다. 러시아 방문길에 나선 김정일 국방위원장이 상트페테르부르크에 있는 발티카맥주 공장을 돌아본 뒤 귀국하면서 대동강맥주 공장 설립을 지시한 것이다.

북한 잡지 《천리마》 2006년 8호에는 김정일 국방위원장이 대동강맥주 공장의 설립을 추진한 내용이 자세히 나와 있다. 김정일 국방위원장은 2000년 8월 1일 경공업 제품 전시장을 방문해 평양의 맥주공장 생산 실태 등을 듣고 현대적인 맥주공장 설립과 질 좋은 맥주의 생산을 지시했다. 이후 2001년 8월 러시아 방문 당시, 모스크바 일정을 끝낸 김 위원장은 열 시간 동안 야간열차를 타고 상트페테르부르크에 도착, 일정을 소화했다고 한다. 한데 두 시간 정도의 시간이 남자 김 위원장이 '빨찌까'(발티카)맥주 회사에 가보자고 했다는 것이다. 수행원들이 모두 휴식을 권했지만 쉬지 않았다. 그날 점심에 상트페테르부르크의 한 근로자가 발티카맥주 자랑을 한 게 시작이었

다. 이를 열심히 듣던 김 위원장은 100
리나 되는 길을 달려 맥주회사에 도착
해 생산 공정은 물론이고 견본품까지
관심을 갖고 지켜보았다. 이를 계기로
대동강맥주 공장이 설립된 것이다.

발티카맥주는 러시아에서 가장 인
기 있는 맥주로, 소련 말기였던 1990년
레닌그라드에 회사가 설립되었다. 이후
소련 붕괴 후인 1992년 민영 기업이
되었고, 2000년에는 프랑스와 합자 형
태로 대규모 양조장을 만들면서 현재

대동강맥주

발티카맥주의 명성이 알려지기 시작했다. 발티카맥주는 0번에서 9번
까지 열 가지 종류의 맥주가 생산된다. 대표적으로 무알코올인 발티
카 No.0, 부드럽고 순한 발티카 No.3, 알코올 도수가 7%로 높은 발
티카 No.6, 프리미엄 맥주를 지향하는 발티카 No.7, 밀맥주인 발티
카 No.8, 알코올 도수 8%로 아주 강한 발티카 No.9 등 알코올 도수
나 재료, 가공방법에 따라 번호가 붙는다.

대동강맥주 1~7번까지 맛 달라

발티카맥주 공장을 견학한 후 대동강맥주 공장을 만든 것이기 때문에 대동강맥주도 발티카 맥주와 비슷한 점이 많다. 남한의 맥주는 브랜드별로 한 종류의 맥주가 만들어져 선택의 여지가 없지만, 북한의 대동강맥주는 주원료인 보리와 흰쌀의 비율, 알코올 도수에 따라 1번에서 7번까지 일곱 종류로 제조된다.

1번은 100% 보리맥아, 5번은 흰쌀 100% 등 1번에서 5번까지는 보리와 흰쌀 비율을 단계별로 달리한 일반 맥주로, 보리맥아가 많을수록 진한 맛이 나고 쓴맛이 강하다. 흰쌀의 함량이 높을수록 상대적으로 깨끗한 맛이 나며 색이 연하고 부드러워진다. 반면에 6번과 7번은 커피 향과 초콜릿 향을 첨가한 흑맥주이다.

북한의 대동강맥주는 대동강의 가장 상류에서 끌어들인 맑은 물을 이용하며, 호프는 량강도에서, 보리는 북한 각지에서 생산된 질 높은 것들로 만드는 100% '북한산 맥주'라고 한다. 김정일 국방위원장이 공장을 세울 때부터 관심을 갖고 국가적 차원에서 다양한 지원을 해준 만큼 대동강맥주 공장은 북한을 대표하는 맥주를 생산하고 있을뿐더러 신제품 개발에도 적극적이다.

2007년 3월 24일자 《로동신문》은 "대동강맥주 공장에서 10도짜리 건(乾)맥주의 생산이 시작됐다"고 보도했다. 건맥주는 라이트 맥주로, 12도 맥주에 비해 색이 연하고 쓴맛이 적으며 산뜻하고 상쾌한 맛을 가지고 있다. 또한 2017년에는 밀맥주와 500ml 캔맥주도 처음으로 생산했다. 밀맥주는 보리맥아 대신 밀맥아를 사용한 맥주로, 오랜 맥주 역사를 가지고 있는 독일이나 벨기에 등지에서도 인

• (북한에서 홍보하는) 대동강맥주의 번호별 특징 •

1번 원엑스 10%, 알코올 4.5%, 100% 보리길금. 길금(맥아) 향이 짙고 쓴맛이 적당하여 진한 맛을 좋아하는 소비자들의 기호에 맞는 맥주.

2번 원엑스 11%, 알코올 5.5%, 70% 보리길금, 30% 흰쌀. 맛이 연하고 깨끗하며 거품성이 좋은 기본 품종의 맥주로서 소비자의 평이 좋다.

3번 원엑스 11%, 알코올 5.5%, 50% 보리길금, 50% 흰쌀. 흰쌀의 깨끗하고 상쾌한 맛과 맥아의 부드러운 맛, 쓴맛이 조화롭게 겸비되어 유럽과 아시아의 맥주 품격을 다 갖춘 맥주.

4번 원엑스 10%, 알코올 4.5%, 30% 보리길금, 70% 흰쌀. 맥주 고유의 맛을 가지면서도 흰쌀의 향미, 깨끗한 맛이 잘 어울리는 맥주. 주정과 쓴맛을 좋아하지 않는 소비자들의 기호에 맞는다.

5번 원엑스 10%, 알코올 4.5%. 100% 흰쌀. 색이 매우 연하고 거품이 좋으면서도 흰쌀 고유의 향미와 호프 맛이 조화롭게 어울린 특이한 맛의 맥주. 특별히 여성들의 기호에 맞는다.

6번 원엑스 15%, 알코올 6%. 커피 향을 첨가해 맛이 진하고 풍부하며 강한 향과 높은 주정, 쓴맛을 가진 전형적인 흑맥주.

7번 원엑스 10%, 알코올 4.5%. 초콜릿 향을 첨가한 흑맥주. 기본 맛이 연하고 상쾌하면서도 뚜렷한 초콜릿 향과 부드러운 쓴맛이 나며 주로 신세대 소비자들의 기호에 맞는다.

기가 많은 제품이다. 2017년 3월 14일자《조선신보》는 북한 대동강
맥주 공장에서 처음으로 '떼기식통맥주'(캔맥주)를 생산했다고 보도했
다. 이것은 주민들에게 인기가 높은 2번을 캔으로 포장한 것으로 알
코올 함량은 5.5%, 보리맥아 70%, 쌀 함량 30%인 제품이다.

시원하고 뜨거운 맥주

북한에서 대동강맥주 공장은 그 자체로 자부심의 상징이다. 힘든
시기 현대적인 공장을 건설하여 주민 생활의 향상을 위해 품질 좋은
제품을 생산하는 것 자체로도 자랑스러운 일인 것이다. 공장이 세워
진 2002년은 고난의 행군 시기 직후로, 당시 북한의 언론을 보면 맥주
공장을 세우는 것 자체가 참 어렵고 힘든 일이었다. 2002년 5월 30일
자《로동신문》에 실린 대동강맥주 공장의 한 근로자의 말도 이를 증명
한다. "보통 때 평범한 날에 일떠선(세워진) 공장이라면 이렇게 정이 가
겠습니까. 허리띠를 졸라매고 고난의 사선 천 리를 헤친 지 얼마 되지
않던 그때 경애하는 장군님(김정일)께서 우리 인민을 위해 그토록 귀중
한 자금을 들여 마련해주신 공장이어서 더 정이 가는 것입니다."

고난의 행군을 겪은 지 얼마 되지 않았을 때 나라 사정이 어려워
우선적으로 힘을 쏟아야 할 곳이 많았지만, 주민들에 대한 사랑 때문
에 대동강맥주 공장 건설에 적극적이었다는 것이다. 김정일 국방위원
장은 "오늘 우리나라에서 실시되고 있는 모든 인민적 시책들은 인민,

대동강맥주는 1번에서 부터 7번까지 맛이 다르다.

대중 중심의 우리식 사회주의제도의 우월성을 보여주는 것이며 인민에 대한 당과 수령의 숭고한 사랑으로부터 흘러나온 것이다"라고 말했다. 이런 이유로 2002년 11월 29일, 대동강맥주 공장 조업식에서 한성룡 조선로동당 중앙위원회 비서는 대동강맥주 공장을 두고 "당이 수도 시민들에게 안겨주는 커다란 선물"이라고 말하기도 했다.

2008년 3월 13일자《조선신보》는 대동강맥주가 시민들의 사랑을 독점하면서 '시원하고 뜨거운 맥주'라고 불린다고 선전하고 있다. 한 공장 관계자는 "대동강맥주는 차게 하면서도 뜨겁게 먹는다는 말이 시민들 속에서 퍼져가고 있다"고 말했다. 이는 김정일 국방위원장의 지시로 세계적 수준의 맥주를 언제나 마실 수 있는 게 고마워 시민들이 가슴 뜨겁게 먹는다는 의미이다.

최고 품질의 제품에 수여하는 '12월15일품질메달' 선정

대동강맥주 공장의 설립을 위해 북한 정부는 2000년 영국의 어셔스 양조업체(Ushers of Trowbridge)에서 관련 설비를 150만 파운드에 인수하고 독일 건조실 설비를 도입했다. 평양시 사동구역 송신입체 다리 인근에 자리 잡고 있는 대동강맥주 공장은 부지 면적 10정보 (9만 9,000m²), 건평 2만m² 규모로, 주정 5.6%의 생맥주를 연간 7만kl, 월 평균 22만 4,000병을 생산하고 있다. 공장의 종업원은 남자 268명, 여자 127명 등 모두 395명이며, 이 가운데 기술자는 200명으로 알려져 있다. 2001년 1월 착공해 그해 11월 시험 생산을 한 데 이어 2002년 4월을 전후해 본격 생산을 하고 있다.

북한 주민들에게 인기가 높은 맥주 공급을 위해 김정일 국방위원장은 살아생전 수차례 대동강맥주 공장을 현지지도하며 맥주의 질을 높일 것을 여러 차례 강조했다. 김 위원장의 이 같은 관심에 대동강맥주 공장은 모든 기술혁신과 생산공정들의 기술지도사업을 종합적으로 관리하고 품질에 대한 전적인 책임을 맡은 품질관리과를 설치했다.

또한 대동강맥주 맛의 비결은 국가적인 배려 때문이라고도 할 수 있는데, 2008년 3월 14일자 《조선신보》에서 그 흔적을 찾을 수 있다. 기사에서는 "맛 좋은 맥주의 실현은 생산 공정이 50%, 제품이 소비자들에게 공급되는 봉사 공정이 50%의 몫을 차지하는데 대동강맥주를 실은 차는 아이들을 위한 콩우유차와 같이 거리를 우선 통과할 수 있게 되어 있다"며 국가적으로 수송을 관리하고 있음을 소개해놓았다. 그만큼 빠른 공급으로 소비자들이 신선한 맥주를 맛볼 수 있었던 것이다. 대동강맥주의 품질개선 노력은 김정은 시대에 들어서도 계속되고 있다. 2015년 1월 21일《조선중앙통신》은 각 공장에서 생산한 최우수 제품을 대상으로 한 '12월15일품질메달'[35]에 대동강맥주가 선정됐다고 보도했다.

평양 제일의 대동강맥주집은 '경흥관맥주집'

2014년 10월 13일《조선중앙통신》은 평양에서 가장 유명한 맥줏집은 보통강 지구에 자리 잡은 '경흥관맥주집'이라고 보도했다. "평양의 곳곳에 자리 잡은 백여 개의 대동강맥주집에는 언제나 많은 사람들로 북적이는데, 그중에서도 풍치 수려한 보통강지구에 자리 잡은 경흥관맥주집이 유명하다"고 했다. 경흥관맥주집을 소개하는 동영상을 보면 일반적인 호프집처럼 앉아서 마시는 것이 아니라 탁자를 군데군데 놓아두고 서서 마시는 시스템이다. 생맥주 장비도 각 층마다 설치돼 있고 손님들을 응대하는 직원들이 쉴 새 없이 움직이고 있다.

독일의 호프브로이같이 수용 능력이 큰 이유도 있지만 대동강맥주 공장에서 생산되는 여러 맥주를 한곳에서 다 맛볼 수 있기 때문에 큰 인기를 끄는 것이다. 이곳에서는 일곱 가지의 대동강맥주(병맥주)와 가스맥주(생맥주)와 말린 조개 등 마른안주나 과자처럼 가벼운 안주를 사 먹을 수 있다. 또한 외국인 관광객을 포함해 하루에

3,500~4,000여 명의 손님을 받을 정도로 인기가 높다. 외국인 관광객들은 이곳에서 대동강맥주를 맛보고 "아주 맛있고 훌륭한 맥주", "동방 제일의 맥주"라고 찬사를 아끼지 않는다고 한다.

2002년 7월 15일자 《조선신보》는 대동강맥주가 평양 시민들에게 큰 인기를 얻게 된 것은 그동안 낮은 도수로 인해 '청년음료'로 치부돼왔던 종전의 맥주와는 달리 도수(주정 5.7%)를 높이고 독특한 맛을 가미한 것이 주효했다고 설명한다. 이전까지 북한은 러시아처럼 독한 술을 주로 마셨으나 대동강맥주가 소개된 직후 100여 개가 넘는 맥줏집이 들어설 정도로 인기가 급상승했다. 한 잡지는 "평양시내에 새로 꾸려진 150여 개소의 맥주 봉사기지에는 날마다 퇴근길에 오른 시민들로 북적거려 수도의 거리 풍경을 이채롭게 하고 있다"고 소개하기도 했다.

북한 최초의 TV 상업광고

현재 대동강맥주집은 평양에서만 200여 개가 넘게 성업하고 있다. 대동강맥주가 인기를 끈 것은 그 맛도 맛이지만, TV 광고도 큰 역할을 했다. 사회주의국가들은 계획에 의해 물건을 생산하고 소비하기 때문에 상업광고를 할 필요가 없다. 중국도 개혁개방 정책을 시도한 지 40년이 지났지만, 상업광고는 정책을 추진하고 나서 10년쯤 지난 후에야 처음 방영했다. 그래서 대동강맥주 광고가 방영되자, 북한이 개혁개방을 시도하는 것인지 전 세계적인 관심을 받았다.

《조선중앙TV》는 2009년 7월, 평소 딱딱한 느낌을 주는 북한의 일반 TV 광고와 달리 땀이 맺힌 남성이 맥주잔을 들이켜며 "어, 시원하다!"라고 말하는 2분 47초짜리 상업광고를 내보냈다. 이는 북한 최초의 TV 상업광고였다. 유튜브 등에서도 '대동강맥주'라고 검색을 하면 누구나 쉽게 이 광고를 볼 수 있다. 처음 만든 상업광고이다 보니 내용이나 구성이 우리의 1970년대 수준 정도로 소박하다.

북한에서는 대동강맥주를 활용해 축제까지 펼쳐 눈길을 끌었다. 2016년 8월 22일자 《조선신보》는 8월 12일 개막한 '평양 대동강맥주축전'에 하루 평균 1,500명이 넘는 손님이 찾아올 정도로 연일 성황을 이루고 있다고 보도했다. 중국 관영 CCTV도 북한에서 개최한 첫 맥주 축제인 '대동강맥주축전'을 취재한 영상을 공개하기도 했다.

영상을 보면 흰 상의와 파랑 하의, 파랑 모자를 착용한 봉사원들이 대동강맥주를 나르고 있고, 탁자에는 프레첼 과자와 완두콩 등이 안주로 놓여 있다. 엄청난 수의 평양 시민들이 축제를 즐기고 있고, 대동강호 선착장에는 축전을 위해 400여 명을 수용할 수 있는 대규모의 식탁이 설치된 것도 보인다. '내 나라 제일로 좋아' 등의 문구가 적혀 있는 부스들에서는 꼬치구이 같은 안주를 만들고 있다. 대동강호를 타고 대동교와 옥류교 사이를 유람하면서도 축제에 참여할 수 있고, 축전장에는 퀴즈대회나 맥주 시음, 공연 등 각종 이벤트가 진행되기도 한다. 문자 그대로 축제의 한마당인 것이다.

19 | 최고 지도자가 극찬한 강령녹차

인민에 대한 뜨거운 사랑, 은정차

나는 커피를 마시면 가슴이 두근거려서 그다지 즐기지 않는다. 대학에 들어가자마자 처음 간 커피숍에서 시킨 커피가 작은 잔에 담긴 에스프레소였다. 그저 폼이나 잡을 요량으로 시켰다가 낭패를 본(?) 기억이 커피에 대한 첫 추억이다.

남한 사람들에겐 커피가 단순한 음료 이상의 문화로 자리 잡았다고 봐도 무방할 것이다. 번화가에 나가보면 한 집 건너 한 집으로 커피 전문점들이 많이 들어서 있으니까.

하지만 북한에서는 식후에 마시는 커피 문화가 그리 발달하지 않았다. 대신 차를 마신다. 고난의 행군 시기가 지난 후부터 차를 마시기 시작했는데, 2000년대 후반에 들어서면서는 더운 여름을 중심으로 길거리에서 시원한 냉차를 마시는 문화가 확산되었다. 특히 2009년, 그동안 북한의 기후와 맞지 않아 재배하기 어려웠던 차나무 재배에 성공하면서 찻집들이 급격히 늘어났다.

2009년 5월 12일자 《민주조선》은 "자연 지리적 특성으로 차나무 재배를 할 수 없다고 하던 우리 나라에서 대대적으로 그 재배를 실현하여 사람들의 건강에 좋은 녹차를 생산하게 됐다"고 보도했다. 김정일 국방위원장은 이 차의 이름을 '은정차'로 부르게 했다.

은정차

은정차는 1982년 9월 중국 산둥성을 방문한 김일성 주석이 그곳에서 자라는 차나무를 보고 같은 위도상에 있는 황해남도 강령군에 재배를 지시한 데서 유래됐다. 김일성 주석은 차나무 재배를 위한 연구집단을 구성하고 연구사업을 진행할 지역도 정해줄 정도로 차나무 재배에 관심이 많았다.

1990년대 고난의 행군이 이어지면서 차나무 재배에 어려움을 겪었지만, 2000년 2월 김정일 국방위원장이 차 이름을 은정차로 부르도록 하고 재배 대책을 세우면서 다시 적극 육성되었다. 이후 2008년 12월에 대대적으로 녹차나무를 심은 결과, 2009년 재배에 성공하기에 이르렀다. 해당 지역은 '은정차재배원'으로 명명됐다. 2009년 한 해에만 황해남도 강령군에 '강령은정차재배원'과 '금동은정차재배원'이, 강원도 고성군에 '고성은정차재배원'이 세워졌다.

북한의 언론 등에 따르면 통상 차는 북위 36°선인 이북 지역에서는 재배할 수 없다. 그러나 북한 농업과학원은 차나무가 영하 19℃에서도 겨우살이를 할 수 있도록 하는 등 풍토 순화에 성공했다. 강령 은정차재배원은 통상의 차 재배지에 비해 높은 위도에 위치한 탓에 생산된 차의 맛과 향기가 독특하다고 한다. 차나무 재배에 성공한 이후 김정일 국방위원장은 2009년 5월, 2011년 8월과 11월 은정차 재배원을 찾았으며, 찻잎 생산 증산과 평양시 창전거리 등지에 찻집 을 세울 것을 지시했다. 특히 이 지시는 2011년 12월 17일 사망한 김 정일 국방위원장의 주민 생활 향상을 위한 마지막 유훈이 되었다.

김정일 국방위원장의 유훈 사업인 만큼 김정은 국무위원장도 차 문화의 보급을 관심 사안으로 두고 직접 챙기고 있다. 2012년 5월 24일 당시 김정은 국방위원회 제1위원장은 평양 창전거리의 은정찻 집을 찾아 "이 찻집에는 우리 인민들이 차를 마음껏 마시게 하려고 마음 쓰신 수령님들(김일성, 김정일)의 뜨거운 사랑이 깃들어 있다"며 새단장을 지시했다. 그 후 은정찻집은 현대식 건물로 세워졌다.

차나무 재배를 성공한 덕에 북한 주민들은 길거리 매대에서도 차 를 마실 수 있게 되었다. 강령군과 고성군에서 생산한 은정차는 평 양시의 창전거리와 영광거리, 창광거리의 은정찻집들, 량각도 국제호 텔과 연풍 과학자휴양소에서 봉사되고 있다.

'다른 나라의 녹차보다 더 맛이 좋다'
은정차의 종류로는 황해남도 강령군에서 재배하고 있는 강령녹

차, 강령홍차 그리고 강원도 고성
군에서 재배하고 있는 고성녹차,
고성홍차 등이 있다. 차는 가공
방법에 따라 녹차, 오룡차, 홍차
로 나뉘는데, 수확한 찻잎을 가
열하여 발효시키지 않는 것이 녹
차, 완전히 발효시킨 것이 홍차,
그 중간의 반만 발효시킨 것이
오룡차이다. 구수하면서 약초 맛
이 나는 오룡차는 2015년 6월 말

강령녹차

부터 생산되어 평양시의 식당에 공급되면서 북한의 차 문화를 더욱
풍부하게 하고 있다.

　그중에서도 강령녹차는 김정일 국방위원장이 극찬한 음료로, 북
한 주민들이 더운 날이면 즐겨 마신다. 김 위원장은 강령녹차를 마시
고 나서 "다른 나라의 녹차보다 더 맛이 좋다"고 극찬한 것으로 알려
졌다. 현재 북한에서는 평양호텔의 1층 상점을 비롯한 주요 외국 손님
들을 상대하는 식당 등에서 강령녹차가 판매되고 있다.

추석 전날 지져 먹던 떡

2007년 평양에 방문했을 당시 나는 그곳에서 생일을 맞았다. 그때 함께 방북한 사람들이 많았는데, 그중 나는 아주 어린 편에 속했으며 중요한 인사들 사이에서 비중이라고는 하나도 없는 사람이었다. 그런데도 아침에 숙소를 나서는데 생일인 걸 안 북한의 봉사원들이 꽃다발 선물을 건네는 게 아닌가. 그게 끝이 아니었다. 식당에 가보니 주탁(헤드 테이블)에 내 자리가 마련되어 있었고, 방북한 이들과 북한의 봉사원들이 함께 생일축하 노래를 불러주기까지 했다. "평양에서의 생일을 잊지 말라"며 따로 생일 케이크도 준비해주었다. 방북할 때 제출한 인적사항을 보고 준비해둔 것이겠지만, 그날 하루 방문하는 곳마다 생일을 축하해줘서 눈물 나도록 고마웠다. 평생 받을 축하까지는 아니더라도 한동안 생일축하 인사를 받지 못해도 별로 아쉽지 않을 만큼의 많은 축하를 받았다.

그리고 그때 북한에서 귀한 사람에게 내놓는다는 '조찰떡'을 먹어볼 수 있었다. 고맙고 행복해서 그랬는지, 그때 먹었던 조찰떡은 참

노치

많이 달콤했다. 달콤하면서도 쫀득한 조찰떡은 노르스름한 지짐 같은 떡인데, 노치[36]와 비슷했다.

노치는 녹두지짐과 함께 평안도 지방의 이름난 지짐이다. 찹쌀이나 기장쌀로 만드는 지짐으로, 과자에 가까운 단맛을 내는 게 독특하다. 흰 찹쌀이나 찰기장, 차조 등의 가루를 익반죽하고 거기에 길금가루를 넣어 하룻밤쯤 잘 삭힌 다음 둥글넓적하게 반죽한다. 이것을 돼지기름 두른 프라이팬에 놓고 앞뒤가 노르스름하게 지져낸다. 찹쌀가루에 기장과 수수가루를 섞어 길금(맥아)가루를 뿌려 쪄낸 것에 다시 길금가루를 뿌려 지지기도 한다. 지진 것을 물엿이나 꿀에 재워 내기 때문에 맛이 달콤하면서 향기롭고 쫄깃쫄깃하다.

노치는 평안도와 황해도 지방에서 명절날에 많이 만들어 먹었는데, 특히 평양 지방의 노치가 유명했다. 평안도와 평양에서는 추석 전날 저녁이면 집집마다 뜰 안에 큰 가마솥 뚜껑을 걸어놓고 노치를 만들곤 했다. 추석 전날에 노치를 만들어 단지나 항아리에 넣었다가 쫀득쫀득해지면 꺼내 명절 음식으로 먹었다. 추석뿐 아니라 가을걷이 때 새참이나 어린이들의 간식으로 이용하기도 했다. 오래 두어도 잘 변질되지 않아서 여행용 음식으로도 많이 쓰였으며, 한번에 많이 만들어 몇 달씩 두고 먹기도 했다.

노티를 꼭 한 점만 먹고 싶구나

황석영 작가의 산문을 보면 북한 음식에 대한 이야기가 많이 나온다. 그는 《노티를 꼭 한 점만 먹고 싶구나》, 《맛과 추억》, 《밥도둑》까지 여러 음식 관련 산문집을 냈다. 그중에서도 《노티를 꼭 한 점만 먹고 싶구나》라고 책 제목으로까지 쓴 노치(노티) 이야기는 더없이 인상적이었다.

책에서 밝힌 내용에 따르면 황석영 작가는 이모 둘이 평양에 살고 있는 이산가족이다. 황석영 작가의 어머니는 일본 노래도 부르고 전쟁 때 나온 유행가도 잘 부르던 교육을 받은 신여성이었다. 전쟁 후 가난이 어느 정도 가셨을 때는 요리책에 나온 특별한 서양 음식도 해주곤 했다. 어머니의 여섯 형제 중 셋만 월남했는데 월남한 큰아버지는 추석이나 설만 되면 어머니에게 "노티 좀 해 먹자"며 고향 음식을 그리워했다고 한다. 그러나 이는 작가가 아주 어려서의 일이고, 장성해서 뒤늦게 어머니를 모실 때는 노티 이야기를 들어본 적이 없었다고 했다. 그런데 어머니가 암으로 돌아가시기 전 몇 번이나 "노티를 꼭 한 점만 먹고 싶구나"라고 말씀하셨다는 것이다. 작가의 아내는 작가에게 노티가 뭐냐고 물었는데 그걸 까먹은 그의 대답은 "글쎄, 그게 뭘까?"였다는 것이다.

그러던 중 1989년 방북한 작가가 사촌 형제들과 막내 이모를 만나게 되면서 노티를 맛보았다고 한다. 그 자리에서 어머니의 임종과 노티 이야기가 나왔고, 황석영 작가가 남한에 돌아오는 날 이모는 순안공항에 배웅을 나오면서 노티가 담긴 보퉁이를 내밀었다는 것이다. 그는 비행기 안에서 남들이 보건 말건 노티 두 개를 먹고 북경에서 나머지를 다 먹었단다. 황석영 작가의 어머니가 죽기 전에 먹고 싶었던 노티는 고향에 대한 그리움이었고, 작가가 먹었던 노티는 어머니에 대한 그리움이지 않았을까 싶다.

고향에 갈 수 있다는 희망의 상징

이처럼 노치는 단순히 추석에 만들어 먹던 떡이 아니라 이산가족들에게 있어 고향을 상징하는 음식인 것이다. 노치는 지난 2018년 4월에 있었던 남북정상회담 만찬에도 올랐다. 만찬상에는 평양의 노치와 서울의 두텁떡, 한라산 산기슭에서 자란 유자로 만든 유자차로 구성된 다과 메뉴가 선보였다. 노치가 비록 주메뉴는 아니었지만, 마지막까지 북한의 맛을 전하는 디저트 역할을 톡톡히 했을 것이다. 아직도 "죽기 전에 노치 한 점만 하고 싶다"고 하는 이산가족들이 많다. 그들에게 남북정상회담 만찬상의 노치는 고향에 갈 수 있다는 희망의 상징이었을 것이다.

통일부가 발표한 통계에 따르면, 2019년 7월 말 현재 이산가족 상봉 신청자는 13만 3,320명이며, 이중 절반 이상인 7만 9,194명이 사망했고, 생존자는 5만 4,126명으로 나타났다. 생존자를 연령별로 살펴보면 90세 이상이 23.5%, 80세 이상이 64%, 70세 이상까지 합하면 85.8%로 이산가족 생존자 대부분이 고령자이다. 이산가족 상봉 신청자 13만 명 중 스물한 차례의 남북이산가족 상봉 행사를 통해 만난 이는 겨우 1.6%인 2,135명에 불과한 것으로 나타났다.

운 좋게 가족과 상봉한 이들도 앞으로 다시는 볼 수 없다는 상실감에 "차라리 안 보는 게 나았을 것 같다"는 스트레스를 호소하고 있다고 한다. 또한 이들 외에도 남한에 입국한 북한이탈주민의 수도 2019년 현재 3만여 명이 넘는다. 이들도 대부분 가족이 아직 북에 남아 있는 이산가족들이다. 시간이 진짜 얼마 남지 않았다. 인도적 지원 사업 가운데 대북제재와 무관한 이산가족 상설면회소는 하루빨리 생겼으면 좋겠다. 황석영 작가처럼 남북한에 가족을 두고 온이들이 서로 만나 고향의 맛 노치를 나눠 먹으면서 행복한 마지막을 보낼 수 있으면 얼마나 좋을까.

21 | 달콤하면서 쌉쌀한 술맛 나는 쉬움떡

쌉쌀하면서도 따뜻한 느낌의 술맛

다섯 살 무렵 처음으로 술맛을 보았다. 기억에는 없지만, 아빠와 아빠 친구들이 기차를 타고 고향에 가면서 목이 마르다는 내게 캔맥주를 줬다고 한다. 지금이야 생수를 쉽게 살 수 있지만, 당시만 해도 물은 직접 준비해서 다녀야 했다. 그러나 서른 살 즈음의 남자들이 물까지 꼼꼼하게 챙겨서 다닐 리 만무했다. 목이 말랐던지 나는 아빠가 준 맥주 한 캔을 다 마셨고, 잠에 곯아떨어졌다가 다시 깨서 또 목이 마르다고 했단다. 잠든 사이 없던 물이 생겼을 리 없었으므로, 어린 나는 또다시 맥주 한 캔을 받아 마셨고 그대로 뻗어 고향역에 도착하기까지 내내 잠만 잤다고 한다.

그런 이력이 있어서인지 기자 일을 하면서 술을 참 많이 마셨다. 북한에서 술을 마셨던 기억도 떠오르는데, 그때 북한 안내원들은 남한 사람들이 자꾸 술을 마시자고 해서 꽤나 곤혹스러워했다. 우리야 평생에 한 번 있을까 말까 한 북한 방문이니 북한 사람들과 술 한잔하고 싶은 마음이 생길 수도 있지만, 안내원들의 입장에서는 매일같이 술을 마시자고 하는 사람들뿐이라 참 난감했을 것이다. 추운 지역에 살고 있어 독한 술을 즐기는 북한 사람들은 남한 사람들보다 술을 잘 마실 거라고 생각하기 쉽지만, 북한의 안내원들은 우리보다 잘 마시지 못했다. 매일같이 긴장하며 남한 사람들을 챙겨야 하는 등 일에 대한 부담이 컸기 때문일 것이다. 그래서 북한 안내원들은 되도록 남한 방문객들과 술자리를 가지려 들지 않았다.

특히 2005년 있었던 '광복 60주년 기념 평화 문화유적 탐방'같이 한 달 내내 5,000여 명이 방북하는 대형 행사는 그저 행사만 무사히 끝내기도 쉽지 않은 일이기 때문에 바짝 긴장하고 있는 안내원들과 함께 술 한잔 하기란 하늘의 별 따기처럼 어렵다.

그런데도 운 좋게 북한 안내원들이랑 술을 마실 기회가 있었다. 2007년 방북했을 때 그곳에서 생일을 맞았는데 그날 저녁 우리 일행과 안내원 두어 명이 함께 술을 마신 것이다. 술을 마시다 북한의 안내원이 생일을 맞은 나를 위해 노래를 한 곡 불러주겠다는 것이었다. 한껏 기대하고 있는데 그가 불렀던 노래는 다름 아닌 "왜 태어났니? 왜 태어났니?"였다. 남한에서 애들이 장난으로 부르는 노래가 북한에서도 불린다는 사실에 깜짝 놀라며 "남이건 북이건 사는 것은 참 비슷하다"며 함께 웃었다. 술은 많이 마시면 건강에 해롭지만, 그래도 사람들과 친해지기에 술 한잔만 한 것이 없다. 그렇게 술맛은 참 쏩쏠하면서도 한편으로는 달다.

이런 술맛을 그대로 품은 음
식이 있으니 그건 바로 '쉬움떡'
이다. 쉬움떡은 우리에겐 '증편'
이라는 이름의 떡으로, 일부에서
는 '기지떡', '기주떡', 그 색깔이
서리꽃처럼 눈부시게 희다고 하
여 '상화(霜花)떡'이라고도 한다.
이러한 이름들은 모두 떡가루
반죽을 술로 삭혀서 쪄낸다거나
또는 삭혀서 부풀어 오르게 만

쉬움떡

드는 떡이라는 이유로 붙은 이름이다.

쉬움떡은 1527년에 편찬된《훈몽자회》에 처음 소개되었고, 17세기
말의《주방문》이나《음식디미방》, 19세기에 편찬된《규합총서》,《동국
세시기》를 비롯한 여러 책에 기록되어 있다. 쉬움떡은 이미 16세기
이전부터 먹었던 음식인 것이다.

《음식디미방》에는 가정에서 쉬움떡을 만드는 데 필요한 떡가루
내는 법, 술을 붓고 가루를 빚어 삭히는 방법과 그 배합 비율, 떡가
루 반죽을 삭힌 다음 부풀어 오르도록 시루에 안쳐 찌는 방법들이
적혀 있다. 또《동국세시기》,《규합총서》,《시의방》등에는 우리 민족
이 제일 좋아하는 떡으로 쉬움떡을 꼽고 떡 만드는 방법도 소개해

놓았다.

쉬움떡을 만드는 방법은 지방마다 조금씩 다르지만 대체로 흰쌀을 불렸다가 가루를 내서 익반죽하고 거기에 술(탁주)을 조금 섞어 묽게 반죽해 만든다. 이것을 30℃가 되는 온도에서 7~8시간 발효시키고, 발효가 다 되면 설탕과 중조를 물에 풀어 섞고 고루 젓는다. 떡 반죽이 부풀어 오르면 시루에 떡보를 깔고 맞춤한 두께로 편다. 이때 고명을 얹는데 대추, 곶감, 참깨 등 독특한 향기와 색깔, 맛을 내는 열매들을 쓴다.

쉬움떡의 소로는 꿀에 생강, 계피, 후춧가루 등을 넣은 것을 쓰거나 깨소금을 꿀에 갠 것을 쓰기도 한다. 쉬움떡의 고명을 색깔 있게 놓고 더운 김에 쪄서 잘 익힌 다음 보기 좋게 썰어 기름을 바른 뒤 접시에 담아낸다.

함경도 지방에는 특히 잔치나 제사상에 반드시 쉬움떡을 올려놓는 풍습이 있었다. 북한에서는 설이나 추석 같은 민속명절에 쉬움떡을 즐겨 먹었으며, 특히 유두날의 절식으로도 먹었다.

지금까지 북한의 음식문화를 말할 때 대표적으로 꼽히는 먹을거리를 살펴보았다. 평양랭면처럼 남한에서도 비슷하게나마 맛볼 수 있는 음식도 있고, 노치처럼 너무나 생소한 음식도 포함되어 있다. 이것 말고도 북한을 대표하는 음식이야 더 많겠지만, 중요한 건 먹는 음식을 통해 북한 사람들도 우리와 같은 입맛을 지닌 한민족이라는 사실을 깨닫는 것이 아닐까 싶다. 하루라도 빨리 통일이 돼서, 쌀국수를 먹으러 베트남 하노이에 갔다 온다는 말을 쉽게 쓰듯 평양냉면을 먹으러 평양 옥류관에 다녀오겠다는 말을 할 수 있었으면 좋겠다.

그럼, 이제부터는 통일을 앞당기는 데 한몫을 할, 그리고 이제껏 남북관계 개선을 위해 제 몫을 다한 '화해와 평화의 음식'에 대해 이야기해보려고 한다.

3부

화해와 평화의 음식

1 | 남북교류의 대표주자, 평양랭면

만찬장 분위기를 화기애애하게 해주는 기특한 음식

북한에는 "옥류관 랭면을 먹어보지 못했으면 평양에 갔다 왔다고 자랑하지 마라"는 말이 있을 정도로 옥류관 평양냉면은 평양 음식을 대표한다. 평양냉면은 북한 주민뿐 아니라 평양을 방문하는 남한 인사들도 가장 맛보고 싶어하는 음식이다 보니 남북교류의 주요 현장에 가장 많이 등장했다. 지금껏 남북교류 협력사업이 추진되는 곳의 만찬상에는 빠지지 않고 놓여, 남북 인사들의 사이를 화기애애하게 해주는 데 큰 역할을 했다.

전 세계의 이목을 집중시켰던 2000년 6월, 첫 번째 남북정상회담은 분단 55년 만에 처음으로 남북 정상이 직접 만난 것으로, 역사적인 6·15 공동선언을 발표하는 성과를 이끌어냈다. 김대중 대통령이 평양 순안공항에 내리는 순간, 김정일 국방위원장은 깜짝 영접을 나왔고 남북 정상이 맞잡은 손에 전 세계가 감동했다. 당시 김정일 국방위원장은 "언론이, 구라파 사람들이 나를 은둔한다고 한다. 그런데 김대중 대통령이 오셔서 내가 은둔에서 해방됐다"는 농담을 했다. 김정일 위원장의 말 그대로 2000년 남북정상회담은 베일에 싸여 있던 북한을 단번에 국제사회로 드러낸 사건이었다. 첫 번째 남북정상회담에서 있었던 남북 정상의 모든 몸짓과 말에 세계의 이목이 집중된 것은 당연했다.

김대중 대통령은 방북 첫날 옥류관에서 평양냉면을 맛봤는데, 둘째 날 김정일 국방위원장의 "잠자리가 불편하지는 않았냐"는 안부 인사에 김 대통령은 편안했다고 답하며 "내 평생 옥류관 냉면을 먹고 싶었는데 정말 맛있게 먹었습니다"라고 화답했다. 이에 김 국방위원장은 "오전 회담이 너무 늦어버려서……. 급하게 드시는 국수는 맛이 원래 없습니다. (전날 회의 일정이 늦어져 뒤늦게 옥류관의 냉면을 먹은 것을 두고 하는 말이다.) 앞으로 시간 여유를 갖고 천천히 드시기 바랍니다. 평양 시민들은 대단히 흥분상태에 있습니다. 대통령께서 이렇게 직접 방북의 첫길, 정말 용단을 내리셔서 이렇게 오신 것에 대해 우리 인민들은 뜨겁게 마중했는데 인사 차림이 잘됐는지 걱정을 하고 있습니다"고 답했다.

평양 국수가 더 진하다

노무현 대통령과 김정일 국방위원장의 2차 남북정상회담에서도 평양냉면은 제 몫을 톡톡히 했다. 노무현 대통령과 김정일 국방위원장은 2007년 10월 4일, 역사적인 남북관계 발전과 평화번영을 위한

'10·4 남북정상선언'을 발표했다. 당시 여덟 개 항의 합의 내용을 담은 '10·4 남북정상선언'은 남북관계 발전과 한반도의 평화, 민족 공동의 번영과 통일을 실현하는 데 따른 제반 문제들을 폭넓고도 구체적으로 포함해, 향후 남북관계를 한 단계 더 끌어올릴 '제2의 6·15 공동선언'으로 평가되기도 했다.

이날 옥류관에서 평양냉면으로 점심을 먹은 노 대통령에게 김 위원장은 "점심 맛있게 드셨습니까? 옥류관에서 국수를 드셨다면서요. 평양 국수와 서울 국수 중 어떤 게 맛있습니까?"라고 물었다. 이에 노 대통령은 "맛있게 먹었습니다. 평양 국수 맛이 진한 것 같더군요"라고 답해 눈길을 끌었다.

평양냉면

2018년 4월 27일 판문점에서 열린 3차 남북정상회담은, 북한의 연이은 핵실험으로 인해 긴장감이 최고조에 달했던 상황에서 한반도에 평화를 구축하는 계기가 되었다. 이때도 김정은 국무위원장이 문재인 대통령을 위해 공수한 평양냉면이 세계의 이목을 집중시켰다. 덕분에 다음 날 남한 곳곳의 평양냉면집이 인산인해를 이루는 일이 벌어지기도 했다.

미 CNN 방송의 한 프로그램에서는 평양냉면 만드는 법을 소개하기도 했다. 그리고 김 위원장이 문 대통령을 위해 평양에서 직접 '평양냉면'을 가져왔다는 발언이 소개되자 평양냉면의 중국어 표현인 '조선냉면(朝鮮冷麵)'이 갑자기 웨이보(중국판 트위터) 이슈 검색 순위 10위에 올랐다. 세계가 북한의 평양냉면에 주목한 것이다.

군사분계선을 넘은 옥류관 평양랭면

김정은 국무위원장은 남북정상회담의 공개 모두발언에서 당시 저녁 만찬으로 선보인 옥류관의 평양냉면 이야기를 꺼내며 첫 만남의 어색한 분위기를 부드럽게 바꾸었다. 김 위원장은 "오기 전에 보니까 오늘 저녁 만찬 음식을 갖고 많이 얘기하더라"며 "멀리부터 온 평양랭면……, 아니 멀리서 왔다고 얘기하면 안 되겠구나"라고 말해 참석자들이 웃음을 터뜨렸다. 화담 건 참석자들의 신상한 분위기를 풀어주며 자연스럽게 대화를 주도한 김정은 국무위원장은 "어렵사리 평양에서부터 랭면을 가져왔는데 대통령(문재인)께서 편한 마음으로 좀 맛있게 드셨으면 좋겠다"고 덧붙였다. "이 자리에 오기까지 11년이 걸렸는데 걸어오면서 보니까 왜 그렇게 긴 시간이 걸렸나, 왜 이렇게 힘들었나 하는 생각이 들었다"며 "만감이 교차하는 속에서 200m를 걸어왔다"고 소감을 밝히기도 했다.

북한은 2018년 4월 남북정상회담 일정 중 환영 만찬을 위해 평양 옥류관 수석 요리사를 판문점으로 파견했으며 옥류관에서 사용하는 제면기(면을 뽑는 기계)를 통일각에 설치했다. 이는 평양냉면이 제면기에서 사리가 뽑힌 지 5분 이내에 육수를 부어 만들어야 본연의 맛을 느낄 수 있기 때문이란다. 판문점 북측 통일각의 제면기에서 뽑은 사리는 총 네 번 판문점 남측 평화의 집으로 옮겨졌는데 담당자는 가장 맛있는 냉면을 제공하기 위해 정말 열심히 뛰었다고 한다. 최고의 평양냉면 맛을 전해주려고 70여 년 동안 견고하기만 했던 군사분계선을 분주하게 넘나든 셈이다. 이를 보고 남한의 누리꾼들은 "우리는 역시 배달의 민족"이라며 즐거워하기도 했다.

공식적으로 확인된 사실은 아니지만, 한때 통일각에 설치된 제면기가 고장 나 북한 관계자들이 진땀을 뺐다는 소식이 전해지기도 했다. 그래서 주메뉴였던 평양 옥류관 냉면이 예정보다 늦게 만찬 식탁에 올랐다고 하는데, 하마터면 평양냉면이 군사분계선을 넘나드는 흥미로운 광경을 볼 수 없을 뻔했다.

"판문점 연회 후 다 랭면, 랭면 합니다"

2018년 9월, 평양에서 열린 남북정상회담에서도 둘째 날 남북 정상은 옥류관을 찾았다. 이날 문재인 대통령 부부, 김정은 국무위원장 부부, 유홍준 명지대 석좌교수가 주탁에 앉아 냉면을 소재로 환담을 나누었다.

리설주 여사는 "판문점 연회 때 옥류관 국수 올릴 때 있지 않았습니까? 그 이후로 우리나라에 찾아오는 외국 손님들이 다 랭면 소리하면서 랭면 달라고 한단 말입니다. 굉장하더란 말입니다. 그 상품 광고한들 이보다 더하겠습니까?"라고 웃으며 말했다. 이에 유홍준 교수가 "서울에서도 유명한 평양냉면집은 한 시간 이상 기다려야 먹어요. 아주 붐이 일었습니다"라고 말했고, 리 여사는 지난 2018년 4월 27일 판문점 연회를 떠올리면서 "제 옆에 임종석 비서실장이 앉았단 말입니다. (판문점 연회 때) 너무 맛있다고 두 그릇을 뚝딱. (웃음) 그런데 오늘 못 오셔서 섭섭합니다. 오늘 오셨으면 정말 좋아하셨을 텐데……"라며 대화를 이어갔다. 또 김정은 위원장이 "촬영하니까 식사를 못하겠구만"이라고 농담을 던지자 리 여사는 기자들에게도 "랭면 좀 하셔야죠"

옥류관 외관

하고 권했다.

유 교수가 "서울에서는 평양냉면에 맛을 돋우려고 조미료를 살짝 넣는데 이 맛이 안 나요. 100% 육수 내기가 힘듭니다"라고 말하자 이번엔 김 위원장이 웃으며 "오늘 많이 자시고 평가해주십시오"라고 말하기도 했다. 이에 문재인 대통령은 "저는 두 가지 가운데 쟁반국수가 더 좋습니다"라고 취향을 밝히기도 했다.

옥류관 랭면 세 그릇 이상 먹어야 북남 협력 자격 있다

남북정상회담 외의 각종 남북교류 협력 행사에도 평양냉면은 빠짐없이 등장했다. 2005년 6월에 있었던 제15차 남북장관급회담에서 또한 오찬 중 나눈 옥류관 냉면 이야기는 빡빡한 일정 속에서도 남과 북의 참가자들에게 여유를 주며 좀 더 친근해질 수 있는 계기가 되었다. 제15차 남북장관급회담의 남북 대표단은 서울 광장동 워커힐호텔 경내에 위치한 한식집 명월관을 찾아 식사했다.

당시 정동영 남한 수석대표는 명월관으로 들어가면서 "이곳 냉면이 옥류관 냉면보다 맛있을지 모르겠다"며 권호웅 북한 단장을 안내했고 남북의 대표단은 함께 섞여 앉아서 냉면을 주제로 이야기를 나눴다. 정동영 수석대표가 남한의 재경부 차관인 박병원 대표에게 "박 차관은 옥류관에 가서 냉면을 몇 그릇이나 먹었느냐"고 묻자, 박 차관은 "사전에 나오는 음식이 많아 정작 냉면은 두 그릇밖에 못 먹었다"고 말했다. 이에 권 단장은 "못해도 옥류관 랭면을 세 그릇 이상 먹어야 북남 협력을 할 자격이 있다"며 "앞으로 북남교류를 더 잘해서 세 그릇, 네 그릇, 다섯 그릇까지 먹어야 한다. 다섯 그릇까지 먹을 수 있도록 잘하자"고 제안했다.

2005년 6·15 공동선언 5주년 기념행사에 북한을 방문한 남한 대표단도 오찬으로 평양냉면을 먹었다. 이날 옥류관 오찬 행사에서 림동옥 조선로동당 통일전선부 제1부부장은 남한 당국 대표단에게 "옥류관은 이제 남쪽의 옥류관이 된 것 같습니다. 평양에 오셔서 옥류관을 안 들를 수 없으니까"라며 "통일로 가는 길에 옥류관이 있는 셈"이라고 말했다. 그는 "1970~1980년대까지만 해도 남한 손님들은 옥류관에 와서 두세 그릇씩 랭면을 먹고 돌아가서는 '맛이 별로'라고 하고는 했다. 특히 남쪽 기자들이 그런 식으로 기사를 쓰곤 했다. 당시 옥류관 종사자들은 이런 말을 듣고 '정성을 다했는데……'라며 서운함을 감추지 못했었다"고 말했다. 이에 임동원 전 통일부장관은 "하지만 1990년대 이후에는 남측 기자들이 그렇게 기사를 쓰지 않았을 것"이라고 했고 최학래 《한겨레》 고문도 "이제는 옥류관 냉면 맛이 널리 알려져 아무리 맛이 없다고 기사를 써도 통하지 않게 됐다"고 설명했다. 림동옥 제1부부장은 "선주후면이라고 먼저 술을 한잔하고 랭면을 먹어야 제맛으로 이것저것 잔뜩 먹고 면을 먹으면 맛이 없다"며 냉면 먹는 법을 소개하기도 했다.

2005년 7월 11일 있었던 남북 간 경제협력추진위원회 제10차 회의도 냉면 이야기에서 빼놓을 수 없다. 회의에 참가한 남북 대표단은 서울 중구 오장동에 있는 냉면 전문점인 '함흥냉면'에서 오찬을 함께 했다. 남북 간 협상에서 우리 대표단이 평양에 가서 옥류관 같은 북한 냉면집을 찾은 것은 흔한 일이지만, 북한 대표단이 남한에 와서 냉면 전문점을 찾은 것은 이때가 처음이라 특히 더 주목을 받기도 했다. 오장동의 함흥냉면은 북한이탈주민들 사이에서도 북한의 냉면과 가장 가까운 맛을 내는 곳으로 알려져 있다.

2 | 식탁 위의 통일, 비빔밥

김대중 대통령, 현대식 궁중요리 답례 만찬

북한의 대표 만찬 음식이 평양냉면이라면 남한은 비빔밥이다. 비빔밥은 이제까지 진행된 남북정상회담 중 남한이 제공한 만찬 음식에 한 번도 빠지지 않은 메뉴이다.

2000년 1차 남북정상회담에서는 북한이 환영, 환송 오·만찬을 마련했고, 우리 정부는 답례 만찬을 준비했다. 2007년 정상회담 기간에는 첫날 김영남 북한 최고인민회의 상임위원장이 주최한 환영 만찬, 둘째 날 노무현 대통령의 답례 만찬 그리고 마지막 김정일 국방위원장의 환송 오찬 등 총 세 번의 식사 자리가 있었다.

2000년 첫 남북정상회담에서는 김대중 대통령과 김정일 국방위원장이 모두 세 차례 식사를 함께 했는데 이때도 북한은 여러 가지 고급 요리를 준비했다. 당시 인민문화궁전에서 열린 6월 13일 환영 만찬에서 북한은 김 국방위원장이 정상회담을 기념하기 위해 직접 이름을 지었다는 메추리 완자탕 '륙륙 날개탕'을 비롯, 칠면조향구이, 생선수정묵 등 열다섯 가지 음식을 식탁에 올렸다. 이중 칠면조

비빔밥

향구이는 칠면조를 튀겨 칼집을 낸 것으로 중국요리풍이었으며, 칠
색송어 은지구이(송어를 은박지로 싸 구운 것)와 쇠고기 굴장즙(로스트 비
프를 화이트소스에 버무린 것), 젖기름빵(소젖기름으로 만든 빵)은 서양식 조리
법을 적용한 것으로, 북한 음식도 이미 국제화됐다는 평가를 받기
에 충분했다.

　같은 날 김대중 대통령이 백화원 영빈관에서 접대받은 점심식사
로는 깨즙을 친 닭고기와 생선전, 남새튀기(채소튀김), 청포종합냉채,
설기떡, 풋배추김치, 평양온반, 맑은 국, 쏘가리깨튀기, 옥돌불고기,
새우남새볶음, 인삼차 등이 나왔다. 특히 평양온반은 김 대통령이

"아주 담백하고 좋았다"고 평가해 주목을 받기도 했다.

이에 대한 답례로 김대중 대통령은 2000년 6월 14일 평양의 '목란관'에서 현대식 궁중요리를 콘셉트로 한 요리를 내놨다. 생선찜과 새우를 잣소스로 버무려 만든 모둠 전채와 호박죽이 식전 요리로 나왔고, 유자향 은대구구이와 전, 전복·홍합·해삼을 밤·은행·잣 등과 섞어 맛을 돋운 사합찜, 신선로, 김치튀각, 석류탕이 곁들여진 비빔밥 등 여덟 가지의 궁중요리 코스를 선보였다. 이날 음식은 한복려 궁중음식연구원장, 신라·롯데·워커힐 호텔 등에서 온 열두 명의 조리사들이 심혈을 기울여 준비한 것으로 알려졌다.

노무현 대통령, 팔도대장금요리 대접

노무현 대통령도 북한에서 아주 큰 대접을 받았다. 첫날 만찬 메뉴는 게사니구이(수육과 비슷한 요리)와 배밤채(배와 밤을 채 썬 것), 오곡찰떡, 과줄(쌀과자), 김치, 잉어배살찜, 소갈비곰(갈비찜 종류), 꽃게 흰즙구이, 송이버섯 완자볶음, 대동강숭어국과 흰밥이었고, 후식으로는 수박과 성천약밤구이가, 만찬주로는 고려개성인삼주와 들쭉술·룡성맥주·동양술(고량주의 일종) 등이 나왔다.

이에 대한 답례로 노무현 대통령이 2007년 10월 3일 인민문화궁전에서 마련한 답례 만찬 메뉴는 '팔도대장금요리'라는 주제로 이루어졌다. 즉 남한 각 지방의 토속 식재료를 이용한 특색 있는 향토음식으로 구성됐던 것이다. 제주흑돼지 맥적과 누름적, 고창 풍천장어 구이, 횡성·평창 너비아니구이와 자연송이, 전주비빔밥과 토란국, 호박과편, 삼색매작과와 계절 과일, 안동 가을 감국차 등이 상에 올랐다. 뿐만 아니라 기본 반찬으로 배추김치, 나박김치, 새우잣즙무침, 영광굴비, 송이사태장조림, 매실장아찌와 남해멸치볶음 등도 빠지지 않았다.

이중 전주비빔밥은 남과 북의 화합을 의미하고, 영덕게살, 죽순채와 봉평메밀쌈은 드라마 〈대장금〉에도 등장했던 음식이라 더욱 눈길을 끌었다. 당시 남한에는 〈대장금〉 열풍이 불었는데 김정일 국방위원장이 배우 이영애 씨를 좋아한다고 알려지면서 남북정상회담을 기념해 영화광인 김정일 국방위원장에게 〈대장금〉 DVD를 선물하기도 했다.

나머지 음식들도 충주산 흑임자, 완도 전복, 제주 흑돼지, 고창 풍천장어, 횡성·평창 너비아니구이, 오대산 자연송이, 이천 쌀, 나주 배, 대구 사과, 진영 단감, 장호원 복숭아, 무등산 수박, 제주 감귤·한라봉, 영동 포도, 해남 참다래, 공주 밤 등 전국 각 지역의 토산품으로 만들어 남한 곳곳의 맛을 선보인다는 의미를 더하며 호평을 받았다.

문재인 대통령, 민족의 봄 만찬 준비

2018년 4월 27일 있었던 남북정상회담에서는 옥류관에서 공수한 평양냉면이 단연 주목을 받았지만, 남한에서 준비한 음식들의 의미가 공개되었을 때 영국의 방송사 BBC에서는 "메뉴 전체가 매혹적"이라며 "남북한 모든 지역을 아우르고 있어 통일을 부르는 메뉴다. 목표는 테이블 위의 통일인 것 같다"라는 평을 내놓기도 했다.

실제 청와대가 공개한 음식들의 의미를 살펴보면 남한뿐 아니라 북한도 고려해 어느 한 곳 서운하지 않을 정도로 여러 의미를 뒀다. 특히 4월 27일 남북정상회담 환영 만찬은 우리 민족의 평화와 통일을 위해 애쓰셨던 분들의 뜻을 담아 준비했다고 한다.

이날 만찬에서는 김대중 대통령의 고향인 신안 가거도의 민어와 해삼초를 이용해 만든 '민어해삼편수', 정주영 회장이 소 떼를 몰고 올라가 유명해진 충남 서산목장의 한우를 이용해 만든 '한우 부위별 숯불구이', 윤이상 작곡가의 고향 남해 통영 바다의 문어로 만든 '통영문어냉채', 노무현 대통령의 고향 김해 봉하마을에서 오리농법 쌀로 지은 밥과 DMZ 산나물로 만든 '비빔밥', 우리 민족의 대표적 봄나물인 쑥으로 만든 '쑥국' 등이 상에 올랐다.

또한 김정은 국무위원장을 배려해 김 위원장이 유년 시절을 보낸 스위스의 뢰스티(스위스식 감자요리)를 우리 식으로 재해석한 '스위스식 감자전'과, 대표적인 잔치 음식으로 좋은 날 귀한 음식을 준비하는 우리 민족의 마음을 담은 '도미찜'과 '메기찜' 등이 상에 올랐다. 부산에서 유년 시절을 보낸 문재인 대통령과 김정은 위원장이 함께 공감할 수 있는 '부산 달고기구이'[37]도 빠지지 않았다. 그리고 백두대간의 송이버섯과 제주의 한라봉을 사용한 차와 다과, 디저트 망고무스 '민족의 봄'이 대미를 장식했다. 민족의 봄은 추운 겨울 동토를 뚫고 돋아나는 따뜻한 봄기운을 형상화한 디저트이다. 봄꽃으로 장식한 망고무스 위에 한반도기를 놓아 단합된 한민족을 표현하고 단단한 껍질을 직접 깨트림으로써 반목을 넘어 남북이 하나 됨을 형상화했다.

그로부터 4개월 후, 2018년 9월 18일부터 20일까지 있었던 평양 남북정상회담에서 김정은 위원장은 "(판문점 정상회담에서) 식사 한 끼도 대접하지 못한 것이 가슴에 걸렸다"며 2박 3일의 일정 동안 목란관, 옥류관, 대동강수산물식당, 삼지연 초대소 등에서 문재인 대통령을 극진히 대접했다.

3 | 남북 정상들의 건배주, 들쭉술&문배주

통일 축배의 주인공은?

1994년 남아프리카공화국의 넬슨 만델라가 인종 간 갈등을 극복하고 대통령에 당선됐을 때 남아공 국민은 흑백의 구분 없이 맥주로 축배를 들었다. 1989년 11월 독일의 베를린 장벽이 무너졌을 때도, 1990년 10월 3일 독일 통일 때도 독일 국민은 맥주를 들고 거리로 뛰쳐나왔다. 전 국민을 하나로 만들고 흥분과 열광의 도가니에 몰아넣었던 2002년 월드컵 이후 우리를 흥분시킬 가장 큰 축제는 바로 통일이 아닐까 싶다. 전 세계의 마지막 분단국가인 우리나라의 통일은 국민적인 대축제를 넘어 세계의 축제가 될 게 분명하다. 그때 우리는 어떤 술로 축배를 들까? 어쩌면 남북 정상들이 함께 마셨던 만찬주 중 하나가 될지도 모른다.

2000년 6월 15일 세계가 주목하는 가운데 역사적인 남북 정상의 만남을 기념하기 위해 김정일 국방위원장은 들쭉술을, 김대중 대통령은 문배주를 각각 선물했다. 한국의 10대 명산주 가운데 하나인 '백두산 들쭉술'(주정 16~19%)은 해발 800m에서 2,200m에 이르는 백두산 고산지대에서 자생하는 무공해 들쭉[38]을 원료로 한다.

들쭉은 북한의 천연기념물로 다음과 같은 전설이 전해지고 있다. 고구려시대 유명한 장수가 사냥을 나왔다가 동료와 부하들을 잃고 10여 일을 헤매다 배고픔에 못 이겨 아사 지경에 이르게 되었는데 탐스럽게 열린 적자색 열매를 발견하고 정신없이 뜯어 먹은 후 잠에 취해 2~3일을 잤다. 그러고 나서 일어나보니 이상하게도 원기가 돌고 기운이 생겨 정신을 가다듬고 그 열매를 따 먹으면서 길을 되찾아 무사히 귀환했다. 장수는 그때부터 이 열매를 '들에서 나는 죽'이라 하여 '들쭉'이라 불렀다고 한다.

북한의 자료들에는 들쭉에는 페놀성이라고 부르는 식물화학물질이 포함돼 있어 기억력을 개선하고 피를 맑게 해주며 시력을 높이고 혈관을 튼튼하게 해줄 뿐 아니라, 몸무게를 조절하고 노화 방지 작용도 한다고 나와 있다. 그리고 들쭉에 함유되어 있는 산화방지물질과 기타 영양물질은 심장질환과 암 등도 예방한다고 알려져 있다. 이런 들쭉으로 만든 들쭉술은 "남자가 마시면 신선이 되고, 여자가 마시면 선녀가 된다"고 할 정도로 약술이다.

은둔에서 해방시킨 들쭉술

들쭉술은 지난 1961년부터 '혜산들쭉가공공장'에서 생산되고 있는데 김일성 주석은 살아생전에 량강도 혜산시에 위치한 이 공장

들쭉술

이 산간벽지에 자리 잡고 있음에도 불구하고 두 번이나 방문해 "프랑스의 코냑, 스코틀랜드의 위스키같이 세계의 명주를 만들라"고 지시했다고 한다. 현대그룹의 정주영 명예회장이 소 떼를 몰고 두 차례 방북했을 때 북한이 선물한 것도 들쭉술이고 남북이산가족 상봉 시 북한 동포들이 남한의 친지에게 가장 많이 선물한 품목도 바로 들쭉술이다. 지난 2000년 남북정상회담 때도 김정일 국방위원장은 130명의 수행원 모두에게 2홉들이 들쭉술 3병이 든 선물세트를 주었다. 들쭉술에 대한 북한의 자부심을 알 수 있는 대목이다.

한편《신동아》2000년 7월호는 남북정상회담 당시 김대중 대통령을 수행하고 돌아온 방북 인사 14인의 취재기를 '남북 긴장 녹인 러브샷의 감격'이란 제목으로 실었다. 그들은 대부분 김정일 국방위원장의 파격적인 언행에 충격을 받고 무르익은 남북 화해 무드에 감격했다. 당시 문정인 교수는 "15일 고별 오찬장은 김정일 국방위원장의 주도로 술잔이 몇 순배 돌며 국가 간의 공식 행사 자리가 아니라 마치 동네 잔치마당 같은 분위기였다"며 "만약 술과 노래가 없었다면 반만년 한국 역사를 쓰지 못할 것"이라고 말했다. 문 교수는 "어떤 점에선 정색하고 마주 앉는 회담장보다 흉허물 없이 술잔을 돌리는 자리가 남북 화합과 신뢰에 더 큰 역할을 하는 것 같다"고 덧붙였다.

방북 인사들은 한결같이 김정일 국방위원장이 술을 잘한다고 입을 모았다. 김 위원장은 만찬 중 김대중 대통령과 건배 후 단숨에 원샷을 하며 호탕하고 격의 없는 모습을 보여줘 당시 남한에 '김정일 신드롬'까지 몰고 왔었다.

평양이 고향인 문배주

역사적인 남북정상회담과 장관급회담은 물론 클린턴, 옐친 대통령 등 남한에 국빈이 왔을 때 대접용으로 사용해 유명해진 술은 문배주이다. 문배주는 2000년, 2007년에 이어 2018년까지 남북정상회담이 열릴 때마다 만찬주로 빠짐없이 등장했다.

문배주는 고려시대부터 평양 근교 대동강변의 주암산 샘물로 빚은 토속주로, 고향이 평양이다. 술의 향이 문배나무의 과실에서 풍기는 향과 같아 그런 이름이 붙었다. 메조(좁쌀)와 찰수수 이외의 첨가물이 들어가지 않으며 알코올 도수는 보통 40도가량 된다. 고려 왕건 시대의 진상주인 문배주는 고려 중엽, 시인 김기원이 대동강변 연광정에서 문배주로 흥을 돋우다가 '대야동두점산장성일면용용수

(大野東頭點山長城一面溶溶水)'라고 글을 짓고 한숨을 돌리기 위해 붓을 멈추고 문배주를 마셨는데 워낙 술맛이 좋아 함께 자리한 시인, 화가들이 다투어 술을 마셨다는 이야기가 전해진다. 시흥(詩興)이 떨어진 김기원은 결구를 쓰지 못해 영원히 미완의 시로 남게 됐다는 뒷이야기가 문배주의 운치를 더해주는 듯하다.

고려시대 이후에도 역사가 이어져온 문배주는 평양의 평천양조장에서 제조되다가 6·25 전쟁 직후 전수자들이 월남하면서 북한에서는 문배주가 사라지게 되었다. 남한에서도 1955년 양곡관리법 때문에 곡식으로 술을 빚을 수 없게 되어 명맥이 끊길 뻔했으나 전수자들이 조금씩 몰래 만들며 30여 년간 비법을 지키다가 1986년 국가의 중요 무형문화재로 지정되었다. 이후 1990년 공식적인 제조 허가를 받아 어렵게 세상에 선보일 수 있었다. 무형문화재로 인정받고도 제조 허가가 늦어진 것은 '북한 술'이라는 이유로 저평가되었기 때문이다.

문배주는 주암산 물로 만들어야 제맛

남한의 문배주가 북한에 처음 알려진 것은 1990년 남북총리회담 때이다. 당시 애주가로 알려진 북한의 연형묵 총리가 서울을 방문했을 때 우리 측이 준비한 양주에 불만을 표시해 다시 문배주를 가져다줬다고 한다. 연 총리는 문배주에 아주 만족해 만찬석상에서 이

술을 극찬했고, 이를 계기로 고위층의 관심을 끌기 시작했다. 이어 평양에서 열린 남북고위급회담에서도 문배주는 만찬주로 인기를 끌었고, 당시 이 이야기가 언론에 소개되면서 문배주는 북한은 물론 남한에도 널리 알려지기 시작했다.

문배주

지난 2000년 6월 14일 남북정상회담 목란관 만찬장에서 남한의 공식 만찬주인 문배주를 보고 김정일 국방위원장은 이희호 여사에게 "문배주는 주암산 물로 만들어야 제맛이지요"라고 하기도 했다. 2018년 4월 남북정상회담 때 진행된 만찬에서도 남북의 인사들은 두 정상의 건배사 이후 비공개로 진행된 만찬에서 문배주를 주고받았다고 한다. 이날 더불어민주당 우원식 원내대표가 "절대로 후퇴하지 말고 큰길로 만들어야 한다"고 하자 김정은 북한 국무위원장은 "함께 힘껏 노력하자"고 화답하며 문배주를 원샷했다고 한다. 훈훈한 분위기에 힘입어 김 위원장뿐 아니라 김여정 조선로동당 제1부부장도 술을 마신 것으로 알려졌다.

북한 측 인사들이 특히 문배주를 좋아하는 이유는 이들이 서양 술을 의식적으로 기피하는데다 북한의 전통술이라는 인식을 갖고 있기 때문이다. 북한에서는 한때 평양 일대에 남북 합작으로 문배주

공장을 세우자고 제의하기도 했다. 정주영 명예회장도 방북할 때마다 매번 문배주를 선물로 가져갔다고 한다. 현대 관계자는 "(북측 관계자에게서) '술맛을 본 김 국방위원장이 문배주의 맛에 매료됐다'는 말을 들었다"고 귀띔해주기도 했다.

북한 측 인사뿐만 아니라 고르바초프 전 소련 서기장, 옐친 전 러시아 대통령, 미야자와 전 일본 총리도 문배주의 맛에 찬사를 아끼지 않았다. 특히 1991년 방한한 고르바초프 전 서기장은 문배주 150병을 소련으로 가져가기도 했다. 이처럼 세계인의 입맛을 사로잡은 문배주는 지난 1991년 하반기부터 일본과 미국, 유럽 등지에서 주문이 쏟아져 국내 민속주 가운데서는 처음으로 세계 시장에 진출해 호평을 받고 있다.

북한의 비핵화로 국제사회의 대북제재가 해제되는 등 남북경협 환경이 조성된다면 세계적으로 인기가 높은 문배주의 남북 합작 공장이 평양에 건설될지도 모른다. 남북경협의 첫 시작으로 문배주 공장을 건설하는 것도 꽤 의미 있는 일일 것 같다는 생각을 해본다.

4 | 일등급 봉사기지 대동강수산물식당과 귀한 철갑상어

북한 대표 수산물 식당

2018년 9월 평양 남북정상회담 둘째 날 만찬에서 문재인 대통령이 평양 주민들을 만나 대화를 나눴던 '평양 대동강수산물식당'이 큰 주목을 받았다. 평양 대동강수산물식당은 지난 2018년 7월 30일 문을 연 북한을 대표하는 수산물 식당으로, 하루 평균 1,000여 명의 손님이 찾는다. 대동강구역 릉라동 대동강변에 위치한 배 모양의 현대식 3층 건물인 이곳은 식당에서 밖을 보면 대동강과 릉라인민유원지, 5월1일경기장, 청류벽 등이 한눈에 보일 정도로 경관이 뛰어난 곳에 자리 잡고 있다.

대동강수산물식당의 1층은 철갑상어, 연어, 조개류, 자라 등을 모아놓은 대형 수조와 낚시터가 있다. 처음에는 낚시터에서 손님들이 직접 잡은 물고기를 요리해주는 방식으로 운영했으나 사람들이 너무 몰려 지금은 낚시터를 운영하지 않는다. 다만 1층의 철갑상어와 룡정어(독일산 가죽잉어), 민물연어 등 생선회를 요리사들이 직접 떠주는 코너는 줄을 서서 한참을 기다려야 할 만큼 주민들에게 큰 인기

평양 대동강수산물식당

를 끌고 있다.

2~3층에는 다양한 수산물요리를 맛볼 수 있는 식당과 수산물 가공품을 판매하는 마트 등으로 구성되어 있다. 2층 매장에는 철갑상어, 룡정어, 연어, 방어, 고등어 등 통조림과 칠색송어 훈제 그리고 마른 낙지(오징어) 같은 건어물, 대게 살 등의 가공품이 가득하다. 지난 2018년 8월 취재차 방북한 기자들의 보도에 따르면, 대동강수산물식당 매장의 철갑상어 통조림 가격은 북한 돈 305원(미화 환산 약 3달러), 첩갑상어훈제 730원(약 7달러), 철갑상어 알인 캐비어는 5,000원(약 50달러)이라고 책정되어 있었다고 한다.

또한 2층과 3층에는 총 1,500석 규모로 대중식사실과 가족식사실, 민족요리식사실, 초밥식사실, 과학자식사실, 영예군인식사실 등이 다양하게 마련되어 있다. 특히 따로 마련된 과학자식사실은 과학자 우대 정책에 따라 과학자에게 먼저 이용할 수 있는 우선권이 주어지고 영예군인식사실은 우리의 국가유공자 개념과 비슷하게 전쟁 등에서 공을 세운 사람들을 우선 배려하는 식사 공간이다. 대동강수산물식당은 크고 작은 연회룸을 갖추고 있어 평양 시민들이 가족 또는 직장 동료와 즐겨 찾는 곳으로 알려졌다.

김정은 위원장이 큰 관심을 쏟는 식당

대동강수산물식당은 김정은 국무위원장이 직접 이름을 지어주고 부지도 정해주는 등 큰 관심을 쏟은 곳으로 알려져 있다. 2018년 6월 9일자《로동신문》은 김정은 국무위원장이 준공을 앞둔 평양 대동강수산물식당을 돌아보았다며 1, 2면 전면에 대대적인 보도를 했다. 김정은 국무위원장은 실내 못(수조)들에서 유유히 헤엄치는 철갑상어, 룡정어, 연어, 칠색송어를 비롯한 고급 어종들과 식당의 특성에 맞게 조성된 가공품 매대들을 둘러보며 "우리 인민들이 사철 펄펄 뛰는 물고기로 만든 맛있고 영양가 높은 수산물요리와 가공품을 봉사받게 되면 좋아할 것"이라고 말했다고 한다. 북한 언론들은 "평양 대동강수산물식당을 바다와 강, 땅에서 나는 모든 산해진미를 앉은 자리에서 맛볼 수 있는 일등급 봉사기지"라고 추켜세웠다.

2018년 9월 남북정상회담 둘째 날 평양 대동강수산물식당을 방문한 문재인 대통령은 평소 해외 순방 때처럼 북한 주민들과 자연스럽게 인사했고, 평양 시민들은 박수를 치며 환영해 깊은 인상을 남겼다. 식당에는 일반 시민들이 저녁을 먹기 위해 가족 단위로 와 있었으며 3대가 함께 온 경우도 많았다. 김정은 위원장이

대동강수산물식당의 회 떠주는 코너

뒤늦게 만찬에 참석한다는 의사를 밝혀와 문 대통령은 김 위원장을 기다리며 자연스럽게 식당 이곳저곳을 둘러봤다.

문 대통령, "우리가 다녀가면 훨씬 더 유명한 곳이 될 것"

문재인 대통령이 식당 내 '초밥식사실'에 들러 일반 시민이 있는 테이블을 찾아가 "안녕하세요"라고 인사하자, 시민들은 놀라 일어서서 박수를 치며 문 대통령과 악수를 했다. 또 '서양료리식사실'에서는 식사 중이던 시민들로부터 기립 박수를 받기도 했다. 문 대통령은 시민을 향해 "음식 맛있습니까, 우리도 맛보러 왔습니다. 아마도 우리가 다녀가고 나면 훨씬 더 유명한 곳이 될 것 같습니다. 좋은 시간 되십시오"라고 말했다.

이후 김정은 국무위원장 내외가 도착하자 시민들은 식사를 멈추고 "만세"를 부르며 환호했다. 일부 시민들은 울먹거리기도 했다. 식당 1층에서 만세 소리가 커지자 문 대통령과 김 위원장은 발걸음을 멈추고 2층에서 1층을 내려다보며 손을 흔들었다. 잘 알려졌듯, 이는 문재인 대통령이 해외 순방 때면 현지 주민들이 즐겨 가는 식당에서 식사를 하곤 해서 북한 측에 추천을 부탁했는데 북측에서 평양 대동강수산물식당의 방문을 제안하면서 전격적으로 이루어진 것이다.

문 대통령과 김정숙 여사는 지난 2017년 12월 중국을 국빈 방문했을 때도 '용허센장'이라는 식당에서, 지난 2018년 3월 베트남을 방문했을 때도 하노이 숙소 근처의 '포 텐 리꾹수' 쌀국수 식당에서 아침식사를 했다. 특히 용허센장은 대통령 내외가 다녀간 지 이틀 만에 문 대통령이 주문했던 메뉴를 '문재인 대통령 세트'로 출시해 세계의 이목을 끌기도 했다.

문 대통령은 평양 대동강수산물식당의 여러 방들 중 봄맞이방에서 만찬을 즐긴 것으로 알려졌다. 평양 대동강수산물식당에서도 문재인 대통령의 메뉴가 출시되었는지, 봄맞이방도 기념 공간이 되었을지 궁금하다. 다만 평양 대동강수산물식당은 국가가 운영하는 식당이기 때문에 마케팅 차원에서 기념 공간이나 특별한 메뉴를 마련하기보다 주민들을 하나라도 더 받기 위해 다른 곳과 똑같이 활용하고 있지 않을까 추측해본다.

한편 남북 정상이 방문하면서 북한에서 추천한 대동강수산물식당이 서민 식당이 아니라 고급 식당 아니냐는 반응들도 많았다. 음식 가격이 싸지 않아서 서민이 이용하기 어려울 것으로 생각한 듯한데, 북한은 외국인 이용 가격과 자국민 가격이 다르게 책정되어 있다. 때문에 북한 주민들은 훨씬 저렴한 가격으로 이용할 수 있는 것이다. 다만 식당을 이용하려면 이용표가 있어야 하는데, 북한 당국은 핵실험 이후 과학자들에게 포상을 하거나 명절에 영예군인을 초대하는 등 정책적으로 필요한 경우이거나, 각 지역별로 한 구역(남한의 구 개념)당 한 가족을 초대하는 등의 계획에 따라 이용표를 배포한다. 그러므로 문 대통령이 식사한 방 외의 다른 방에서는 실제 평양

시민들이 저렴하게 식사를 즐겼을 것이다.

위성은 하늘을 날고 철갑상어는 바다로 간다

대동강수산물식당에서는 여러 종류의 해산물을 즐길 수 있지만 그중에서도 가장 유명한 것은 철갑상어다. 대동강수산물식당에서 문재인 대통령과 김정은 위원장의 식탁에 어떤 메뉴가 올랐는지 보도되지는 않았지만, 분명 철갑상어는 있었을 거라 짐작해본다. 철갑상어는 사회주의체제의 자부심을 상징하기 때문이다. 2010년 12월 21일자 《로동신문》은 철갑상어 양식의 성공을 두고 "하나를 해도 최첨단 수준에서 하려는 조선의 리상과 남들이 하는 것은 우리도 할 수 있으며 남들이 못한 것도 우리는 한다는 민족적 존엄, 마음만 먹으면 무엇이나 다할 수 있는 커다란 잠재력과 세계를 향해 비약하는 조선의 모습이 있다"라고 보도했다. 이는 북한의 철갑상어가 단순히 양어에서의 성과뿐 아니라 민족적 자긍심의 대상으로까지 확대되었음을 보여준다. 김정일 국방위원장은 세계적으로도 그 자원이 적고 인공번식이 어려운 값비싼 철갑상어의 양어에 성공한 것과 관련해 "우리의 위성은 하늘을 날고 우리의 철갑상어는 바다로 간다!"는 시를 읊었다고도 한다.[39] 이 시기 북한은 '광명성 2호'를 발사했는데 미사일이 아니라 인공위성이라고 주장했다. 김 위원장은 인공위성 발사와 철갑상어 양식의 성공을 빗대 이처럼 표현한 것이다.

그동안 북한은 핵실험 등 국방력에만 신경 쓰면서 주민들의 먹고사는 일은 외면하고 있다는 외부 사회의 지적을 들어왔다. 그래서 인공위성과 철갑상어를 함께 내세워, 과학기술력을 과시하는 동시에 경제도 챙긴다는 이미지를 보여주려 한 것이었다. 특히 철갑상어는 자본주의국가에서는 비싼 가격에 일반 주민들이

철갑상어회

쉽게 먹을 수 없는 음식인데 대량 양식으로 평범한 주민들까지 쉽게 접할 수 있게 되었음을 강조한 것이다.

북한은 철갑상어 양식의 성공을 적극 홍보하며 옥류관을 비롯한 유명 식당들에서 철갑상어 요리를 선보이고 있다. 철갑상어 알인 캐비어는 세계 3대 진미 중 하나로 꼽힌다. 북한의 옥류관에서는 지난 2009년 9월부터 철갑상어 요리를 선보이기 시작했다.

철갑상어는 육질이 단단해 회로 먹었을 때 가장 맛이 있다고 하지만, 사실 가격이 워낙 비싸 쉽게 맛볼 수 있는 음식이 아니다. 그러니 앞으로 남북교류가 활성화된다면 우리도 철갑상어나 캐비어 요리를 좀 더 쉽게 접할 수 있지 않을까 기대해본다.

5 | 북한에서 온 선물, 송이버섯

이산가족 위로한 송이버섯

'2018 평양 남북정상회담' 기념으로 김정은 국무위원장은 문재인 대통령에게 송이버섯 2톤을 선물했다. 송이버섯은 북한의 단골 선물 품목으로 지난 2000년과 2007년 남북정상회담 때도 선물로서의 역할을 톡톡히 했다.

산속의 쇠고기로 불리는 송이버섯은 소나무의 뿌리에서 양분을 흡수하고 토양으로부터 각종 무기물이나 양분 등을 빨아들인다. 이처럼 송이버섯 균사는 소나무에 붙어사는 공생균으로 다른 버섯과 달리 현재까지 인공재배법이 개발되지 못해 가격이 비싸다. 특히 남한은 송이버섯 주요 산지가 태백산맥 언저리에 국한되어 있지만 북한에서는 함경, 낭림, 마식령산맥 등 산지가 넓고 재배조건이 뛰어나 해외에서 호평받을 만큼 품질 좋은 송이가 생산된다. 이번에 김정은 국무위원장에게 선물 받은 송이버섯도 칠보산 송이 최상품으로 알려졌으며, 시가로 환산하면 15억 원에 이른다고 한다.

북한에서는 매년 8월 말부터 10월 초까지 대대적인 송이 채취 작업이 벌어진다. 이때는 산악지방의 주민은 물론 군인들까지 차출되고 특히 최대 송이 산지인 함경북도 칠보산 일대와 함남 홍원 일대에는 헬기까지 동원된다. 지난 2000년과 2007년 김정일 국방위원장이 선물한 칠보산 송이도 해발 659m의 청정지역에서 재배한 최상급 제품으로, 정상회담을 앞두고 선물을 마련하기 위해 사단급의 인력을 투입한 것으로 알려졌다. 그 당시보다는 양이 조금 줄었지만 그래도 이번 김정은 국무위원장의 선물도 비슷한 노력을 들여서 준비한 것으로 보인다. 김 위원장에게 선물 받은 송이버섯은 잘 알려진 것처럼 추석을 앞두고 고령의 미상봉 이산가족 4,000여 명에게 500g씩 전해졌다.

문재인 대통령은 당시 "북한에서 마음을 담아 보낸 송이버섯이 부모 형제를 그리는 이산가족에게 조금이라도 위로가 되었으면 좋겠다. 보고픈 가족의 얼굴을 보듬으며 얼싸안을 그날까지 건강하시기 바란다"는 내용의 카드를 함께 보내 이산가족들의 아픔을 위로했다.

칠보산 최상품 송이버섯은 남북정상회담 단골 선물

김대중, 노무현 대통령과의 정상회담 직후에도 북한의 김정일 국방위원장은 선물로 송이버섯을 전달했다. 김대중 대통령에게 보낸 송이버섯은 1.25kg짜리 작은 상자 8개씩을 묶어 포장한 10kg짜리 상자 300개다. 이는 정상회담에 참석했던 대표단과 2000년 8월 방북했던 남한 언론사 사장단을 비롯해 267명에게 한 상자씩 돌아갔으며 남은 서른세 상자는 전직 대통령을 비롯한 각계 인사들에게 보내졌다. 정부는 이 송이를 여야 국회의원들에게 선물로 보내 당시 정치권에서는 "김정일 송이를 선물로 받지 못한 사람은 실세가 아니다"라는 말이 돌기도 했다.

노무현 대통령 때도 청와대는 김 위원장이 선물한 칠보산 자연송이 4톤을 전직 대통령, 헌법기관장, 국무위원, 정당 대표, 국회의원, 경제단체장, 정상회담 특별수행원, 공동취재단, 이북 5도민 관계자, 남북 접경지역 초등학교, 이산가족 일부, 통일운동 시민단체 대표, 소록도 등 사회지도층 인사와 소외계층 3,800명에게 나눠 지급했다. 여기서 잠깐 여담을 들려주자면, 당시 한나라당 김용갑 의원이 두 번 모두 청와대가 보낸 김정일 국방위원장의 송이 선물을 거부해 눈길을 끌기도 했다.

쌀을 보장하는 송이버섯

북한의 자연산 송이는 김정일 국방위원장이 선물로 쓸 만큼 맛과 향이 뛰어나 북한이 자랑스러워하는 자원 중 하나이다. 때문에 송이가 많이 자라는 지역을 '자원 보호구역'으로 지정하고 국가에서 정책적으로 보호, 관리하고 있다.

북한에는 4개의 자원 보호구역이 있는데 모두 송이 자원 보호구역이다. 이중에서도 평안남도 양덕군 상성리의 송이 자원 보호구역이 제일 크고 유명하다. 상성리 소나무숲 2,427ha 면적의 이 보호구역은 송이의 생육에 적합한 자연적인 생태환경을 갖고 있어 생산되는 송이의 맛과 향기가 제일 좋은 것으로 알려져 있다. 이 지역에서는 해마다 송이의 균이 넓게 퍼져 나가는데, 송이를 따낸 자리를 꾹 눌러주면 40년 이상 해마다 돋아난다고 한다.

나머지 송이 자원 보호구역은 모두 함경북도에 있는데, 부령군의 부령 송이 자원 보호구역이 2,290ha, 어랑군의 어랑 송이 자원 보호구역이 1,291ha, 청진시 청암구역의 청암 송이 자원 보호구역이 651ha 규모이다. 국가적으로 보호하고 있다 보니 북한에서 송이는 매우 귀하게 다뤄진다. 송이를 밀매하면 정치범으로 취급받아 엄중한 처벌을 받는다.

대북인권단체인 '좋은벗들'은 2008년 9월 10일 소식지를 통해 "조선로동당 중앙당은 송이버섯을 비법적(불법적)으로 채취하는 자들을 혁명자금을 뽑아내는 범죄적 행위를 하는 것"이라고 규정하고 "식량위기에 맞서 혁명자금을 마련하기 위해서는 송이버섯을 비롯한 외화벌이를 잘하여 쌀을 보장해야 한다. 이에 송이버섯 단속과 관련한 법적 통제를 강화하기로 한다는 방침을 전달했다"고 보도한 바 있다. 북한에서는 주민들의 식량문제를 해결하는 일이 그 무엇보다도 중요한 정치적인 사안으로 여겨지기 때문에 송이버섯의 불법 밀매는 주민들에게 쌀을 보장해주기 위한 외화벌이 사업에 차질을 주는 정치적 범죄행위라는 논리이다.

나도 2007년 이렇게 귀한 북한산 송이버섯을 맛본 적이 있다. 당시 시민단체의 대표였던 지인이 선물 받은 송이버섯을 함께 나눠 먹자며 잡채를 만들어온 것이다. 덕분에 조금이지만 송이버섯을 맛보았는데 기름에 살짝 볶은 송이 향이 입안 가득 퍼질 때의 기쁨을 지금도 잊지 못한다. 귀한 송이버섯을 보낸 북한의 정성에, 잡채를 만들어 함께 나누려는 지인의 마음이 더해졌으니 더욱 그 맛이 배가되었던 듯싶다.

6 | 제주도가 일군 평화, 감귤(feat. 통일딸기)

8년 만의 만남

제주의 감귤이 북한으로 갔다. 8년 만이다. 2018년 11월, 남북정
상회담에서 김정은 국무위원장으로부터 받은 북한의 송이버섯 선물
에 대한 답례품 격으로 남한에서는 제주의 감귤을 보냈다. 이렇게
감귤이 또다시 평화의 길을 내는 데 동참했다.

1998년에 들어선 김대중 정부가 햇볕정책을 표방하자 제주도는
지자체 중 가장 먼저 남북 협력사업에 뛰어들었다. 1998년 제주의
감귤 100톤이 처음으로 북한 땅을 밟았고, 이후 2010년까지 매년
북으로 갔다. 12년간 지속된 '감귤 보내기'는 남북 화해의 상징사업
이 되었고, 제주산 감귤 4만 8,238톤과 당근 1만 8,100톤이 북한 주
민들에게 전달됐다. 북한은 이에 대한 보답으로 제주도민 8,350명을
네 차례에 걸쳐 평양, 개성, 백두산, 묘향산으로 초청했다.

그러나 우리 정부의 5·24 조치로 남북 간 모든 교역이 끊어지면서
북한 감귤 보내기 사업도 중단되었다. 기약 없이 중단된 북한 감귤 보
내기 사업은, 2018년이 돼서야 북한의 송이버섯 선물에 대한 답례로

당도 12브릭스 이상의 고품질 감귤 200톤을 보내며 재개된 것이다.

10kg짜리 상자 2만 개에 이르는 감귤 배달을 위해 군 수송기 (C-130) 네 대가 동원되었다. 감귤은 지난 2018년 11월 11일과 12일 이틀에 걸쳐 하루에 두 번씩 모두 네 차례 운반됐다. 군 수송기 네 대는 아침 8시 제주공항을 출발해 오전 10시 평양에 도착한 뒤 오후 1시에 돌아왔고, 다시 귤을 싣고 오후 3시 제주를 출발해 5시 평양 도착, 저녁 8시 제주에 귀항했다.

2018년 11월 16일자 《조선중앙통신》은 "문재인 대통령이 동포애의 정을 담아 송이버섯에 대한 감사의 표시로 다량의 제주도 귤을 성의껏 마련해 보내왔다"고 보도했다. 김정은 국무위원장은 문 대통령이 보낸 남녘 동포들의 뜨거운 마음이 담긴 선물에 사의를 표시하고 학생들과 평양시 근로자들에게 전달하도록 지시했다.

감귤이 워낙 귀한 북한에서는 시장에서 귤 하나씩이 아니라 깐 채로 한두 쪽씩도 팔린다고 한다. 이렇게 귀한 대접을 받는 감귤을 보냈으니, 평양시 근로자와 학생, 청소년들은 무척 행복했을 것이다.

하루 40톤의 마늘이 남북을 오가기도

답례가 늦어지자 남한에서는 북이 보낸 송이버섯 선물을 잊고 "경제도 어려운데 갑자기 북한에 퍼주기를 한다", "감귤 상자에 뭐가 들어 있는지 어떻게 아냐"는 식의 논란이 일부 있었다. 하지만 갑자기 200톤이나 되는 귤을 구매할 경우 시장 가격에 영향을 줄 수 있어서 청와대는 감귤이 가장 많이 수확되는 시기를 기다린 것이었다. '감귤 보내기 사업'은 그 자체로도 평화를 만드는 사업이지만, 가격 안정화에 도움을 줘 농민들에게도 좋은 일이기 때문에 제주도와 농민단체들이 적극 환영하기도 했다. 더욱이 농민들은 감귤 외에 다른 월동채소 보내기도 추진해달라고 요구했다.

실제 제주도는 남북교류협력이 활발하던 당시, 제주 마늘 가공사업도 추진했다. 지난 2007년 2월 북한의 '정성의학종합센터'와 남한의 마늘 유통업체인 '산과들 농수산'은 민족화해협의회와 우리민족서로돕기운동의 주선으로 개성시 성남동에 마늘 가공공장을 설립했다. 이곳에서는 하루 평균 40톤의 깐 마늘을 포장해 남한으로 보내는 일이 이루어졌다. 북한은 제주산 마늘을 가공해 건강식품으로

감귤 출항식

감귤 분배

개발하는 데 공동 협력하자고 요청하기도 했다. 이외에도 제주도는 당근, 흑돼지 사육 협력사업, 북한 어린이 겨울옷 보내기 사업 등을 진행한 바 있다. 그 어느 지자체보다 활발한 남북교류협력 활동을 펼친 것이다. 이 같은 이력에 남북정상회담에서 김정은 국무위원장의 서울 답방이 합의되고 한때 한라산 방문에 대한 기대가 높아지면서, 제주도지사가 백록담을 돌아보며 관리 시설을 점검하기도 했다.

남과 북이 함께 키우는 통일딸기

　다른 지자체들도 북한과의 교류 협력사업을 지속해왔다. 제주도 외에 가장 활발한 활동을 보인 지자체는 경기도로, 제주와 마찬가지로 2010년까지 양묘장 조성, 말라리아 방역, 식량 지원 사업을 추진했다. 그리고 강원도의 경우는 산림 병해충 방제 활동에 적극적이었다. 또 전라남도는 비닐 온실, 발효 콩 공장의 건립을 지원했으며, 경상북도는 과수원 조성을 위해 노력했다. 특히 경상남도는 과수원 조성에 이어 '통일딸기 사업'을 진행하기도 했다.

통일딸기

통일딸기 사업은 봄에 경남에서 키운 어미 딸기 모종을 평양으로 보내 여름 내내 튼튼하고 병에 강한 아기 모종을 증식시켜 가을이 시작될 무렵 다시 경남으로 들여와 재배한 남북협력사업이다. 기온이 낮은 북한에서 모종을 들여와서인지 통일딸기는 잎이 웃자라지 않고 열매가 맺히는 꽃대도 튼튼했으며 딸기의 당도도 높다. 한마디로 맛도 좋고 병해충에도 강한 딸기를 생산해 수익성을 높인 것이다. 단순히 북한에 지원을 한 것이 아니라, 남과 북 모두에게 도움을 준 사업이었다. 통일딸기 사업은 알맞은 기후와 땅을 가진 북한과 발전된 재배기술을 가진 경남의 합작 재배로 남북교류협력사업의 성공 모델로서 평가받았다. 그러나 이 역시 2010년 5·24 조치로 중단되고 말았다.

지난 2018년 9월 남북정상회담 때 지자체 간 경제교류가 화제에 올랐을 때, 김정은 국무위원장이 먼저 경상남도의 통일딸기를 언급했다고 알려지기도 했다. 이런 가운데 지난 2018년 10·4 선언 11주년 공동기념행사 참석차 방북한 6개 시·도 단체장과 부단체장들이 북한의 민족화해협의회 관계자들과 지방자치단체 차원의 남북교류협력사업에 대해 의견을 나눴다. 이때 경상남도는 통일딸기 사업을 다시 북한에 제안했다고 한다. 남북이 함께 키우는 당도 높은 통일딸기를 맛볼 수 있는 날이 그리 멀지 않았기를 기대해본다.

애타는 부모의 마음을 함께 나누자

2008년 9월 8일 민간단체 겨레하나는 빵지킴이 후원회원 모집 행사를 가졌다. 이날 홍보대사를 맡은 배우 권해효 씨와 오지혜 씨는 행사를 진행하면서 이렇게 말했다.

"마른 논에 물 들어가는 것과 자식들 입에 밥 들어가는 것은 내 아버지의 두 가지 기쁨이었습니다. 아이를 키우며 그 기쁨이 내 아버지의 것만은 아니라는 것을, 그 기쁨을 누리시 못하는 부모의 마음이 얼마나 바짝바짝 타들어가는지를 알게 되었습니다. 그 애타는 부모의 마음을 함께 나누는 것 한 달 5,000원이면 할 수 있습니다."

"한 달에 커피 한 잔 값 5,000원만 아끼면 북녘 아이들에게 맛있고 영양가 높은 빵을 먹일 수 있다고 생각하니 얼마나 뿌듯한지요. 그것도 한두 번이 아니라 공장이 돌아가는 한 계속될 수 있다니 말입니다. 한 달에 '겨우' 5,000원씩 내는 회원을 '겨우' 6,000명 못 만들까요. 우리 그거 할 수 있잖아요."

겨레하나 빵사업본부는 평양 대동강에 남과 북이 함께 만드는

'대동강어린이빵공장'을 건립해, 2005년도 4월부터 꾸준히 매일 1만 개의 빵을 생산했다. 빵 이름은 '옥류'였다. 옥류빵은 '남에서 전해주는 소중한 마음(玉)을 아이들에게 잘 흐르게(流) 하겠다'는 뜻이 담겨 있다. 이미 몇 년간 지속된 사업임에도 이날 급히 후원회원 모집 행사를 벌인 것은 당시 세계적인 문제가 될 정도로 곡물 가격이 급격히 상승해 이전에 비해 제빵 재료 구매 가격이 두 배 이상 올랐기 때문이다.

2000년대 초중반은 북한 당국이 고난의 행군기를 벗어났다고 선언한 시기이긴 하지만, 어려움에서 빠져나온 지 얼마 되지 않았을 때라 남한 민간단체의 지원이 고마웠을 것이다. 이는 남한 사람들에게도 북한 동포들이 우리와 한민족이라는 것을 다시 한 번 느낄 수 있는 계기가 되었고, 통일에 대한 인식 개선에 큰 도움이 되었다.

1990년대 중반 이후 대북 민간지원 활동 시작

겨레하나 외에도 당시 활동한 여러 민간단체들은 북한의 취약계층을 돕기 위한 활동에 적극적이었다. 이들은 1990년대 중반 북한의 어려움이 알려지면서 본격적으로 활동을 시작했다.

국내 일부 단체들이 1994년 북한에 의료 기자재를 제공한 것을 시작으로 1995년에는 종교계에서 옥수수 500톤을 지원했다. 하지만 북한에 대한 인도적 지원이 본격적으로 시작된 시점은 1995년 9월 이후이다. 수해를 입은 북한이 국제사회에 대한 지원을 호소하면서 1995년 9월부터 대북 인도적 지원이 사회적 의제로 설정되었고, 지원 운동이 추진되었다. 이 시기 민간단체에서 1995년 12억 원, 1996년 182억 원, 1997년 275억 원을 지원하기에 이른다.

대북 지원은 초기엔 정부 주도로 추진되었으나 이명박 정부가 들어서고 남북관계가 경색되면서 정부가 아닌 민간단체가 주요 채널이 되었다. 지금은 북한을 지원하는 인도주의 단체들의 협의체인 대북협력민간단체협의회(북민협)의 회원 단체수가 100여 곳에 이를 정도로 많은 곳에서 다양한 북한 지원 활동을 벌이고 있다. 통일부의 대북지원정보시스템에 따르면 남한의 민간단체들은 북한에 대한 지원이 시작된 1995년부터 2019년 7월 현재까지 한 해도 거르지 않고 계속 지원해 그 규모는 9,151억 원에 달한다고 한다. 특히 노무현 정부 말기인 2007년 가장 많은 북한 지원 활동이 이루어졌으나, 2010년 천안함 사건과 이로 인한 5·24 조치 등으로 인해 민간 차원의 대북 지원도 급감해 관련 사업이 거의 중단되고 말았다.

대북 지원이 활발하던 당시 가장 비중이 컸던 분야는 긴급구호 사업과 어린이, 노인, 임산부 등 취약계층을 대상으로 한 급식 지원 사업이었다. 이들은 대북 지원사업 비중의 50% 이상을 차지했다. 홍수와 같은 자연재해가 유독 많은 북한의 현실, 고난의 행군 시기 영양부족 등에 시달렸던 비쩍 마른 아이들의 모습에 사람들은 지갑을 열었다. 대부분의 단체들이 북한에 분유, 빵, 국수의 원재료를 지원하거나 빵 공장, 국수 공장, 콩우유 공장의 설립 및 운영을 지원했다.

콩우유는 사람들의 마음을 전하는 사업

지난 2007년과 2008년 방북했을 때 나는 남한에서 지원하는 콩우유 공장과 빵 공장을 방문한 적이 있다. 당시 북한 측 관계자는 "조금을 지원하더라도 중단하지 않고 지원하는 것이 중요하다"고 말했던 게 기억이 난다. 남한의 민간단체들이 모금액을 높여 지원시설을 경쟁적으로 늘리다가 중국산 콩 가격이 급격히 오르면서 지원을 중단하곤 했던 것에 빗대서 한 이야기였다. 지원시설을 늘리는 것도 고맙긴 하지만, 지원이 중단되면 그동안 콩우유를 마시던 어린이들이 무척이나 서운해하기 때문이라고 했다. 그 관계자는 "누구는 주고 누구는 주지 않는 것도 안타까운 일이어서 모두에게 줄 수 있을 때 전체에게 급식한다"고 덧붙이기도 했다. 당시 어린이들이 콩우유와 빵 급식을 받으며 남녁 인사들에게 고마운 인사를 전했던 것이 떠오른다. 지금은 남한에서 보내준 콩우유 급식이 모두 중단되었을 텐데, 남한 사람들의 마음을 전하던 그 공장들은 어떻게 되었을까.

남북관계의 개선에 대비하여 대북 지원 민간단체들도 다시 기지개를 켜고 있다. 지난 2018년 11월, 관련 단체들이 방북해 북한과 협의를 하고 왔다. 여건이 조성되고 남북관계가 개선되면 조만간 민간차원의 대북 협력사업들도 추진될 것으로 보인다. 새로 시작하는 협

장충성당에 설치되어 있는 콩우유 기계

력사업들은 어떤 사업이든 규모가 작더라도 꾸준히 지속적으로 추진할 수 있기를 기대해본다.

사선을 넘어 "초코파이가 먹고 싶다"

"어이, 이수혁이. 내 딱 한 번만 얘기할 테니까 잘 들어두라. 내 꿈은 말야, 언젠가 우리 공화국이 남조선보다 훨씬 더 맛있는 과자를 만드는 기야, 알갔어? 기때까진 어쩔 수 없이 이 쪼꼬빠이를 기리워할 수밖에 없어."

대사만 봐도 떠오르는 영화, 2000년에 상영됐던 박찬욱 감독의 〈공동경비구역 JSA〉에서 북한 인민군 중사 역의 송강호가 탈북을 권유하는 남한 병장 역의 이병헌에게 한 말이다. 이 영화는 2000년 6월, 첫 남북정상회담으로 남북관계가 급진전되면서 엄청난 인기를 끌었다. 인상적인 장면이 참 많은 영화지만, 초코파이를 놓고 대립하는 이 장면은 북한 특유의 자존심을 잘 표현한 영화의 핵심 장면 중하나로, 박찬욱 감독이 공을 많이 들인 장면이라고 한다.

영화가 나온 지 17년이 지난 2017년 11월 13일, 판문점 공동경비구역(JSA) 북측 초소에서 조선인민군 하사 오청성 씨가 군사분계선을 넘어 귀순한 사건이 발생했다. 당시 그는 탈북에 대한 두려움을 극복하기 위해 소주 7~8병을 마시고 군용 지프를 몰았다고 한다. 탈북을 막기 위해 북한군이 쏜 빗발치는 총탄 속에서 남쪽으로 향했고 그중 4~5발의 총탄을 맞았던 그는 영화보다도 더 극적으로 천신만고 끝에 살아남았다.

그의 몸이 어느 정도 회복되고 나서 가장 먹고 싶은 것이 무엇이냐는 질문에 그는 "초코파이가 먹고 싶다"고 했다. "초코파이를 어떻게 알았냐"고 묻자 "개성공단에서 많이 나온 것으로 알고 있다"고 답했다. 이 같은 사실이 알려지자 초코파이를 만드는 기업 오리온은 그를 응원하는 의미에서 오청성 씨를 수술한 아주대 병원 측에 초코파이 100박스를, 그에게는 평생 먹을 초코파이를 제공하기로 약속했다.

개성공단의 개혁개방을 상징하는 간식

실제 북한에서 남한의 제품 중 가장 많이 알려졌다는 초코파이는 주민들 사이에서 큰 인기를 끌고 있다. 주민들에게 초코파이가 알려지기 시작한 것은 개성공단 가동을 시작한 2005년 이후이기 때문에 〈공동경비구역 JSA〉가 개봉했을 당시에는 영화에서처럼 특수한 상황에 있거나 무역업자나 고위층이 아니라면, 대부분의 평범한 주민들은 접하기가 쉽지 않았다.

그러나 개성공단 입주 초기 일부 업체에서 가격이 저렴하고 열량이 높은 초코파이를 근로자들에게 간식으로 나눠주면서 북한 주민들에게 널리 알려지기 시작했다. 처음에는 개성공단의 한 공장에서 근로자들에게 초코파이를 하나씩 나눠줬는데, 이를 본 다른 기업의 근로자들이 자기들도 달라고 요구하면서 모든 개성공단 기업들이 간식으로 제공하게 되었다.

오리온 초코파이 情 제품

처음 초코파이를 받은 종업원들은 입으로 베어 먹는 게 아니라 손으로 조금씩 뜯어 먹을 정도로 아껴 먹었다고 한다. 또 대부분의 여성 근로자들은 집에 있는 가족에게 주려고 잘 먹지 않았다. 이를 알게 된 입주 기업들이 하나는 가져가고 나머지 하나는 먹으라고 초코파이를 두 개씩 나눠줬는데, 그래도 다 먹은 포장지는 거의 나오지 않았다고 한다. 일부 기업들은 성과급의 개념으로 야근을 하는 근로자에게 초코파이를 추가 제공하기도 했다. 그렇게 하나둘씩 간식으로 제공되는 개수가 늘어서 개성공단의 가동이 중단되기 직전에는 하루 10여 개까지 지급되었다. 근로자들은 간식으로 받은 초코파이를 모아 시장에서 팔거나 선물하기도 했고, 계를 부어 돌아가면서 한 명에게 몰아주기도 했다고 한다. 초코파이는 분명 북한 주민들에게 소소한 즐거움을 주었을 것이다.

그렇게 개성공단을 통해 전파된 초코파이는 북한 사회에서 선풍적인 인기를 끌며 '개혁개방의 상징'으로 떠올랐다.

초코파이 대신 돈으로 달라?

초코파이와 관련한 언론 보도를 통해서도 당시 개성공단의 분위기를 엿볼 수 있다. 2012년 3월 13일자 《조선일보》도 북한 내 '한류'가 인기라고 하면서 초코파이가 북한 각지의 장마당(시장)에까지 광범위하게 유통되고 있다고 보도했다. 신문은 자유아시아방송(RFA)의 인터뷰를 인용해 청진에 사는 주민도 "장마당에 가면 초코파이가 널려 있다"며 "남조선 상품이라면 팔거나 살 수 없다면서 눈에 불을 켜고 단속하는 장마당 보안원들도 초코파이 거래는 못 본 척한다"고 전했다.

당시 일부 언론에서는 개성공단의 북한 근로자들이 초코파이를 하나라도 더 달라며 초코파이 간식 대신 돈으로 줄 것을 요구하고 있다고 보도했다. 초코파이를 더 달라며, 돈으로 대체해줄 것을 요구하다니 무슨 말인가 할 수도 있겠다. 개성공단의 근로자들이 돈으로 바꿀 수 있는 초코파이를 하나라도 더 받으려고 안달이 났다는 이야기인지, 그것도 모자라서 초코파이 대신에 돈으로 달라고 생떼를 쓰는 것인지 아리송하게 느껴질 수도 있다.

그러나 이는 북한 사회를 잘 이해하지 못해서 벌이진 일이다. 현재의 북한은 시장이 활성화되어 돈이 우선이라고 생각하는 사람들이 많아졌지만, 그래도 북한은 '모든 인민의 평등'을 원칙으로 내세우는 사회주의국가다. 그래서 초코파이를 하나 주더라도 모든 공단 근로자들에게 똑같이 나눠주어야 문제가 생기지 않는다. 그런데 어떤 기업은 초코파이를 몇 개 더 주고 또 어떤 기업은 덜 주다 보니 문제가 된 것이다. 개성공단 급식업체에서 일하는 조리장과 인터뷰를 할 기회가 있었는데, 그 역시 비슷한 말을 했다.

북한 근로자들은 사 먹기엔 급식이 비싸서 대부분 도시락을 싸가지고 오는데, 한 업체가 추운 날씨에 반찬도 변변찮은 도시락을 먹는 근로자들이 안쓰러워 국물을 나눠줬다고 한다. 그러자 다른 업체의 근로자들도 "우리도 달라"고 요구했고, 이를 일일이 챙기기 어려운 다른 기업들이 반발해 결국 그 업체도 국물 나눠주기를 중단했다는 것이다. 1,000원짜리를 받을 가능성보다 100원짜리를 똑같이 나눠 받는 쪽이 위화감이 덜하다는 얘기다.

초코파이의 경우도 마찬가지였다. 성과급 개념으로 주는 초코파이의 수가 천차만별이어서 근로자들이 혼란스러웠던 모양이다. 100여 개가 넘는 기업 대표들의 마음이 모두 다른 만큼 초코파이나 선물을 통일하기 어려우니, 북한 측은 초코파이 성과급 대신 일괄적으로 얼마간의 돈을 지급해달라고 요구한 것으로 보인다. 실제로 근로자들 사이에 지급 개수의 차이에 대한 불만이 높아지자 공단 운영자들은 적절한 초코파이 지급 개수에 대한 지침을 세우고 이 범위 내에서 지급하기로 합의하기도 했다.

북한판 초코파이, 쵸코레트 단설기

김정은 시대에 들어서면서 북한에서도 초코파이를 닮은 '쵸코레트 단설기'를 생산해 눈길을 끌었다. 평양시 만경대구역 서산동의 금컵체육인종합식료공장에서 생산하는 쵸코레트 단설기는 주요 원료가 '밀가루, 쵸콜레트, 사탕가루, 빠다, 닭알'이라고 적혀 있다. 인터넷을 찾아보면 초코파이보다 조금 작고, 초코파이의 핵심이라 할 마시멜로가 빠진 쵸코레트 단설기의 사진이 나온다. 쵸코레트 단설기의 맛을 본 이들은 마시멜로가 들어 있는 남한의 초코파이가 훨씬 촉촉하고 부드럽다고 말했다.

북한 언론에 따르면 쵸코레트 단설기를 출시한 금컵체육인종합식료공장은 2011년 10월에 조업을 시작했다. 이후 2015년 1월 김정은 당시 국방위원회 제1위원장이 공장을 식료공장의 본보기, 표준이 될 수 있게 변화시키라고 지시한 뒤 7개월 만에 연 건축면적이 종전의 네 배나 늘어나는 등 크기

북한의 상품 정보 책자에 소개된 쵸콜레트 단설기
(금컵체육인종합식료공장의 '쵸코레트 단설기'와는 다른 제품이다.)

도 확대되고 질적으로도 개선되었다. 체육인을 중심으로 제품을 공급했던 이 공장은 북한 주민 전체를 대상으로 제품을 생산하는 공장으로 탈바꿈했다. 또 공장기능공(제빵사)들을 프랑스에 연수시키는 등 생산 제품의 고급화를 위한 노력도 아끼지 않는다.

공장이 처음 건설될 당시 김정은 제1위원장은 생전의 김정일 국방위원장에게 보고했더니, 매우 만족해하며 한번 가보겠다고 했던 사실을 회고했다. 그러면서 "이렇게 현대적으로 개건(리모델링)된 공장에 장군님(김정일)을 한번 모셨다면 얼마나 좋았을까"라고 말했다고 한다. 2016년 1월 리모델링을 통해 현대화된 금컵체육인종합식료공장을 방문한 김정은 위원장은 "체육 부문뿐 아니라 나라의 식료 공업을 발전시키는 데서 중요한 위치에 있는 공장"이라며 주민들에게 보다 좋은 식료품들을 생산, 공급하는 것이 '김정일 장군님의 유훈'을 관철하는 것이라고 강조했다.

한편, 공장에는 종합조종실과 껌, 백합과자, 튀기과자 등의 생산 공정을 비롯한 식료품의 위생 안전성 보장을 위한 시설들이 새로 조성되었다. 그리고 물놀이장, 이발실, 미용실을 비롯한 편의시설들도 갖춰졌을 뿐만 아니라 개건 이전에 비해 공장의 생산 능력이 네 배 이상 성장했다. 개건 후 공장에서는 누룽지, 꽈배기, 강정, 과일단물(음료), 초콜릿, 단설기(케이크) 등 600여 가지 식료품이 생산되고 있다.

9 │ 조선국보 56호, 강서약수

샘물이 많은 나라

톡 쏘는 청량감이 있는데다 탄산음료에 비해 당이 적어 탄산수를
마시는 사람들이 많다. 탄산수는 천연 탄산수와 인공 탄산수로 나
눌 수 있는데, 남한의 초정탄산수, 프랑스의 페리에 등 일부를 제외
하면 대부분 탄산을 첨가한 인공 합성 탄산수이다. 그런데 북한에
도 100% 천연탄산수가 있다. 바로 북한이 '삼천리금수강산 천하제
일 약수'라고 선전하는 '강서약수'이다.

북한은 유난히 약수가 많기로 유명하다. 지형적으로 약수가 발달
해 전국 39개 지역에 있다고 알려져 있다. 언론 기사들을 종합해보
면 100개가 훨씬 넘는 광천 지대가 있는 북한에는 많은 약수터가 있
으며, 이중 강서약수, 광명약수, 삼방약수, 옥호동약수, 외귀약수, 검
산약수, 묘향산약수, 대동약수, 초정약수, 룡남약수 등이 대표적이다.
그중 평안남도 남포시 강서구 약수리에 있는 강서약수는 북한의 국
보 56호로 지정돼 보호받고 있을 정도로 약수 가운데서도 으뜸이라
고 할 수 있다.

북한의 언론에 따르면, 강서 약수는 1ℓ당 광물질 510mg, 칼슘 50mg, 철 9mg, 마그네슘 13mg 등이 포함된 천연 건강식품이다. 북한에서는 강서약수가 만성 저산성 위염, 위 및 십이지장궤양, 만성 소대장염, 습관성 변비, 만성 간염, 불임증 등의 치료에 특효가 있다고 해 약수터 인근에는 요양소는 물론이고 광천물리치료학연구소, 약수공장까지 자리 잡고 있다.

강서약수

강서약수에는 얽힌 전설이 있다. 옛날 한 농부가 다리에 상처를 입은 한 쌍의 학이 물웅덩이에 내려와 며칠 동안 주둥이로 물을 다리에 발라 치료한 후 날아가는 것을 발견했다. 농부는 너무도 신기해 학이 마신 물을 직접 마셔보니 트림이 나면서 배 속의 거북했던 것들이 사라지고 소화가 잘되었다고 한다. 그 후 주위 사람들에게 알려 함께 우물을 쌓고 약수를 보호하면서 먹어왔다는 것이다.

1936년에 편찬된 《강서군지》를 보면 300년 전 남포시 강서구역 약수리에서 약수샘이 발견됐다는 기록이 남아 있다. 강서약수는 세계지식재산권기구(WIPO)가 발급한 원산지명등록증서, 스위스검사 총협회(SGS)의 품질인증서 등을 받아 순수하고 깨끗한 천연음료로 검증되었다. 해방 전에는 자연적으로 한 곳에서 약수가 솟았으나 1960년대에 적극 개발해 2007년에는 20여 곳에서 솟아나왔다고 한다. 이 가운데서 많이 쓰이는 것은 1호, 5호, 12호, 14호 천으로 하루 용출량이 400㎘나 된다고 한다.

김일성 주석, "가공한 약수를 인민들에게 공급하자"

1956년 북한의 내각회의에서 강서약수터에 일반인이 접근하지 못하도록 하고, 약수를 상품화기로 했다. 이후 김일성 주석에 의해 강서약수공장이 1973년 3월 만들어졌으며, 지금은 생산량과 질에 있어서 자랑할 만한 현대적인 약수 생산기지가 되었다고 한다. 북한 잡지《천리마》2008년 3호는 김 주석이 당시 강서약수 공장 건설에 얼마나 신경을 썼는지 잘 보여주고 있다. 1973년 3월 김일성 주석은 강서군 청산리에 있는 약수터를 찾아 "약수 가공 공장을 건설하여 가공한 약수를 인민들에게 공급하자"며 공장터까지 잡고 상표에 붙일 '강서약수'라는 이름까지 지어줬다. 이후 공장 건설이 마감 단계에 있던 1974년 3월에는 공장의 생산현장을 꼼꼼히 살펴보고 "강서약수는 위장병을 비롯하여 여러 가지 병에 효능이 좋으므로 우리 인민들에게 더 많이 공급해야 한다"고 강조했다.

강서약수는 의료기관에도 보급되고 있다. 북한의 보건성은 소화기 계통 질병 치료에 좋은 강서약수를 평양시내 의료기관과 전력공업 부문에 체계적으로 공급하고 있다. 지난 2001년 8월 평양시의 의료기관에 환자 치료용으로 강서약수를 지원하던 것을 확대해 9월부터는 평양화력발전연합기업소에도 공급했다. 이후 2003년 10월에는 강서약수 가공 공장이 현대적으로 개건되어 일반 주민들에게까지 공급을 확대할 수 있게 되었다.

다시 솟은 강서약수

활발하게 생산되던 강서약수는 지난 2011년 동일본대지진의 영향으로 샘물이 말랐다가 두 달 만에 다시 솟았다. 북한의 웹사이트 〈우리민족끼리〉는 2011년 9월 22일 '60일 만에 다시 태어난 강서약수'라는 기사를 보도했다. 기사는 당시 강서약수 공장 근로자들의 말을 빌려 "지난 3월 11일 오후, 언제나 쉼 없이 솟구쳐 오르던 강서약수가 점차 물 양이 줄어들기 시작하더니 12일 아침에는 완전히 멎어버렸다"며 "이 광경을 본 강서약수 공장 일꾼들과 노동자들은 기가 막혀 어찌할 바를 몰라 하였다"고 밝혔다.

그로부터 몇 달 후 제2차 평양 제1백화점 상품전시회장에 사라져버렸던 강서약수가 다시 진열되어 사람들의 이목을 집중시켰다. 〈우리민족끼리〉는 "강서약수가 다시 평양의 매대들에 나타나게 된 것은 장군님(김정일)께서 현장에 뛰어난 과학기술 집단을 보내주시고 필요한 온갖 긴급대책을 다 세워주셨기 때문"이라고 소개했다. 또 "이미 있던 샘줄기에서 약수가 나오지 않을 경우에는 대담하게 장소를 옮기고 비저항CT탐사를 해볼 데 대한 가르치심을 주셨다"며 "공장 일꾼들이 그대로 하자 15분 만에 약수가 터져나왔다"고 보도했다. 사이트는 또한 "영영 종적을 감출 뻔했던 강서약수는 사라져버린 지 꼭 60일 만인 지난 5월 11일 다시 터져 올라 절세 위인들의 사랑을 담고 또다시 수도의 상점들과 매대들에 나타나게 되었던 것"이라고 그간의 사정을 알렸다. 그러면서 덧붙이기를 "이번에 새로 찾은 약수는 종래의 약수보다 용질량이 커지고 탄산가스 함량이 1.5배나 늘어났으며 칼슘 함량이 많아진 반면에 쓴맛을 내는 유산이온 함량과 염소이온 함량은 낮아져 맛이 순해졌다"고 소개했다.

강서약수는 김정은 시대에도 중요하게 여겨져 김정은 국무위원장은 2017년 6월 3일 강서약수 공장을 현지지도했다. 김정은 위원장은 공장의 현대화·과학화·자동화 수준에 만족감을 표시했다. 또한 새로운 기술을 도입하여 탄산가스 생산량을 늘리고 약수의 질을 높였을 뿐만 아니라 제품의 안전검사도 깐깐하게 진행하는 것에 대해 치하했다.

"6·15 시대로 인해 남녘 동포들도 '강서청산수'를 먹게 됐다"

강서약수는 남한에서도 '강서청산수'라는 이름으로 판매된 적이 있다. 남한의 기업 대동두하나(주)는 1년 6개월간 평안남도 강서의 강서청산수 공장에 설비와 기술을 투자해 지난 2006년 8월 28일 현지에서 공장 준공식을 가졌다. '강서청산수' 남북합작 공장은 대동무역(주)과 그 계열 판매회사인 대동두하나(주)가 300만 달러를, 북한의 은하무역총회사가 100만 달러를 투자해 1년이란 짧은 기간에 완공했다. 주로 남한이 설비와 자재를, 북한이 부지와 노동력 등을 댔으며 월 100만 병(500ml 크기)을 생산할 수 있는 규모였다.

북한 민족경제협력연합회 김춘근 부회장은 "북과 남이 힘을 합쳐 건설한 강서청산수 공장의 조업은 큰 의미가 있으며, 6·15공동선언의 생활력을 보여주는 또 하나의 증거"라면서 "국보인 강서청산수가 북과 남은 물론, 세계로 뻗어나가도록 하자"고 강조했다. 또 김 부회장은 남북경협을 총괄하는 북한의 책임자답게 "남북합작으로 만든 강서청산수 공장의 조업처럼 어떤 어려움이 있더라도 우리 민족끼리 서로 돕고 힘을 모으면, 북남경협을 활성화하고 민족경제를 균형적으로 발전시킬 수 있으며, 통일조국, 부강 번영을 이룩할 수 있다"고 말했다.

대동무역(주)의 이대식 회장도 기념사를 통해 "온갖 난관을 극복하고 남과 북이 힘을 모아 공장을 완공해 감개가 무량하다"며, "강서청산수는 인체에 가장 적합한 광천수로서 각종 질병의 치료 효과가 높아 민족의 염원인 '병 없이 살 수 있는 세상'을 일구는 데도 크게 기여하게 될 것"이라고 말했다. 이 회장은 "강서청산수 공장이 남과 북의 공동이익, 공동번영을 위한 경제협력 사업의 모범이 되길 바란다"는 소망도 피력했다.

중국에서 만난 강서약수

대동무역은 1996년 6월 국내에 처음 강서약수를 들여왔지만, 이듬해 남한에서 '약수'라는 명칭을 사용할 수 없다는 제한에 걸려 어려움을 겪었다. 당시 북한은 국가 천연기념물로 지정된 강서약수의 명칭을 바꿀 수 없다는 입장이어서, 대동무역 측이 직접 '강서청산수'라고 이름 짓고 북한을 설득한 끝에 1998년 국내 통관이 재개됐다. 대동무역은 2000년에서 2003년까지 설비지원을 통해 350ml들이 생수병을 매월 30만 개까지 생산할 수 있는 공장을 건립하고 회원제 마케팅 등을 통해 남한에도 제품을 선보였다. 하지만 안타깝게도 강서청산수는 5·24 조치 이후 북한과의 무역이 중단되면서 볼 수없게 되었다.

최근엔 강서약수가 중국의 상해, 북경, 청도 등 일부 지역에서 판매되고 있다. 중국의 상해봉조무역유한회사는 조선강서약수회사와 중국 전 지역을 비롯, 전 세계에 총판매 계약을 체결하고 북경, 청도, 천진 등 주요 도시들의 대형마트와 호텔, 식당들에 납품하고 있다고 홍보하고 있다.

2018년 6월, 중국 상해의 한 식당에서 우연히 강서약수를 만났다. 이제는 강서약수라는 제 이름으로 중국 곳곳에 진출한 것 같아 반갑기도 했지만, 한편으로는 남북경협으로 만들어진 강서청산수는 사라지고 북중경협만 잘되는 것 같아 아쉬운 마음이 컸다.

10 | 트럼프와 김정은의 햄버거

"회의 테이블에 앉아 햄버거를 먹겠다"

북한과 미국은 최대의 적대관계 국가였다. 2000년에는 매들린 올브라이트 미국 국무장관이 평양을 직접 방문하기도 했고, 북미 대화 및 6자회담 등을 통해 어느 정도 대화를 한 시기도 있었지만, 국가의 형성기부터 지금까지 대부분의 기간 동안 반미는 북한의 핵심 이념이었다. 북한은 분단 이후 이념 대결로 시작된 반미를, 최근 식량부족이나 경제문제 등 북한 내부의 어려움을 미국 탓이라 여기고 주민들끼리 똘똘 뭉치도록 하는 도구로 삼고 있다. 어려서부터 그렇게 교육을 받고 자라다 보니 북한 주민들에게 미국은 절대 타협할 수 없는 그런 상대로 받아들여진다.

그런 북미관계에 변화가 찾아왔다. 2018년 6월 12일 김정은 국무위원장과 미국의 트럼프 대통령이 만난 것이다. 국가 수립 이후 북한과 미국의 첫 정상 회동으로 70년 만에 이루어진 역사적 사건이었다. 북미정상회담 이후 평양 거리에는 반미 구호도 사라졌다고 한다.

전통적인 미국 외교의 관념에서 볼 때 전 세계의 경찰을 자처하는 초강대국 미국이 독재국가이자 불량국가인 북한과 대화를 하는 것은 격에 맞지 않다고 여겨, 미국 정상들은 대부분 북한과의 대화를 시도하지도 않았다. 다만 클린턴 대통령이 정권 말기에 북미정상회담과 방북을 추진했으나 공화당과 대통령 당선자 부시의 반대로 무산되었고, 오바마 대통령도 대통령 후보 경선 당시 "이란, 쿠바, 북한의 지도자를 만나겠다"고 말했으나 이 역시 엄청난 비판을 받았다.

이런 가운데 트럼프 대통령은 공화당의 대선 후보 시절 "대통령이 되면 북핵 문제를 해결하기 위해 김정은 위원장과 직접 대화하겠다. 그와 대화하는 데 아무 문제가 없다"며 "햄버거를 먹으면서 협상을 하겠다. 김정은 위원장의 미국 방문을 받아들이겠다"고 말했다. 당시 트럼프 대통령 후보자는 "대화를 통해 북한이 핵무기를 포기하도록 할 확률이 10~20%는 있다"며 자신감을 보였다. 그래서 당시 트럼프

싱가포르의 한 호텔이 출시한 '트럼프–김정은 햄버거'

대통령 후보자의 '햄버거 미팅' 제안은 세계의 이목을 끌기도 했다.

화합을 상징하는 한식 + 양식 + 현지식

이런 배경에서 진행된 1차 북미정상회담이다 보니 양 정상이 정말 햄버거를 먹을지 관심이 집중되었지만 아쉽게도 그런 장면은 연출되지 않았다. 이날 오찬은 싱가포르의 카펠라호텔에서 준비했다. 카펠라호텔 총괄 셰프인 데이비드 세니아는 오찬 준비를 위해 전날 김정은의 수행 요리사와 의견을 교환한 것으로 알려졌다.

북미정상회담 당일, 백악관은 트럼프 대통령과 김 위원장이 업무 오찬에 들어가기 직전 두 정상에게 제공될 코스 요리 메뉴를 공개했다. 전채로는 아보카도 샐러드를 곁들인 새우 칵테일, 허니라임소스를 넣은 말레이식 그린망고 케라부와 신선한 문어, 오이와 고기를 함께 넣은 궁중요리 오이선이 제공됐다. 메인 메뉴로는 감자 도피느와 삶은 브로콜리, 와인소스가 들어간 소고기 콩피(소갈비), 중국식인 칠리소스를 곁들인 새콤한 돼지고기(탕수육), 엑스오(XO)소스를 곁들인 중국식 볶음밥, 대구조림이 준비됐다. 식후엔 다크 초콜릿 가나슈, 체리 소스를 넣은 하겐다즈 바닐라 아이스크림, 프랑스식 트로페지엔(크림케이크)이 나왔다. 요약하자면 서양식과 싱가포르 현지식, 한식이 혼합된 코스 요리로 제공된 것이다. 특히 전채 요리인 '오이선'과 메인 요리 중 '대구조림'은 한글 이름 그대로 표기되었다.

오이선은 궁중음식으로 오이의 칼집 사이에 볶은 고기와 지단을 채우고 달걀, 당근으로 장식한 음식이다. 모양이 작고 예뻐 각종 행사 때 전채 요리로 많이 활용된다. 백악관은 대구조림에 대해 대구와 무, 아시아 채소를 간장에 졸인 음식이라고 설명했다.

메뉴가 공개되자 사상 최초로 이루어진 북미정상회담 메뉴는 특정 국가에 치우치지 않고 북한, 미국, 싱가포르의 음식문화가 골고루 섞여 북미 간 화해와 교류라는 정치·외교적 의미를 모두 담아냈다는 평가를 받았다.

첫 번째 북미정상회담에서 양 정상은 오찬 이후 완전한 비핵화, 평화체제 보장, 북미관계 정상화 추진, 6·25 전쟁 전사자 유해 송환 등에 대해 합의했다. 비핵화의 구체적인 세부 추진 절차 등이 포함되지는 않았지만 북미 정상들이 북한과 미국 사이의 오랜 적대관계를 종식시키고, 새로운 관계를 수립했다고 선포한 것이다. 북미 양국이 한반도의 완전한 비핵화를 위해 노력함과 동시에 평화체제를 구축한다는 내용에 합의한 것만으로도 그 의미가 컸다.

김정은, 볼턴에 "같이 사진 찍자"

정상회담의 식사 메뉴는 단순히 음식 이상의 의미를 가진다. 양 정상의 식성이 반영되는 것은 물론, 정치적인 의미까지 부여되기 때문이다. 따라서 입장 순서와 좌석 배치, 만찬장의 테이블 모양 등 세심한 부분 하나하나까지 정치적 계산하에 치밀하게 준비한다. 음식은 일반적으로 방문한 상대를 배려하되 자국의 음식문화를 소개하는 메뉴로 정한다.

언론에 공개된 사진들을 보면 싱가포르 북미정상회담 오찬장에 당시 미국 측에서는 트럼프 대통령과 함께 마이크 폼페이오 국무장관, 존 켈리 백악관 비서실장, 존 볼턴 국가안보회의 보좌관, 성 김 필리핀 주재 미국대사, 매슈 포틴저 NSC 부보좌관이 참석했다. 북한 측에서는 김정은 위원장 주변으로 김영철 조선로동당 대남담당 부위원장 겸 통일전선부장, 리수용 조선로동당 국제담당 부위원장, 리용호 외무상, 노광철 인민무력상, 최선희 외무성 부상, 김여정 조선로동당 제1부부장, 한광상 조선로동당 중앙위원회 부장이 앉았다.

긴 흰색 사각 테이블에 앉은 북미 양측은 성공적인 회담을 암시하듯 밝은 모습으로 식사하는 장면을 보였다. 특히 김정은 국무위원장이 오찬 중 존 볼턴 미국 백악관 국가안보회의(NSC) 보좌관에게 "같이 사진 찍자"는 깜짝 제안을 한 것이 후에 알려졌다. 볼턴 보좌관은 싱가포르 북미정상회담 직후 미국의 한 방송 인터뷰를 통해 오찬 도중 어느 시점인가에 김정은 국무위원장이 "우리 둘이 함께 사진을 찍어야 한다. 내가 (북한에 있는) 나의 강경파들에게 당신이 그리 나쁜 사람이 아니라는 걸 보여줄 필요가 있다"고 말했음을 소개했다.

볼턴 보좌관은 2003년 김 위원장이 선친인 김정일 국방위원장을 "폭군 같은 독재자"라고 칭하고 "북한의 삶은 지옥 같은 악몽"이라고 발언한 바 있다. 특히 이번 북미 간 비핵화 협상에서는 집요하도록 '선(先) 비핵화 후(後) 보상'을 강조하며 북한을 압박했다. 이 같은 이유로 북한으로부터 과거 '인간쓰레기' 등으로 불리는 등 맹비난을 당한 볼턴 보좌관과 김정은 위원장의 만남은 서로 어색한 모습을 연출할 것으로 예측되었다. 그럼에도 불구하고 김정은 국무위원장은 볼턴 보좌관에게 먼저 다가가 사진을 찍자고 하며 분위기를 개선하려는 노력을 한 것으로 보인다. 실제 북한의《로동신문》은 김정은 국무위원장과 볼턴 보좌관이 오찬에 앞서 악수하는 장면을 담은 사진을 싣기도 했다.

격식, 의전을 깬 햄버거 회동은 언제쯤?

트럼프 대통령과 김정은 위원장이 첫 만남에서 실제 햄버거를 먹지는 않았지만 1차 북미정상회담 당시 싱가포르의 한 호텔이 '트럼프-김정은 햄버거'를 출시해 눈길을 끌기도 했다. 북미정상회담을 전후해 판매한 이 햄버거는 닭고기 패티 위에 김치를 얹었고, 햄버거를 미국의 성조기와 북한의 인공기로 장식했다. 또한 감자튀김과 함께 한국식 메뉴인 김밥을 특별히 곁들였다. 이 세트와 함께 팔린 '정상회담(Summit) 아이스티'는 전통 미국식 아이스티에 한국의 맛을 더해줄 유자를 가미했다.

한편 지난 2019년 6월 30일에는 트럼프 대통령이 미국 대통령으로는 처음으로 북한 땅을 밟았다. 문재인 대통령과 김정은 국무위원장, 트럼프 대통령이 판문점에서 한자리에 있는 모습은 그 자체만으로도 한반도의 평화를 상징하는 장면으로 전 세계에 감동을 줬다.

당시 G20 정상회의 직후 한국을 방문한 트럼프 대통령은 격식, 의전 등을 모두 깨고 친근감을 강조하며 트위터를 통해 김정은 국무위원장을 DMZ에서 만나길 희망했다. 김정은 국무위원장도 이에 응답해 과감히 나서며 역사적인 만남이 성사되었다.

알려진 대로 갑작스러운 만남인 만큼 동선이 정해지지 않아 카메라 앵글이 엉키고 경호 문제도 다수 노출되는 등 문제점이 많았다. 그럼에도 불구하고 격식과 의전이 없는 만남이 준 감동은 계획된 모습에서 볼 수 없는, 감동 그 이상이었다. 앞으로도 이런 격식 없는 만남이 지속되면 언젠가는 트럼프 대통령과 김정은 국무위원장의 햄버거 만찬도 성사되지 않을까?

희망적일 거라 예상됐던 친교 만찬

2018년의 1차 북미정상회담은 당일 회담으로 양 정상이 한 번의 식사를 같이 했지만 2차 북미정상회담은 이틀 동안 두 번의 식사를 함께 했다.

2019년 2월 27일, 28일 베트남 하노이에서 진행된 2차 북미정상회담은 1차 회담보다 진전된 '북한의 비핵화 세부 진행 방법과 미국의 상응조치'에 대한 합의가 이루어질 것으로 전 세계가 기대했다. 이 같은 기대감에 김정은 국무위원장은 60시간이나 걸리는 여정임에도 불구하고 자신의 전용열차로 평양에서 베트남 하노이까지 4,500km를 이동하며 세계의 이목을 집중시키는 빅 이벤트를 펼쳤다. 북미 간 비핵화 협상은 동북아의 평화와 관련된 중요 이슈인 만큼 이들의 일거수일투족은 전 세계에 중계됐다. 특히 2차 북미정상회담이 사실상 '친교 만찬'으로 시작되면서 전 세계는 김정은 국무위원장과 트럼프 대통령의 만찬에 주목했다.

만찬은 회담장인 하노이 소피텔 레전드메트로폴호텔 1층에 위치한 '라 베란다'에서 진행됐다. 직사각형 테이블에 마주 앉아 식사했던 싱가포르 북미정상회담의 오찬과 달리, 이날 만찬에는 둥글고 작은 테이블이 배치됐으며 김 위원장과 트럼프 대통령은 마주 보지 않고 나란히 앉아 더욱 친밀하게 느껴졌다. 또 둘 사이에 속삭이는 듯한 모습이 연출되기도 해 전 세계 사람들은 다음 날 회담 결과가 희망적일 것으로 기대하기도 했다.

만찬상에는 새우칵테일과 등심구이 등 양식과 한식 네 가지 메뉴가 조화롭게 차려졌던 것으로 알려졌다. 당시 전채 요리로 사우전드 아일랜드소스와 상추를 곁들인 새우칵테일이 나왔으며, 메인 요리로는 등심구이와 배속김치가 제공됐다. 또한 디저트로는 바닐라 아이스크림을 얹은 초콜릿과 곶감을 넣은 수정과가 준비됐으며 술은 나오지 않았다.

배속김치

전해진 바에 따르면 김 위원장은 덜 익힌(rare) 등심구이를, 트럼프 대통령은 완전히 익힌(well done) 등심구이를 준비했다고 한다. 트럼프 대통령은 평소 바싹 구운 패티가 들어간 햄버거와 콜라를 즐겨 먹는 것으로 알려졌다. 바싹 구운 스테이크 역시 이 같은 음식 취향에 따른 것으로 보인다. 또한 새우칵테일은 미국 측에서 요구한 메뉴이며, 싱가포르 1차 북미정상회담 때에도 올랐던 만큼 트럼프 대통령이 특별히 좋아하는 메뉴로 보인다. 후식으로 나온 초콜릿케이크는 케이크를 잘랐을 때 초콜릿이 '자유(Freedom)'처럼 흘러나오게 해달라는 미국 측의 특별 주문대로 만들어졌고 후식에 아이스크림을 곁들인 것도 트럼프 대통령의 취향이라고 한다.

북한이 요구한 메뉴인 배속김치는 배의 가운데 부분을 파내고 김치를 넣은 북한 음식으로, 지난 2018년 남북정상회담의 식사 자리에도 올랐다. 북한은 이날 만찬을 위해 24~30일간 숙성한 배속김치를 평양에서 공수해왔다.

미국 측은 협상이 깨질 것을 미리 알고 있었나?

2018년 9월 남북정상회담 때 배속김치를 먹어본 김정숙 여사는 그 맛에 반해 청와대 주방에서 직접 담가보기도 했다고 한다. 이처럼 한 번 맛본 이들은 그 달고 시원한 맛에 푹 빠진다는 배속김치. 2차 북미정상회담 만찬 메뉴가 공개된 뒤 당시 탁현민 대통령 행사기획 자문위원은 페이스북을 통해 "만찬 메뉴 중에 배속김치가 나왔다는 기사를 보고 입맛을 다셨다"고 말했을 정도다. 아울러 그는 "처음 평양에 갔을 때 현송월 단장에게 배속김치 담그는 법을 물었는데 백김치를 담그고 배 속에 넣는 방법도 있고 아예 배와 함께 담그는 방법도 있고 여러 가지라고 하더라"며 "옥류관 냉면 열풍에 이어 '배속김치'도 그만큼 화제가 될 것으로 예상한다"고 했다.

그러나 그의 예상과 달리 배속김치는 큰 화제를 끌지 못했다. 배속김치가 비운의 음식이 된 것은 여러 이유가 있겠지만 가장 큰 이유는 하노이 회담이 합의문을 도출하지 못하고 중단되면서 그 열기가 급격히 식었기 때문이다.

이틀째를 맞은 2차 북미정상회담 오찬 직전 트럼프 대통령은 오찬을 취소하고 회담을 중단했다. 오찬 장소인 '르 클럽 바에는 긴 테이블이 놓였고 메뉴와 명패까지 준비되었으나 아무도 나타나지 않았다. 언론 등에 공개된 내용에 따르면 하노이 정상회담의 성과물이 도출되지 않은 상황에서 성대한 식사부터 했다는 비판을 의식해 일부러 '소박하게' 메뉴를 구성한다는 이유를 댔지만, 백악관 측은 회담 이전부터 "만찬 메뉴를 아주 간단하게 해달라"고 수차례 요청했었다고 한다.

메트로폴호텔이 회담장으로 최종 확정된 것은 회담 사흘 전, 양국 정상의 식사 메뉴 확정은 회담 이틀 전에 이뤄졌다. 당시 미국 측은 '슈퍼 심플(매우 간소)한' 코스 메뉴를 요청했지만, 북한은 다양한 메뉴를 원했다. 때문에 조정이 어려웠으나 양측이 협의를 거쳐 첫날 만찬에서 네 가지 메뉴를 내놓게 됐다는 것이다. 합의가 이루어졌다면 역사적으로도 큰 의미가 있는 사건이었을 텐데 간소한 메뉴만을 고집한 것은 미국 측에서 어느 정도 협상 결과물이 도출되지 않을 것을 예측한 것은 아닌가 하는 생각도 든다.

주인을 잃은 '아름다운' 요리

2차 북미정상회담이 합의를 이뤄내지 못한 것은 북한의 대북제재 해제 요구와 미국의 완전한 비핵화 추진에 대한 서로 간 입장차가 컸기 때문이다. 또한 2차 북미정상회담 직후 트럼프 대통령이 직접 밝혔듯, 오랜 기간 트럼프 대통령의 개인 변호사로 일했던 마이클 코언의 청문회도 한 원인이 됐다. 공교롭게도 트럼프의 부적절한 행위를 폭로한 코언의 청문회와 2차 북미정상회담이 같은 날 열렸다. 당시 미국 언론은 북미정상회담 소식보다 청문회 뉴스로 도배를 했고, 여론이 코언 청문회로 집중되면서 트럼프 대통령이 북미정상회담에만 집중하기 어려웠을 것이다. 게다가 북미정상회담 결과가 기대에 미치지 못하면 주변의 우려에도 불구하고 회담을 추진했던 트럼프 대통령이 사면초가에 몰릴 상황이라 처음부터 판을 깰 수도 있음을 충분히 고려한 것으로 보인다.

이런 이유로 북미 두 정상은 준비된 오찬 메뉴를 먹지 못했다. 오찬 메뉴는 전채·본식·후식의 세 개 코스였다. 오찬 취소 후 로이터가 입수한 메뉴에 따르면 전채로는 푸아그라(거위 간 요리), 본식으로는 심해 어종인 은설어요리, 후식으로는 바노피 파이(바나나와 생크림으로 만드는 영국식 파이)와 설탕에 절인 인삼, 인삼차가 제공될 예정이었다. 오찬 코스 메뉴 네 가지 가운데 유일하게 테이블에 오른 것은 사과 푸아그라 젤리 전채였다. 당시 소피텔 레전드메트로폴호텔의 총괄 셰프 폴 스마트에 따르면 김 위원장 전속 요리사들이 사과 모양의 젤리에 푸아그라를 넣었고, 한 시간에 걸쳐 해초를 이용해 새 모양 장식을 만들었다고 한다. 주방에서는 이 요리가 식당으로 옮겨진 뒤 한 시간이 지나도 다음 요리를 올리라는 지시를 받지 못했고, 두 시간이 지난 뒤 오찬이 취소됐다는 소식을 들었다고 했다.

스마트가 요리한 메인 요리인 '스노 피시'(은설어구이)와 파이, 김 위원장의 전속 요리사들이 만든 인삼정과와 인삼차는 식탁에 오르지도 못했다. 녹색과 빨간색 젤리로 생삼처럼 장식한 인삼정과 등은 호텔 직원들의 몫이 되었다고 한다.

총괄 셰프 스마트는 "정말 아름다운 음식이었다"며 "두 정상이 먹어줬으면 얼마나 좋았을까" 하고 아쉬움을 토로했다. 다만 메트로폴 호텔은 북미 정상의 만찬과 오찬 메뉴 일부를 호텔 고객들에게 '대통령 트럼프&김 국무위원장의 식사'라는 이름으로 2019년 3월 말 한시적으로 선보이기도 했다.

김정은 국무위원장은 음식 마니아

지난 1차 북미정상회담의 음식을 만든 싱가포르 카펠라호텔 총괄 셰프인 데이비드 세니아는 당시 주방에서의 일을 비밀로 해 외부에 오찬의 뒷이야기가 거의 알려지지 않았다. 그러나 2차 북미정상회담 직후 두 정상의 만찬 메뉴를 준비한 베트남 소피텔 레전드 메트로폴호텔의 총괄 셰프 폴 스마트는 언론 인터뷰를 통해 이틀간의 정상회담 기간 중 김 위원장의 전속 요리사 두 명과 함께 일했던 내용을 공개했다.

주방에는 스마트와 북한 김정은 국무위원장의 전속 요리사 두 명, 영어에 능통한 북한 통역사, 북미 감독관 등 여섯 명만 들어갈 수 있었는데, 음식을 만드는 동안 미국과 북한, 베트남의 경호원들이 근처에서 철저히 감시했다고 한다.

북한 요리사들은 스테이크 고기, 김치 등 모든 음식 재료를 북한에서부터 전용 열차에 싣고 왔으며 위생 관리가 아주 철저해 모든 것이 개별적이고 위생적으로 포장되어 있었다고 말했다. 또한 그들은 따로 조그만 알코올 면봉까지 가져와 칼과 도마, 나이프와 포크를 알코올로 소독했으며 안전상의 이유로 만찬장으로 식사가 나가기 전 양측이 각 정상에게 제공될 음식을 미리 먹어보기도 했다는 것이다. 요리사들은 양 정상에게 제공될 음식 일곱 세트를 만들어 북한과 미국 측에서 각각 두 명씩 먼저 맛보고 만일의 경우를 대비해 북한과 베트남 당국자, 호텔 측이 샘플로 한 세트씩 갖고 있었다고 한다.

스마트는 또한 "김정은 위원장의 전속 요리사들은 '김 위원장이 음식 마니아로 많은 음식을 먹어보고 싶어한다'고 말했다"며 트럼프 대통령이 요청한 새우칵테일을 본 적이 없던 김 위원장 전속 요리사들이 '사우전드아일랜드 드레싱' 맛에 흥미를 보여 드레싱 요리법을 알려줬다고 전했다. 이에 김 위원장의 전속 요리사들은 보답으로 김치 만드는 법을 전수한 것으로 알려졌다.

3차 북미정상회담의 추천 메뉴는 '평양냉면'

북미정상회담 만찬에서 특징적인 것은 만찬주가 나오지 않았고, 건배사나 건배 제의도 없었다는 점이다. 어느 외교 만찬에서나 만찬장에 올라 널리 회자되곤 하는 만찬주 대신 와인잔에 냉수가 담겨 있었다. 이는 전혀 술을 마시지 않는 트럼프 대통령의 성향 때문이다. 트럼프 대통령은 형인 프레드가 알코올 의존증이 심해져 건강을 잃고 1981년 43세의 나이로 세상을 떠나자 그 이후 절대 술을 마시지 않는 것으로 알려졌다. 2018년 9월에 열린 제73차 유엔총회에서도 트럼프 대통령은 다이어트 콜라가 담긴 잔으로 건배 제의를 했고 2017년 우리나라에 국빈 방문했을 때도 와인잔에 콜라를 담아 건배한 바 있다.

한편 앞으로 개최될 3차 북미정상회담에서는 어떤 음식이 평화를 상징하면서 그 역사적인 의미를 되새길지 궁금하다. 한 가지 메뉴를 추천해본다면 바로 평양냉면이다. 북미 양 정상이 아주 시원한 동치미 국물에 만 평양냉면을 먹어보는 것도 괜찮지 않을까 싶다. 그동안 답답할 정도로 꽉 막혔던 북미 간 불신 관계가 해소된다는 의미로 속이 뻥 뚫릴 만큼 시원한 평양냉면이야말로 제격이란 생각이 든다.

12 | 그리운 그 맛, 금강산의 갈비

금강산 구급봉사원이 건넨 사탕

3부의 마지막 주인공은 내게 특별한 음식이다. 남북정상회담 만찬에 오르지도 않았고, 어느 유명 인사가 먹었던 음식도 아니지만 내 기억 속에 아름다운 추억으로 남아 있기 때문이다. 바로 금강산의 사탕과 갈비가 그 주인공이다.

2007년과 2008년 1월에 신년맞이 행사 취재차 금강산에 갔었다. 만물상[10]에 눈이 너무 많이 와 전날까지 산에 오르는 것이 통제되었는데, 그날은 마침 등반이 가능했다. 다른 사람들은 그 절경에 감탄했지만 나는 미끄러지지 않기 위해 신경 쓰느라 기력이 이만저만 소진된 게 아니었다. 산에서 한 시간 정도 인터뷰를 하다 보니 일행과의 약속 시간에 늦어 서둘러 하산해야 했다.

북한의 산림원들과 구급봉사대원들은 구두를 신고서도 날렵하게 잘 오르내리는데 난 몇 차례나 넘어지고 말았다. 산에 그냥 드러눕고 싶을 정도로 기진맥진해 있는데, 그만 또 한 번 발이 미끄러져 몸이 뒤로 넘어가는 순간이었다. 바로 뒤에 있던 박철남 구급봉사대원이 얼른 나를 잡아주었다. 구급봉사대원의 가방은 환자 발생 시에 사용할 들것과 휴대용 산소호흡기 등이 가득 들어 있어 20kg이 넘는다고 했다. 내가 제일 문제였기 때문에 내 뒤를 따라다니며 챙긴 것인데, 무거운 가방을 메고서도 지친 기색 하나 없이 보살펴주어서 고맙기도 하고 미안하기도 했다.

"아, 저 때문에 너무 고생하시는 것 같아요. 먼저 가세요."

"넘어지시면 제가 더 힘들어질까봐 그럽니다."

수줍은 미소를 짓던 박철남 대원은 내게 사탕 하나를 건넸다. 남한의 번쩍이는 포장지에 색색이 포장된 사탕에 비해 북한 사탕은 그저 투명봉지에 담겨 있어 수수하기 그지없다. 그래도 탈진하기 직전에 받은 수수한 사탕 하나가 얼마나 맛있던지, 그때의 달콤한 사탕 맛은 그 뒤로도 두고두고 생각이 났다.

평생 잊지 못할 금강산 산림원

금강산에는 산림 복구를 위해 애쓰는 산림원들이 있다. 겨울철의 금강산 등반은 오르는 것보다 내려오는 것이 훨씬 힘들었다. 등산로가 좁아 혹여 앞사람이 눈길에 미끄러지기라도 하면 함께 떨어질 수 있어 식은땀이 났다. 바짝 긴장해 내려가는데 북한의 산림원들이 내 손을 잡아주며 안심시켰다.

나를 잡아준 산림원의 이름은 리남송. 고성에 살며 원산농대에서

산림을 전공한 그는 금강산 지킴이로 활동하고 있었다. 그의 일은 등산객들이 담배꽁초나 휴지를 버리는 등 금강산을 훼손하는 일이 발생하면 어디든지 나타나 해결하는 것이었다. 아이젠까지 하고서도 이리저리 미끄러지는 남한 사람들이 무색하게 그는 별다른 장비 하나 없이 겨울 금강산을 수월하게 오르내리곤 했다. 어떻게 그리 등반을 잘하느냐고 묻자 그는 웃으며 대답했다.

"우리는 날 때부터 산을 오르내려 이런 것쯤은 아무 문제가 되지 않지요. 신발에 날개가 달려 있으니."

그리고 자연스레 대화가 오갔다.

"핵실험 이후 관광객들이 많이 줄었습니까?"

"예, 아주 많이 줄었다가 요즘엔 다시 회복되고 있습니다. 그래도 예년보다는 훨씬 줄었지요. 관광객들 중 보수 측의 분들은 통일이 되면 우리 핵도 함께 나눠 가지는 것이라고 아무리 말해도 듣지 않아 답답합니다."

"흠~ 여기 금강산 너무 아름다워요. 다음에도 꼭 오고 싶네요."

"다음번엔 꼭 봄에 오시라요."

"왜 꼭 봄에 오라는 거죠?"

"처녀 총각 만나기에는 봄이 좋잖습니까."

"나이가 어떻게 되세요?"

(나의 관광증을 보더니) "거기가 세 살 많습니다. 여기 산림원들이나 구급봉사대원들은 거의 비슷한 나이로 세 살 이상 차이가 나지 않

습니다."

"네."

"남녘에서는 한 세 살쯤 어린 사람이랑 결혼하는 것이 유행이라지요?"

정감도 가고 고맙기도 해서, 그의 이름을 기억하고 싶었다.

"어머, 이름을 적으려는데 볼펜이 잘 안 나오네요. 제가 꼭 이름을 외우면서 내려갈게요."

"아니, 잘 들어보시라요. 서울에 남산이 있지 않습니까? 남산 위의 소나무, 리남송 이렇게 외우면 평생을 잊지 않을 것입니다."

산림원 남송이의 식사 초대

평생 잊지 못할 이름 리남송. 혹시나 하고 사진을 찍을 수 있냐고 묻자 의외로 흔쾌히 응했다. 그동안 금강산에서 만난 모든 북측 사람들에게 사진 찍기를 거부당했던 나는 별 기대를 하지 않고 물은 것인데 의외의 대답이 돌아와 오히려 놀랐다. 그러자 그는 내게 몰래 속닥거렸다.

"원래 근무 중에 찍으면 안 되는 건데 몰래 찍는 겁니다. 봄에 꼭 사진 가져오시라요."

"알겠어요! 꼭 올게요."

"3월에 올 겁니까? 4월에 올 겁니까?"

"예? 6월 전에는 꼭 올게요."

즐거운 만남을 뒤로하고 빨리 하산해야 했다. 어쨌거나 나는 또 거의 꼴찌를 기록하고 있었으니까. 앞서간 일행과는 옥류관에서 점심을 같이 하기로 약속이 되어 있었다. 여전히 산길은 미끌미끌했지만 내려갈수록 용기가 생겨 살짝 뛰기도 하는 등 속도가 붙었다. 다 내려와서는 언제 무서워했냐는 듯 아무렇지도 않은 표정으로 아이젠을 벗었다. 그때 리남송과 함께 있었던 북측 안내원 한 무리가 금세 내려왔다.

"아! 또 만났네요."

"보고 싶은 맘에 인차(금방) 내려왔지요. 남녘에서 가장 맛있고 비싼 게 뭡니까?"

"글쎄요, 뭘까?"

그때 누군가 '소갈비'라고 말했다.

"아, 소갈비도 비싸고 맛있지요."

"그럼 다음에 올 때 내가 꼭 우리 집에 소갈비 차려놓고 초대하겠습니다."

"근데 제가 어떻게 남송 씨 집으로 가죠?"

"그때쯤 되면 북남관계가 많이 좋아져 다닐 수 있겠지요."

금강산의 산림원 리남송이 바람둥이든 그저 금강산에 온 손님을 즐겁게 해주기 위한 쇼였든, 아님 남녘 노처녀를 놀린 것이든 그의 말대로 처녀 총각이 만나기 좋은 봄에 다시 금강산에 올 수 있으면 좋겠다고 생각했다.

　하지만 바쁜 일정 탓에 그와 약속한 봄에는 금강산을 찾지 못했다. 그리고 1년 뒤, 새해맞이 행사차 2008년 1월 겨울에야 다시 금강산을 올랐다. 그러나 리남송 씨는 휴일이라 나오지 않았고 나는 다음 날 서울로 돌아와야 해 결국 만나진 못했다. 다만 사탕 선물을 받았던 박철남 구급봉사대원을 만나 "잘 지냈니? 또 보자"는 안부 인사를 겨우 주고받았을 뿐이다. 그래도 또 금강산에 가면 언제든 그들을 볼 수 있겠지 싶었는데 2008년 7월부터 금강산 관광이 중단되고 말았다.

　한동안 해마다 봄이 오면 북한의 산림원과 구급봉사대원이 떠오르곤 했다. 어느덧 10여 년이 지난 지금 그들은 어디서 무슨 일을 하고 있을까. 다시 금강산이 열려 내가 가게 된다면 그곳에서 그들을 만날 수 있을까.

　요즘도 북한의 날씨가 수상하다는 기사들을 보면 방북해서 만났던 그들의 안부가 가끔씩 궁금해진다. 이런 이유로 내게 있어 금강산의 갈비는 그 무엇보다 화해와 평화에 기여하는 음식이다. 정말로 꽃피는 봄이 왔을 때 금강산에 가서 갈비를 얻어먹을 수 있다면 얼마나 좋을까. 상상만으로도 행복해진다.

마무리하며

지금은 꿈같은 일이지만, 2005년 남한 주민 5,000여 명이 20여 일간 평양을 방문한 적이 있었다. 우리겨레하나되기운동본부가 2005년 9월 26일부터 10월 16일까지 북한의 민화협과 합의해 '광복 60주년 기념 평양 문화유적 참관' 행사를 진행한 덕분이었다. 대부분 1박 2일 또는 2박 3일 일정으로 매일 서울과 평양에 전세기가 오갔다. 워낙 짧은 기간에 많은 인원이 방북하다 보니 일반 여행사들도 광고를 통해 방북단을 모집했을 정도였다. 평양에 가볼 마음만 있다면, 누구나 어렵지 않게 방북할 수 있었다. 그때 나는 부모님과 함께 평양 곳곳을 구경했고, 묘향산에도 가보았다.

당시 아버지는 '상대방을 자극하거나 체제의 우월성을 강조하는 발언을 하지 마라'는 방북교육을 받았음에도 불구하고, 순안공항에서 북한 안내원에게 (공항에 설치된 TV를 가리키며) "저것보다 우리 집 TV

가 훨씬 더 크다"고 자랑을 했다. 그리고 서울에 돌아와서는 "묘향산 (국제친선전람관)에 가보니 겉으로는 반공을 외치던 박정희, 노태우 대통령도 김일성, 김정일에게 좋은 선물을 갖다주었더라"고 말하고 다니셨다. 틀린 말은 아니지만, 당시에는 참 당혹스러웠다. 그러나 지금 생각해보면 아버지는 북한에서는 시장경제를 표방하는 남한 주민의 삶에 대해 알려주었고, 남한에서는 보수정권일 때도 이념 대결만한 것이 아니라 남북 정상끼리 교류해왔음을 주변 사람들에게 알려준 셈이었다. 비단 아버지만 그랬던 것은 아니리라. 이런 일들이 쌓이면서 남북 구성원들의 인식이 개선되기도 하고, 서로를 이해하는 데 작은 진전을 이루었을 것이다.

앞으로도 계속 이어질 남북정상회담과 북미정상회담에서 긍정적인 성과를 도출해 남북 간 교류협력이 보다 활발해지면 아버지 같은 사람도 하나둘 나타나지 않을까 기대해본다. 이들의 더디지만 꾸준한 발걸음들이 결국 통일이라는 원대한 목표에 성큼 다가서게 해줄 것이다. 그 여정에서 맞난 북한 음식들을 맛볼 기회도 자연스레 따라오지 않을까, 역시 기대하고 있다.

글을 마무리하며 도와주신 분들께 감사의 인사를 전하고 싶다. 먼저 이 글을 쓰라고 용기를 주신 최영배 과장님과 우병렬 국장님, 그리고 많은 도움을 주고 응원을 아끼지 않은 모든 기획재정부의 동료와 선후배들에게 감사의 마음을 전하고 싶다. 많은 분들이 조언을 해주며 작은 재능을 극대화할 수 있도록 이끌어주시고 독려해주었다. 또《통일뉴스》의 이계환 대표님께도 고마운 인사를 전한다. 대표님은 검증도 되지 않은 내게 여러 번 방북 취재의 기회를 주셨고, '민족음식 이야기'라는 칼럼을 쓰도록 소중한 지면도 내어주셨다. 지도교수이신 고유환 교수님을 비롯해 동국대학교 북한학과 교수님들과 북한 공부를 재밌게 할 수 있도록 도와준 선후배들에게도 감사의 인사를 전하고 싶다. 이공계 출신이라 처음 북한 공부를 시작할 때는 많이 힘들었는데 당시 선후배들이 도와주어 성장할 수 있었다.

아울러 책 제작에 도움을 주신 분도 많다. 한식재단과 한국외식정보, 진미가푸드는 맛깔스러운 북한 음식 사진들을,《통일뉴스》이승현 기자님은 생동감 넘치는 방북취재 사진을 보내주시며 사진의 상당 부분을 책임져주었다. 남북협력제주도민운동본부와 경남통일농업협력회 등도 사진을 보내주어서 독자들에게 생생한 내용을 전달할 수 있었다. 모든 분들께 지면으로나마 감사의 인사를 전한다.

마지막으로 과년한 딸을 여전히 뒷바라지해주고 계신 부모님께 고맙다는 말씀을 드리고 싶다. 당신들의 헌신이 없었다면 지금의 나는 없을 것이다. 올해 칠순을 맞은 부모님께 이 책이 작은 선물이 되었으면 좋겠다. 2018년 9월 문재인 대통령이 백두산 천지를 방문한 장면을 TV로 보고 무척 부러워하신 아버지를 위해 백두산 관광길이 열린다면 가장 먼저 부모님과 함께 산에 오를 것이다. 백두산에서 언감자국수 한 그릇 먹고 온다면 그것만큼 특별한 추억도 없을 테니까.

주(註)

1부

1) 《조선녀성》 2006년 1호.

2) 2010년 12월 11일자 《조선신보》.

3) 2010년 1월 9일자 《로동신문》.

4) 선군정치는 1995년 초에 처음 논의되기 시작했으며, 1998년 김정일 국방위원장 취임과 함께 북한의 핵심적 통치방식으로 정착했다. 이것은 국정 운영에서 군사 부문이 최우선한다는 뜻으로, 군의 영향력을 정치와 경제뿐만 아니라 교육, 문화, 예술 등에 이르기까지 북한 사회의 전 영역에 투영시키고 있다.

5) 2001년 1월 20일자 《로동신문》.

6) 북한 청소년들의 예술체육과 과학교육 분야의 방과후 활동을 교육하는 기관이다. 지난 2018년 9월 남북정상회담 당시 김정숙 여사도 리설주 여사와 함께 방문해 어린이들의 공연을 지켜봤다.

7) 〈세상에 부럼 없어라〉는 1961년 공개된 노래로, 북한의 어린이들이 최고지도자와 조선로동당 아래서 가장 행복한 생활을 하고 있다는 내용이 담겨 있다.

8) 2004년 11월 11일자 《로동신문》.

9) 자강도 강계시 장자동에 위치한 장자산에는 장자산혁명사적지가 조성되어 있다. 북한에서는 김정일 국방위원장이 1950년 6·25전쟁 당시(10월 2~24일) 이곳의 한 농가에 피신해 있었기 때문에 혁명사적지를 조성했다고 소개하고 있다. 혁명사적지에는 김 위원장이 심었다는 두 그루의 잣나무를 비롯해, 학습터, 노래보급터, 군사놀이터, 사격연습터 등이 있다.

10) 금수산기념궁전은 김일성 주석이 생전에 생활하던 금수산의사당(일명 주석궁)을 개조한 건물로, 그의 사후 시신을 영구 보존하기 위해서 만들어졌다.

금수산기념궁전에는 현재 김일성 주석과 김정일 국방위원장의 시신이 영구 보존되어 있다. 시신은 러시아의 전문 인력이 평양에 상주하면서 보존, 관리하고 있다고 알려져 있다.

11) 백두산 밀영(白頭山 密營)은 김정일 국방위원장의 출생지로, 백두산에서 김일성 주석이 항일운동을 하던 도중 김정일 국방위원장이 태어났다고 한다. 북한에서는 백두산 밀영을 성역화해 생가를 복원한 뒤에 백두산 밀영 고향집이라고 부른다. 그러나 북한의 주장과 달리 김정일 국방위원장이 태어난 곳은 백두산 밀영이 아니라 러시아라는 설도 있다.

12) 잡지《민족문화유산》은 김정일 국방위원장이 2004년 6월 20일과 24일 조선로동당 중앙위원회 책임일군들과 한 담화 '민족음식을 적극 장려하고 발전시켜나가야 한다'를 소개하고 있다.

13) 북한은 심각한 경제난과 국제사회의 고립 등을 방치할 경우 모든 것을 잃을 수 있다는 절박함에서 2002년 7월 1일 북한식 개혁·개방 정책인 7·1경제관리개선조치를 발표했다. 북한 당국은 이 조치를 통해 국정가격제의 폐지, 성과급제의 도입 등 사실상 자본주의적 요소를 도입했다.

14) 2003년 10월 19일자《조선신보》.

15) 2004년 6월 29일자《민주조선》.

2부

16) '슴슴하다'는 '싱겁다'의 북한식 표현으로 알려져 있지만 단순히 싱겁다는 뜻만은 아니다. 간이 딱 알맞으면서도 맛이 옅게 느껴지는 그런 맛을 의미한다.

17) 2011년 6월 16일자《로동신문》.

18) 측면에서 볼 때 ㅅ 자 모양의 지붕.

19) 1960년에 건설된 옥류교는 평양 중구역과 대동강구역을 잇는 다리로

옥류교 양측에는 주체사상탑과 옥류관이 있다.

20) 국립중앙도서관 내에 위치한 통일부 북한자료센터에서는 일반인들도 북한 책이나 영화를 자유롭게 볼 수 있다. 영화 〈옥류풍경〉의 인기도 이곳에서 확인할 수 있다.

21) 1993년 북한 당국은 평양시 강동군 문흥리에서 '단군릉'을 발굴했다고 발표하고 단군이 역사적 실존 인물이라는 것을 강조했다. 이후 북한은 대대적인 사업으로 높이 22m, 길이 50m에 이르는 단군릉을 복원했다. 현재 남한 학계에서는 북한 당국의 주장이 정치적으로 과대 해석된 것에 불과하다고 보고 학문적으로 받아들이지 않고 있다.

22) 소의 간이나 천엽.

23) 몸이 점점 허약해지고 수척해지는 증상.

24) 떡을 칠 때 쓰는 두껍고 넓은 나무판.

25) 우메기떡은 개성지역에서 귀한 손님들에게 내놓던 한과의 일종이다.

26) 《별건곤》은 1926년 11월 1일자로 창간된 대중잡지로, 1934년 8월 통권 74호로 종간되었다. 이 잡지는 1926년 8월 일제의 탄압으로 강제 폐간당한 《개벽》의 명맥을 이었다. 소개된 글은 1929년 12월 잡지에 실렸다.

27) 평안남도 온천군 운하리의 궁산유적은 광복 후 북한에서 처음 발굴된 신석기시대 조개무지 유적이다.

28) 울타리를 만드는 데 쓰는 대나 수수깡, 짜리 따위로 발처럼 엮거나 걸어서 만든 물건.

29) 개성공단은 2002년 8월 제2차 남북경제협력추진위원회에서 착공 추진에 합의한 뒤 같은 해 11월 개성공업지구법 발표를 거쳐 12월에 공식 착공되었다. 개성공단은 총 2,000만 평(공단 800만 평, 배후도시 1,200만 평)에 달하는 규모로 3단계에 걸쳐 조성될 예정이었다. 1단계는 2003~2007년까지 공단 배후도시 개발, 2단계는 2006~2009년까지 수도권과 연계된 산업단지로 개발하

고 서울(금융)·인천(물류) 등과 협력체제 구축, 3단계는 2008~2012년에 걸쳐 동북아 경제거점으로 육성하고 다국적 기업을 유치하여 IT 전자산업설비 분야의 복합공업단지로 개발 등이 계획되었다. 이를 근거로 2007년 10월 100만 평에 달하는 1단계 개발이 완료되었다. 개성공단은 2016년 2월 10일 우리 정부가 북한의 4차 핵실험 및 광명성호 발사로 인한 대응 조치로 가동중단을 발표하며 현재까지 운영되지 않고 있다. 당시 개성공단에는 124개 기업, 관련 종사자만 10만여 명이 근무했으며 연간 생산액은 2014년 4억 7,000만 달러, 2015년 1월 ~11월 5억 1,500만 달러였다.

30) 북한의 국제규격화 'KSP'는 한국산업규격 'KS'에 해당한다.

31) 맥주가 향토음식은 아니지만 북한이 자랑하는 대표 음식이고 남한에서도 관심이 높아 포함시켰다.

32) 5·24 조치는 이명박 정부 시절인 2010년 3월 26일 북한의 천안함 폭침 사건에 대한 대응으로 그해 5월 24일 우리 정부가 내놓은 대북제재다. 개성공단과 금강산을 제외한 방북 불허부터 남북교역, 대북 신규투자, 북한 선박의 우리 해역 운항, 대북 지원사업 등을 전면 금지해 현재까지 남북 간의 교역이 이루어지지 못하고 있다.

33) 북한에서 말하는 쩡한 맛은 '정신이 번쩍 들 정도로 톡 쏘는 탄산의 상큼한 맛'을 말한다. 대개 김치가 잘 익어 탄산이 생겨 신맛을 내거나 맥주의 탄산이 강할 때 '쩡한 맛'이 좋다고 쓴다.

34) 아태평화교류협회는 중국, 일본, 태국, 필리핀, 미얀마 등 해외 32개 지역에 지부 및 지회를 두고 있는데, 아태협 대북사업단은 5·24조치 해지를 기점으로 북한의 대동강맥주와 기타주류·음료·공산품 등의 국내 시판을 위해 꾸준한 준비를 해온 것으로 알려졌다. 아태협은 현재 5·24조치로 북한 상품의 국내 수입 및 판매는 진행할 수 없지만, 지난 2018년 국민청원에 의한 대동강맥주 홍보 전시관을 국내에 개설해 대한민국 국민과 해외에 홍보할 수 있도록 북한과

협의를 진행하기도 했다.

35) '12월15일품질메달'은 지난 2012년 12월 15일 김정은 국방위원회 제1위원장이 강성국가 건설의 요구에 맞게 생산과 건설에서 질을 높이는 데 대해 강조한 것을 기념해 2014년 제정됐다. 그만큼 최고 상품임을 보증한다.

36) 북한의 언론이나 자료 등을 보면 '노치'라고 표기되어 있다. 다만 황석영 작가의 글에는 '노티'라고 적혀 있어 그 부분에 대한 내용은 노티라고 표기했다.

3부

37) 당시 청와대는 부산의 대표적인 생선인 달고기가 북한 해역에서는 잡히지 않지만, 유럽에서는 고급 생선으로 분류된다고 설명했다.

38) 들쭉은 백두산 일대에서 자라는 들쭉나무의 열매로 북한은 1980년대 들어 본격적으로 들쭉나무단지를 조성해 최근에는 수만 정보 규모로 확장했으며, 들쭉을 이용해 술, 음료, 젤리 등 각종 식품을 생산하고 있다.

39) 2009년 8월 6일자 《로동신문》.

40) 금강산에 있는 바위산. 바위가 여러 가지 물체의 형상을 나타내고 있어 기묘한 경관을 이루고 있다.

참고자료

1. 남한 자료

· 강철환, 《수용소의 노래-평양의 어항》, 시대정신, 2004.

· 김양희, 《김정일 시대 북한의 식량정치》, 동국대학교 박사학위 논문, 2013.

· 김양희, "수입 품목을 통해 본 북한 경제 변화", 《2017 통일부 신진연구자 논문집》, 통일부, 2017.

· 김양희, "조선녀성에 나타난 북한의 식생활정책", 《한국민족문화》 41호, 부산대학교 한국민족문화연구소, 2011.

· 김양희, "조선예술영화에 나타난 북한의 식생활정책 연구", 《통일문제연구》 23권 1호, 평화문제연구소, 2011.

· 김양희, "체제유지를 위한 북한의 식량정치(food politics)", 《통일문제연구》 24권 1호, 평화문제연구소, 2012.

· 김일한 외, 《북한사회변동 2018 : 시장화, 정보화, 사회분화, 사회보장》, 서울대학교 통일평화연구원, 2019.

· 김종군, 정진아 엮음, 《고난의 행군 시기 탈북자 이야기》, 박이정, 2012.

· 권 혁, 《고난의 강행군》, 정토출판, 1999.

· 김수암 외, 《북한주민의 삶의 질 : 실태와 인식》, 통일연구원, 2011.

· 김연철, 《북한의 배급제 위기와 시장개혁 전망》, 삼성경제연구소, 1997.

· 김현식, 《나는 21세기 이념의 유목민 : 예일대학교에서 보내온 평양 교수의 편지》, 김영사, 2007.

· 《동아일보》 편집부 편, "방북인사 14인이 말하는 감동의 순간-남북 긴장 녹인 러브샷의 감격", 《신동아》, 43권 7호, 동아일보사, 2000.

· 림일, 《평양으로 다시 갈까? : 평양동무의 좌충우돌 서울살이》, 맑은소리,

2010.

· 북한인권시민연합 편,《왕이라 불리는 아이들》, 생명과 인권, 2009.

· 백석 저, 고형진 엮음,《정본 백석 소설 수필》, 문학동네, 2019.

· 스티븐 해거드, 마커스 놀란드 저, 하태경 역,《기아와 인권 : 북한 기아의 정치학》, 시대정신, 2006.

· 시드니 민츠 저, 김문호 역,《설탕과 권력》, 지호, 1998.

· 안석룡, "북한의 농산물 분배와 수매사업에 관한 연구",《북한학연구》5권 1호, 동국대학교 북한학연구소, 2009.

· 양문수, "북한 시장의 형성·발전과 시장행위자 분석",《북한 계획경제의 변화와 시장화》, 통일연구원, 2009.

· 이석, "1980년대 북한의 식량생산, 배급, 무역 및 소비 : 식량위기의 기원",《현대북한연구》7권 1호, 북한대학원대학교, 2004.

· 이석, "1994~2000년 북한 기근 : 초과 사망자 규모와 지역별 인구변화",《국가전략》10권 1호, 세종연구소, 2004.

· 이애란, "북한의 사회급양실태와 음식점 현황",《북한》12월호, 북한연구소, 2008.

· 이애란, "북한의 식량배급정책의 변화에 따른 북한주민의 식생활 실태 및 시사점",《국제문제연구》10권 2호, 국가안보전략연구소, 2010.

· 임상철,《먹거리를 통해 본 북한 현실》, 통일부 통일교육원, 2005.

· 전영선,《북한의 사회와 문화》, 역락, 2005.

· 정세진,《'계획'에서 시장으로 : 북한체제변동의 정치체제》, 한울아카데미, 2000.

· 정광민,《북한기근의 정치경제학 : 수령경제·자력갱생·기근》, 시대정신, 2005.

· 조정아 외,《북한주민의 일상생활》, 통일연구원, 2008.

· 좋은벗들,《북한난민 1855명 증언-사람답게 살고 싶소》, 정토출판, 1999.

· 좋은벗들,《북한사람들이 말하는 북한이야기》, 정토출판, 2000.

· 좋은벗들,《오늘의 북한, 북한의 내일》, 정토출판, 2006.

· 진천규,《평양의 시간은 서울의 시간과 함께 흐른다》, 타커스, 2018.

· 진학포, "천하진미 : 개성의 편수",《別乾坤》4권 7호, 개벽사, 1929.

· 최남선, 최상진,《조선의 상식》, 두리미디어, 2007.

· 통계청,《1993~2055 북한 인구 추계》, 통계청, 2010.

· 통일부 통일교육원 편,《북한이해 2011》, 통일부 통일교육원, 2011.

· 한복진,《우리가 정말 알아야 할 우리 음식 백가지1》, 현암사, 1998.

· 한복진,《우리가 정말 알아야 할 우리 음식 백가지2》, 현암사, 1998.

· 한식재단 편,《숨겨진 맛 북한전통음식》, 한식재단, 2013.

· 한식재단 편,《그리움의 맛 북한전통음식》, 한식재단, 2016.

· 황석영,《맛과 추억》, 디자인하우스, 2002.

· 황석영,《노티를 꼭 한 점만 먹고 싶구나》, 디자인하우스, 2001.

· 후지모토 겐지 저, 신현호 역,《김정일의 요리사》, 월간조선사, 2003.

· 한마당 편,《자랑스런 민족음식 : 북한의 요리》, 한마당, 1989.

· 홍민 외,《북한 전국 시장 정보 : 공식시장 현황을 중심으로》, 통일연구원, 2016.

· N. A. Semashko 저, 신영전, 신나희 역,《소련의 건강보장》, 건강미디어협동조합, 2017.

·《두산세계백과사전》, https://www.doopedia.co.kr.

· 대북지원정보시스템, https://hairo.unikorea.go.kr.

· 문배주 양조원, http://www.moonbaesool.co.kr/story.

·《연합뉴스》, https://www.yonhapnews.co.kr.

· 유튜브, https://www.youtube.com.

· 《조선일보》, https://www.chosun.com.

· 《좋은벗들》, http://www.goodfriends.or.kr/n_korea/n_korea11.

· 청와대 국민청원 및 제안, https://www1.president.go.kr/petitions/about.

· 《통일뉴스》, https://www.tongilnews.com.

· 통일법제데이터베이스, http://www.unilaw.go.kr/Index.do.

· 통일부, http://www.unikorea.go.kr.

· 한국무역협회, http://stat.kita.net/stat/guide/guide_14.screen.

· 통일부 북한자료센터, https://unibook.unikorea.go.kr.

· 《통일신문》, http://www.unityinfo.co.kr.

· JTBC 〈썰전〉, 2018. 5.10.

· 〈MBC뉴스〉, http://imnews.imbc.com/replay/2016/nwdesk/article/4176497_19842.html.

· Sofitel Legend Metropole Hanoi Hotel Twitter.

· UN Comtrade data, https://comtrade.un.or.

2. 북한 자료

· 고상권, 전재우,《생활과 음식료리》, 외국문도서출판사, 2002.

· 국사편찬위원회 편, "북조선소비조합의 양곡수매에 관한 결정서",《북한관계사료집》5호, 과천 : 국사편찬위원회, 1987.

· 국사편찬위원회 편, "조선민주주의인민공화국 내각결정 제9호",《북한관계사료집》22호, 과천 : 국사편찬위원회, 1995.

· 국사편찬위원회 편, "조선민주주의인민공화국 내각지시 제688호",《북한관

계사료집》24호, 과천 : 국사편찬위원회, 1996.

· 근로단체출판사 편, "녀성들은 식생활을 깐지고 알뜰하게 하자",《조선녀성》6호, 근로단체출판사, 2016.

· 근로단체출판사 편, "단고기의 약효",《조선녀성》8호, 근로단체출판사, 2008.

· 근로단체출판사 편, "드시지 못한 쉐기밥",《조선녀성》1호, 근로단체출판사, 2007.

· 근로단체출판사 편, "민족음식을 장려하고 발전시키자",《조선녀성》6호, 근로단체출판사, 2010.

· 근로단체출판사 편, "민족음식을 적극 장려하자",《조선녀성》11호, 근로단체출판사, 2004.

· 근로단체출판사 편, "식생활 개선과 음식문화",《조선녀성》4호, 근로단체출판사, 2004.

· 근로단체출판사 편, "식생활문화, 식사례절을 바로 지키자",《조선녀성》1호, 근로단체출판사, 2006.

· 근로단체출판사 편, "쌀은 곧 사회주의이며 쌀은 곧 공산주의이다〈해설〉",《조선녀성》1호, 근로단체출판사, 2006.

· 근로단체출판사 편, "평양랭면에 깃든 뜨거운 은정",《조선녀성》3호, 근로단체출판사, 2008.

· 근로단체출판사 편, "29송이의 버섯",《조선녀성》5호, 근로단체출판사, 2010.

· 교육신문사 편, "도라지꽃에 깃든 뜨거운 마음",《인민교육》4호, 교육신문사, 2004.

· 교육신문사 편, "(선군령장과 시대어) 왕차",《교양원》2호, 교육신문사, 2017.

· 과학백과사전출판사 편, 《현대조선말사전》 2판, 과학백과사전출판사, 1981.

· 장철구평양상업대학 조선료리강좌, 《감자료리》, 목란출판사, 1999.

· 길정철, "백도라지의 주인들을 찾아서", 《아동문학》 3호, 문학예술출판사, 2002.

· 김금성 외, 《2018 조선상품》, 조선국제무역촉진위원회, 2018.

· 김금훈, 《사계절민속음식》, 조선료리협회, 2015.

· 김문흡, 리길황, 《민속명절료리》, 조선출판물수출입사, 2005.

· 김성수, "비빔밥", 《천리마》 1호, 천리마사, 2004.

· 김성찬, "송이버섯과 그 보호", 《천리마》 2호, 천리마사, 2007.

· 김우경, "금수산기념궁전 전설-언감자국수", 《조선문학》 7호, 문학예술출판사, 1999.

· 김일성, "공산주의적 시책을 더욱 발전시킬 데 대하여", 《김일성저작집》 39권, 조선로동당출판사, 1993.

· 김일성, "국가 량정사업을 개선 강화하기 위한 몇 가지 문제에 대하여", 《김일성저작집》 3권, 조선로동딩출판사, 1979.

· 김일성, "수매사업을 개선 강화할 데 대하여", 《김일성저작집》 33권, 조선로동당출판사, 1987.

· 김일성, "신년사(1993년 1월 1일)", 《김일성저작집》 44권, 조선로동당출판사, 1996.

· 김일성, "신년축하연회에서 한 연설(1959년 1월 1일)", 《김일성저작집》 13권, 조선로동당출판사, 1981.

· 김일성, "전후복구건설을 위한 조선인민의 투쟁", 《김일성저작집》 9권, 조선로동당출판사, 1980.

· 김일성, "쌀은 곧 사회주의이다", 《김일성저작집》 10권, 조선로동당출판사,

1980.

· 김정일, "감자농사에서 혁명을 일으킬 데 대하여",《김정일선집》14권, 조선
로동당출판사, 2000.

· 김정일, "당면한 경제사업의 몇 가지 문제",《김정일선집》14권, 조선로동당
출판사, 2000.

· 김정일, "어머니다운 심정으로 인민생활을 책임적으로 돌봐야 한다",《김정
일선집》1권, 조선로동당출판사, 1992.

· 김정일, "올해를 강성대국 건설의 위대한 전환의 해로 빛내이자",《김정일선
집》14권, 조선로동당출판사, 2000.

· 김정일, "우리 인민의 우수한 민족적 전통을 적극 살려나갈 데 대하여",《김
정일선집》15권, 조선로동당출판사, 2005.

· 김정일, "우리나라에서 타조 기르기의 새 력사를 펼쳐나갈 데 대하여",《김
정일선집》20권, 조선로동당출판사, 2013.

· 김정일, "인민생활을 더욱 높일 데 대하여",《김정일선집》8권, 조선로동당
출판사, 1998.

· 김정일, "주민들에 대한 상품 공급사업을 개선하는 데서 나서는 몇 가지
문제에 대하여",《김정일선집》8권, 조선로동당출판사, 1998.

· 김지원, "전통적인 지방음식 몇 가지",《천리마》8호, 천리마사, 1999.

· 김춘옥, "삼지연의 들쭉",《천리마》7호, 천리마사, 1981.

· 김필순, "해주비빔밥",《조선료리》4호, 조선료리협회, 2010.

· 김호섭, 김흥규,《우리나라 민속명절》, 근로단체출판사, 1991.

· 과학백과사전출판사 편, "함경도지방의 토배기음식들",《민족문화유산》2
호, 과학백과사전출판사, 2005.

· 리상영, "평양시민들 속에서 이어져가는 민족문화와 전통",《조국》10호,
조선신보사, 2004.

· 리명철, "쌀은 곧 사회주의이며 알곡생산을 위한 투쟁은 사회주의의 승리를 위한 투쟁이다",《조선녀성》1호, 근로단체출판사, 2006.

· 리윤숙, "언감자국수",《교원선전수첩》1호, 교육신문사, 2005.

· 리종철, 서영일,《민족의 자랑 조선민속음식》, 과학백과사전출판사, 2017.

· 리재선, "건강식품-녹두지짐",《민족문화유산》3호, 과학백과사전출판사, 2009.

· 리재선, "자랑 많은 우리의 민속음식",《민족문화유산》3호, 과학백과사전출판사, 2005.

· 리철민, "어디 가나 민족음식",《조국》10호, 조선신보사, 2005.

· 리춘홍, "태양의 전설 칠색송어",《교원선전수첩》4호, 교육신문사, 2004.

· 명승범, "백두산의 명산물",《천리마》2호, 천리마사, 1995.

· 박명순, "위대한 령도자 김정일동지의 현명한 령도 밑에 현대적인 기초식품생산기지를 꾸리기 위한 투쟁",《력사과학》1호, 과학백과사전출판사, 2002.

· 박승길, "언감자국수에 깃든 사연",《민족문화유산》4호, 조선문화보존사, 2007.

· 백옥련, "쉬움떡",《민족문화유산》4호, 조선문화보존사, 2004.

· 변승호, "우리 식의 식량문제, 먹는 문제해결의 기본 방향",《경제연구》4호, 과학백과사전출판사, 2004.

· 사회과학출판사 편,《조선말대사전》, 사회과학출판사, 2017.

· 상업과학연구소 급양연구실,《특산물식당료리》, 공업출판사, 2009.

· 서영일, "개성지방 특산음식",《천리마》5호, 천리마사, 2003.

· 신동식, "사회주의사회에서 농산물수매의 본질과 특징",《경제연구》2호, 과학백과사전출판사, 1993.

· 외국문출판사 편,《조선의 수산》, 외국문출판사, 1984.

· 조순영, 《조선의 민족음식 떡》, 사회과학출판사, 2013.

· 지명희, 김익천, 《우리 민족료리》, 근로단체출판사, 2008.

· 조대일, 《조선민족의 음식문화》, 외국문출판사, 2013.

· 조선로동당 중앙위원회 편, "량곡 수매사업에 대하여(북조선로동당중앙상무위원회 제17차 회의 결정서 1946년 12월 17일)", 《결정집》(1946. 9~1948. 3 북조선로동당 중앙상무위원회).

· 조선료리협회 전국리사회 편, "료리를 우리식으로 발전시킬 데 대한 당의 방침을 철저히 관철하자", 《조선료리》 2호, 조선료리협회, 1993.

· 조선료리협회 전국리사회 편, "왕족들만 먹던 국수", 《조선료리》 4호, 조선료리협회, 2009.

· 조선료리협회 전국리사회 편, "조선녀성들의 미덕이 낳은 보쌈김치", 《조선료리》 3호, 조선료리협회, 2016.

· 조선료리협회 전국리사회 편, "국수에 어려 있는 사랑의 이야기", 《조선료리》 3호, 조선료리협회, 2016.

· 조선료리협회, 《조선료리전집》 1~10권, 조선료리협회, 1994~2013.

· 조선중앙통신사 편, 《조선중앙년감》, 조선중앙통신사, 1957.

· 조선로동당출판사 편, "내부한정 강연 및 해설 담화자료-가격과 생활비를 전반적으로 개정한 국가적 조치를 잘 알고 강성대국 건설을 힘있게 앞당기자", 《KDI북한경제리뷰》 1호, 한국개발연구원, 2003.

· 지정희, "수매량정사업을 개선하는 것은 인민들의 식량문제, 먹는 문제 해결의 중요방도", 《경제연구》 4호, 과학백과사전출판사, 2008.

· 천리마사 편, "가재미식혜", 《천리마》 7호, 천리마사, 1987.

· 천리마사 편, "강서약수에 깃든 뜨거운 사랑", 《천리마》 3호, 천리마사, 2008.

· 천리마사 편, "고기쟁반국수", 《천리마》 2호, 천리마사, 2011.

· 천리마사 편, "군중적으로 떨쳐나 토끼를 기르자",《천리마》8호, 천리마사, 2006.

· 천리마사 편, "개성특식",《천리마》12호, 천리마사, 1981.

· 천리마사 편, "대동강숭어국",《천리마》7호, 천리마사, 2018.

· 천리마사 편, "류다른 감사",《천리마》7호, 천리마사, 2007.

· 천리마사 편, "어버이사랑을 가슴에 안고",《천리마》6호, 천리마사, 2006.

· 천리마사 편, "오랜 민속음식-쉬움떡",《천리마》11호, 천리마사, 2004.

· 천리마사 편, "옥류관이 전하는 이야기",《천리마》3호, 천리마사, 2000.

· 천리마사 편, "옥류관의 고기쟁반국수",《천리마》6호, 천리마사, 2000.

· 천리마사 편, "즐겨 찾으시라 평양단고기집",《천리마》11호, 천리마사, 2000.

· 천리마사 편, "평양온반의 유래",《천리마》10호, 천리마사, 2006.

· 천리마사 편, "홍성이는 대동강맥주집에 어린 은정",《천리마》8호, 천리마사, 2006.

· 천리마사 편, "해주교반",《천리마》4호, 천리마사, 1993.

· 처영태, "위대한 령도자 김정일동지의 현명한 령도 밑에 조선민족료리를 발전시키기 위한 투쟁",《력사과학》4호, 과학백과사전출판사, 2002.

· 최재림, "사회주의하에서 사회급양은 근로자들의 식생활개선을 위한 사회적 봉사사업",《경제연구》1호, 과학백과사전출판사, 1998.

· 평양출판사 편, "소문난 평양의 녹두지짐과 노치",《통일문학》1호, 평양출판사, 2005.

· 한현옥, "위대한 령도자 김정일동지의 현명한 령도 밑에 선군시대 민족음식발전을 위한 료리가공의 전문화, 과학화, 표준화, 현대화를 위한 투쟁",《력사과학》2호, 과학백과사전출판사, 2007.

· 황경직, "사회급양망들에서 원자재를 자체로 생산보장 하는 것은 봉사사업

을 개선하기 위한 요구",《경제연구》1호, 과학백과사전출판사, 1994.

· 《로동신문》.

· 《민주조선》.

· 《우리민족끼리》.

· 《조선신보》.

· 《조선중앙통신》.

· 《조선중앙TV》.

· 〈조선의 오늘〉.

· 《청년전위》.

북한영화

· 조선예술영화 〈설풍경〉, 조선예술영화촬영소, 2010.

· 텔레비죤극 〈옥류풍경〉, 1-2부, 텔레비죤극창작단, 2000.

· 조선예술영화 〈자강도사람들〉, 조선예술영화촬영소, 2000.

김정일 국방위원장의 식단

북한의 최고지도자 김정일 국방위원장의 식단이 외부에 공개된 적이 있나. 1988년
부터 김정일 위원장의 전속 요리사로 13년간 일한 후지모토 겐지는 2001년 3월 김정일
위원장의 식단을 공개했다. 그는 도쿄 긴자의 최고급 초밥집 스시센에서 요리를 익힌
정통 요리사로, 1982년 8월 처음 북한에 들어가 일본 식당에서 근무하던 중 1988년부
터 2001년까지 김정일 위원장의 전속 요리사로 일했다. 그는 단순한 요리사가 아니라
김정일 위원장의 세 자녀의 놀이 상대이기도 해 현재 북한 최고 지도자인 김정은 국무
위원장을 일곱 살 때부터 가장 가까이에서 지켜본 외부인으로 알려져 있다. 그러나 후
지모토 겐지는 일본과의 무단 접촉이 발각돼 1년 6개월간 자택에서 연금 상태에 있다
가 2001년 4월 부인과 딸을 둔 채 북한을 탈출했다. 탈출 이후 그가 쓴 《김정일의 요리
사》라는 책에는 다음과 같은 김정일 국방위원장의 식단이 공개되어 있다.

날짜	차림표
2001. 3.25	소천엽랭채, 꽃갖낭쥐무우초침, 메추리알랭묵, 꿩편구이, 쌀국수볶음, 일품버섯볶음, 소쫄뚜기튀기은행즙, 통배추함찜, 단고기국, 조밥, 홍차
3.26	감자쌀라드, 야자상어날개탕, 물고기목이버섯술찜, 염소고기샤슬리크, 자라함찜, 게장즙서란화볶음, 백미밥, 콩나물국, 통배추볶음, 풋고추장, 홍차
3.27	스시, 다랑어도로, 쏘가리, 깡빠치, 뱀장어카바이, 네기도로, 도비꼬세우뎀뿌라, 이나리, 나메꼬버섯된장국
3.28	풋미역초장무침, 상어날개소라탕, 가재미간장찜, 코야, 포즙버섯구이, 통배추건밥조개살찜, 백미밥, 무국, 하루말린고등어구이, 풋고추명란찜, 홍차
3.29	왕새우회, 남새생채, 대군상어날개홍쏘, 물고기룡정차철판볶음, 비둘기간장찜, 동과참나무버섯찜, 카레밥, 맑은국, 홍차
3.30	들버섯생채, 죽생상어날개탕, 쏘가리룡정차찜, 참깨닭구이, 라클레트치즈구이, 백미밥, 떡국, 도라지볶음, 가지파볶음, 홍차

한편 후지모토 겐지는 2012년 당시 김정은 제1비서의 초청으로 다시 평양을 찾았고, "김정은 대장동지, 배신자가 돌아왔습니다"라며 북한 탈출에 대해 사과를 했다. 그때 김정은 제1비서는 "됐다, 됐어. 이제 괜찮아"라며 웃었다고 한다. 후지모토 겐지의 방북은 2001년 그가 북한을 탈출할 당시 김정은 제1비서와 했던 약속을 지키기 위한 것이라고 한다. 그때 김정은 제1비서는 "꼭 돌아오라"고 했고, 이에 그는 "돌아오겠습니다"라고 말하며 포옹했다고 한다. 이후 그는 2012년에 이어 2016년 4월에 평양을 방문해, 김정은 국무위원장에게 가게를 내고 싶다는 뜻을 전달했다고 한다. 그러자 김 위원장은 흔쾌히 승낙했고 현재는 평양에서 초밥집을 운영하고 있는 것으로 알려졌다. 어쩌면 앞으로 후지모토 겐지에 의해 김정은 국무위원장의 식단이 공개될지도 모르겠다.

추천의 말

이 책을 접하면서 짧았지만 강렬했고 가슴 뭉클했던 지난 평양 공연이 생각났다. 특히 마지막 날 공연이 끝난 후 북측이 마련한 만찬에 참석했던 기억이 새록새록 떠올랐다. 맛있는 술과 갖가지 음식들을 나누며 분위기가 무르익을 즈음 너나 할 것 없이 평화를 기원하면서 잔을 부딪치고, 생음악 반주에 맞춰 노래를 부르며 손 잡고 포옹하던 가슴 따뜻한 시간이었다. 서울로 돌아오는 비행기 안에서 불과 몇 시간 전 떠나온 그곳을 그리워하는 나를 발견할 수 있었다. 같은 언어를 쓰고 같은 음식을 먹는 사람들은 아무리 다른 체제와 환경 속에서 살았더라도 금세 하나가 될 수 있다는 걸 깨달았다.

이 책을 통해 내가 평양에서 먹은 음식들의 이름과 탄생 배경, 그리고 북녘 사람들의 다양한 식문화까지 알게 되었다. 또 앞으로 자유로운 왕래가 실현되길 간절히 바라게 되었다. 그날이 오면 다시 한 번 북녘에 가서 먹어보고 싶은 음식들도 생겼다. 안타깝게도 실향민인 부모님은 돌아가셔서 함께 갈 수 없지만, 그래도 정말 '그날'이 온다면 이 책을 끼고 북녘을 두루두루 돌아다니고 싶다. 강산에(가수)

남북 간의 문제는 결코 간단치가 않다. 관련한 요소들이 한둘이 아니라서 정치적·사회적·정서적 합의를 도출하는 것만도 쉽지 않은 일이다. 하지만 음식이라면 이 모든 것들에 앞설 수 있지 않을까 생각해본다. 남이든 북이든, 어떤 정치적 지향을 가졌고 통일에 대한 견해가 어떠하든, 고유한 음식이 지닌 맛의 가치에는 누구나 쉽게 동화되는 법이니까. 그런 남북 음식의 어우러짐과 교류가 통일 국면에서 귀중한 한 걸음이 될지도 모른다. 이 책은 그런 의미에서 바로 지금 이 시점에 절실한 것이다. 아니, 그런 함의를 다 제쳐두더라도 북한의 엄선된 향토음식들에 대한 이야기가 읽는 내내 입맛을 돋우니, 그것으로 풍족한 독서가 될 것이다. 소개된 음식들을 현지에서 맛있게 먹을 수 있는 통일된 한반도를 다시 꿈꿔본다. 우상호(국회의원)

2018년 9월 평양을 방문한 문재인 대통령은 5·1경기장에서 15만 명의 평양시민을 향해 이렇게 말했다. "우리는 5천 년을 함께 살고 70년을 헤어져 살았습니다." 70년간 분단돼 생긴 이질감보다는 5천 년간 함께 살아온 동질감이 훨씬 크다는 뜻이리라. 그 5천 년의 역사에서 우리 민족의 동질감을 가장 잘 유지하고 있는 것의 으뜸은 음식 아닐까? 그러기에 남과 북이 체제가 다르고 이념이 달라도 '국민'과 '인민'의 미각은 크게 달라지지 않았을 것이다. 그렇다면 통일에 이르는 한 방편으로 한민족의 입맛을 공유한 남북 간에 음식 교류가 선행되면 좋지 않을까. 평양냉면, 대동강숭어국, 언감자국수… 이 책에 소개된 북녘 음식들을 차례로 맛본다면 어느새 통일의 기운이 성큼 다가와 있음을 느낄 것이다. 이계환(《통일뉴스》 대표)